跟毛泽东读资治通鉴

张明林　于立文◎著

红旗出版社

图书在版编目(CIP)数据

跟毛泽东读资治通鉴 /张明林,于立文著.
--北京:红旗出版社,2014.6(2025.3重印)
ISBN 978-7-5051-2947-4

Ⅰ.跟…　Ⅱ.①张…②于…　Ⅲ.《资治通鉴》—研究
Ⅳ.①K204.3
中国版本图书馆CIP数据核字(2014)第018812号

书　名:跟毛泽东读资治通鉴
GENMAOZEDONGDUZIZHITONGJIAN

编　著　张明林　于立文

责任编辑	于鹏飞	责任印务	金　硕
责任校对	马瑞霞	封面设计	三味书香
出版发行	红旗出版社		
地　址	北京市沙滩北街2号	邮政编码	100727
	杭州市体育场路178号	邮政编码	310039
编 辑 部	0571-85310806	发 行 部	0571-85311330
E - mail	rucdj@163.com		
法律顾问	北京盈科(杭州)律师事务所　钱　航　董　晓		
图文排版	北京金荣伟艺图书有限公司		
印　刷	三河市天润建兴印务有限公司		
开　本	787 毫米 ×1092 毫米	1/ 16	
字　数	280 千字	印　张	19.25
版　次	2014年6月北京第1版	印　次	2025 年4月北京第3次印刷
ISBN	978-7-5051-2947-4	定　价	66.00 元

前言

《资治通鉴》，简称“通鉴”，是北宋司马光主编的一部多卷本编年体史书，共 294 卷，历时 19 年告成。它以时间为纲，事件为目，从周威烈王二十三年（前 403）写起，到五代的后周世宗显德六年（959）征淮南停笔，涵盖 16 朝 1362 年的历史。它是中国第一部编年体通史，在中国官修史书中占有极重要的地位。全书除采用正史资料外，还博采杂史 200 多种。书中记事，条理清晰，层次分明，详而不乱。因此，这一整部编年体史书体大思精，不但史料充实，而且文笔生动，特别是它的时间概念极为明确具体，让人爱看，看了还想看，又很耐看，其魅力是经久不衰的。

《资治通鉴》是中国古代著名的历史著作，历来为人们所重视和阅读学习。北宋时代，在中唐以来长期混战之后，实现了国家统一，恢复和发展了社会经济，繁荣了学术文化；同时，内政多弊，御戎不力，“积贫积弱”，局势不稳。这是一个有生气的时代，又是一个很苦闷的时代；是个前进的时代，又是个软弱的时代。当时，君主将相，志士仁人，平民百姓，多在考虑如何生活，寻找出路。于是，有主张以“柔道”治天下，说祖宗之法不可变的；有立志改革，而实行变法的；有生活困苦，被逼铤而走险，起义造反的。掌握文化知识的人们，特别是历史学家，如欧阳修、司马光、范祖禹等，往往面对现实而回顾历史，企图总结历史经验教训，借鉴历史，为了有助于治国安邦，更好地解决现实矛盾。其中，司马光主编《通鉴》的目的最突出，最具代表性。它是由“鉴前世之兴衰，考当今之得失”而得名。

《资治通鉴》这部编年体通史，论其地位，可用清人王鸣盛的一句话来概括：“此天地间必不可无之书，亦学者必不可不读之书也。”一代伟人毛泽东晚年曾对人讲，他将《资治通鉴》这部300多万字的史书读过“一十七遍”。这真是一件令人惊讶的事！

1956年，由当时的古籍出版社出版的点校本《资治通鉴》(包括随文加入的胡三省注)，就是根据毛泽东提议，组成标点委员会，由顾颉刚等21位专家通力合作，重新点校后排印出来的。这个点校本一印再印，发行量很大。

毛泽东的藏书中，既有《资治通鉴》的线装本，又有1956年初版的这个点校本。这两种不同版本的同一史书里，都留有他圈点批画的笔迹和记号。毛泽东曾经总结性地说：“《通鉴》是一部值得再读的好书。有人说，搞政治，离不开历史知识。还有人说，离不开权术，离不开阴谋。甚至还有人说，搞政治就是捣鬼。我想送给这些人鲁迅先生说的一句话，‘捣鬼有术，也有效，然而有限，所以以此成大事者，古来无有’。”

《资治通鉴》成书以来，历代帝王将相、文人骚客争读不止，点评批注《资治通鉴》的帝王、贤臣、鸿儒及现代的政治家、思想家、学者数不胜数，毛泽东晚年曾讲，他将《资治通鉴》读过“一十七遍”。他曾说过：“中国有两部大书，一曰《史记》，一曰《资治通鉴》，都是有才气的人在政治上不得志的境遇中编写的。看来，人受点打击，遇点困难，未尝不是好事。当然，这是指那些有才气、又有志向的人说的。没有这两条，打击一来，不是消沉，便是胡来，甚至会去自杀。那便是另当别论。司马光晚年还做了三个月的宰相，过了一年左右的时间，他便死了。死了之后，还接着倒霉，真是人事无常啊。”

一代伟人毛泽东，酷爱《资治通鉴》，通读一十七遍，至书页残破，仍爱不释卷，且言每读一遍都获益匪浅。遂广为推荐，又教读于左右，批点于卷帙，循循导启，不厌碎烦。现在，一部线装本《资治通鉴》仍静静地放在中南海毛泽东故居里。可以说，《资治通鉴》伴随毛泽东走过了他波澜壮阔的一生。跟毛泽东品读《资治通鉴》，就是从毛泽东的视角，重新审视、解读、感受几千年来影响支配中国人的古老的史海钩沉，以及这段漫长的历史在毛泽东炉火纯青的点化中升华出来的照耀21世纪的伟大智慧。跟毛泽东品读《资治通鉴》，就是学习毛泽东对《资治通鉴》的多角度、深层次的整体把握与解析，学习毛泽东如何通过对《资治通鉴》的创造性解释、转换，恰到好处地运用到个人的成长、生活，运用到工作、革命和治国理政中。书中收录的毛泽东对《资治通鉴》的精彩点评、绝妙运用以及极富毛泽东个人魅力的妙趣横生的发挥，都给读者在阅读时带来无穷的乐趣和教益。“鉴于往事，资于治道”，以历史的得失作为借鉴来进行现代管理，是本书最想呈现给读者的智慧。

跟毛泽东读资治通鉴

目　录

第一章

毛泽东品读《周纪》

第三章

毛泽东品读《汉纪》

第四章

毛泽东品读《魏纪》

第五章

毛泽东品读《晋纪》

第六章

毛泽东品读《宋纪》

第七章

毛泽东品读《齐纪》

第八章

毛泽东品读《梁纪》

第九章

毛泽东品读《陈纪》

第十章

毛泽东品读《隋纪》

第十一章

毛泽东品读《唐纪》

第十二章

毛泽东品读《后梁纪》

第十三章

毛泽东品读《后唐纪》

第十四章

毛泽东品读《后晋纪》

第十五章

毛泽东品读《后汉纪》

第十六章

毛泽东品读《后周纪》

第一章

毛泽东品读《周纪》

春秋战国时期是中国社会发生大变革、大动荡的年代，政治斗争空前激烈，军事战争连绵不绝。诸子学派纷呈，百家争鸣，群雄并起争斗，群英荟萃。因此毛泽东研究这段历史的重点也就放在了政治、军事斗争及诸子百家的学说上。他对一些重要的政治斗争、军事战役都进行了研究，提出了自己的看法。对以孔孟为代表的几家大学派，他更是从一个政治家的高度加以关注，因为它涉及如何看待传统文化的精华与糟粕，进而如何用以影响当时特殊年代背景下的工作……

1.皮不存，毛安附

【原文】 皮之不存，毛将安附，国既丧亡，身于何有？建义旗于国中，申天讨于禹域。有力出力，有钱出钱，有枪出枪，有知识出知识，以一当十，是我精神，以十当一，是我实力。

——摘自《中国人民红军抗日先锋军布告》（一九三六年三月一日），见《毛泽东文集》第1卷，人民出版社1993年12月版，第383页。

【品读解析】 日本侵略者全面占领东三省后，又进一步染指华北。他们通过“塘沽协定”、“何梅协定”夺取了河北和察哈尔两省的大量主权后，又发动所谓的“华北自治运动”，企图将河北、山东、山西、察哈尔、绥远五省和北平、天津、青岛三个特别市置于自己管辖范围内。面对日军咄咄逼人的态势，蒋介石依旧奉行“攘外必先安内”的国策，致使大片国土沦丧。

为了积极推动抗日救亡运动，中共中央在主力红军到达陕甘后不久，就召开了瓦窑堡会议，通过了《中共中央关于目前政治形势与党的任务决议》。决议提出：“目前政治形势已经起了一个基本的变化……党的策略路线，是在发动、团聚与组织全中国全民族一切革命力量去反对当前的主要敌人：日本帝国主义与卖国贼头子蒋介石。”明确将建立全民族抗日统一战线作为党未来一项重要的工作目标。为了做团结抗日之先锋表率，瓦窑堡会议结束后，毛泽东开始着手制定主力红军东征山西、开通抗日前进道路的军事策略。1936年2月，红军主力分别从陕西省绥德县沟口、清涧县河口等地强渡黄河，一举突破阎锡山晋绥军苦心布置的防线，进入山西。3月1日，毛泽东、彭德怀分别以中国人民红军抗日先锋军总政治委员、总司令的名义联合发出《中国人民红军抗日先锋军布告》，宣传红军抗日主张，扩大红军东征的政治影响，积极推进抗日民族统一战线的建立。

布告以陈述“日本帝国主义横行华北，无人制止。蒋介石、阎锡山、宋哲元奴颜婢膝，媚外成性。全国丧亡，迫在眼前”的民族危亡之严峻形势开篇，号召“一切爱国志士，革命仁人，不分新旧，不分派别，不分出身，凡属同情于反抗日本帝国主义者，本军均愿与之联合，共同进行民族革命之伟大事业”。布告阐明了红军东征抗日之目的，申明“本军所到之处，保护爱国运动，保护革命人民，保护工农利益，保护知识分子，保护工商业。本军主张停止一切内战，红军、白军联合起来，一致对日，凡属爱国军人，不论积极地与本军联合抗日，或消极地不反对本军及爱国人民抗日者，本军均愿与之进行协商、协定或谅解”。布告还根据社会的主要矛盾，强调当前最大敌人为日本帝国主义，呼吁“凡属食毛践土之伦，炎黄华胄之族，均应一致奋起，团结为国”。接下来，毛泽东连用了三个典故来呼吁国人同仇，共御外侮。这三处典故都在上述引文中集中体现。“皮之不存，毛将安附”出自《左传》，这里意思是说，倘若国家都亡了，作为个体又如何能生存呢？“天讨”，出自《尚书·皋陶谟》：“天讨有罪，五刑五用哉。”本义是以五等之刑，惩戒有罪之人。后以出兵征伐称为“天讨”。“禹域”即中国。相传大禹平水时，划分九州，指定名山大川为各州疆界，故后称中国为禹域。毛泽东此处摘用这三个典故，就是使社会各界都能认清时事危机之重，呼吁工农商学兵联合起来，打倒日本帝国主义，打倒汉奸卖国贼，为建立自由平等与领土完整的新中国而奋斗。

2.庆父不死，鲁难未已

【原文】 逮捕并严惩那些坚决反对和平、积极破坏和谈、积极准备抵抗人民解放军向长江以南推进的反革命首要。庆父不死，鲁难未已。战犯不除，国无宁日。这个真理，难道现在还不明白吗？

——摘自《南京政府何处去？》（一九四九年四月四日），《毛泽东文集》第4卷，人民出版社1991年6月版，第1446页。

【品读解析】 以辽沈、淮海、平津三大战役为主的战略大决战胜利结束后，中国人民革命战争在全国范围内的胜利已经不需要太长时间了，腐败的国民党政府即将走向行将就木的生命终点。面对急转直下的不利局势，甘冒天下之大不韪、弃和平于不顾、开战端于国门之内的国民政府突然放出“和平谈判”的空气来。1949年元旦，蒋介石正式宣布“主动下野”，同时发表要求与中共和谈的《新年文告》，向全国人民表达了“和平谈判”的“诚意”。

为了尽快结束战乱，减轻人民痛苦，建立民主联合政府，以毛泽东为代表的共产党人表达了愿意同国民党和谈的诚意。3月26日，中共中央致电南京政府：和平谈判于4月1日在北平举行，中共方面的谈判首席代表是周恩来，代表团成员为林伯渠、林彪、叶剑英、李维汉（后又加派聂荣臻）。4月1日，由张治中为首席谈判代表的包括邵力子、黄绍竑、章士钊、李蒸（后又加派刘斐）的南京政府和谈代表团来到北平。从次日起，双方代表开始交换意见，磋商、酝酿和谈方案。

早在正式谈判前，中共方面就拟订了和谈的八项条件，即：一、惩办战争罪犯；二、废除伪宪法；三、废除伪法统；四、依据民主原则改编一切反动军队；五、没收官僚资本；六、改革土地制度；七、废除卖国条约；八、召开没有反动分子参加的政治协商会议，成立民主联合政府，接收南京国民党反动政府及其所属各级政府的一切权力。对于这些代表民意的提案，国民政府和谈代表团均表示“条件太高”，不断提出“修改意见”。特别是在“惩办战争罪犯”的问题上，与中共方面分歧最大。这种做法，显然违背之前代总统李宗仁声称愿意以中共所提八项条件作为基础进行谈判的做法，显示出国民政府毫无诚信可言。就在和平会谈的同时，蒋介石却在浙江奉化指挥他在江南的残余部队，经营着长江防线的构筑，企图以和谈换取整军备战的时间，伺机反扑。更令人愤怒的是，就在南京和谈代表团到达北平的同一天，南京6000多名爱国学生举行示威游行，要求实现真正的和平。国民政府不顾学生的合理要求，出动军警镇压游行，酿成2人死亡、100余人受伤、多人失踪的“南京惨案”。国民政府的种种做法，充分暴露了他们假和谈、真内战的面目，更谈不上为中国谋求和平之努力了。

毛泽东为新华社撰写了题为《南京政府向何处去?》的社论。社论首先为南京国民党政府及其军政人员指出目前摆在他们面前的两条路：一条是向蒋介石战犯集团及其主人美国帝国主义靠拢，这就是继续与人民为敌，最终将在人民解放战争中和蒋介石战犯集团同归于尽；另一条是向人民靠拢，这就是与蒋介石战犯集团和美国帝国主义决裂，而在人民解放战争中立功赎罪，以求得人民的宽恕和谅解。第三条路是没有的。为了分化敌人阵营团结真心期盼和平的人，毛泽东分析了国民政府目前存在的三种类型的人，即：一、坚持地走第一条路的人，在行动上他们是继续备战，继续卖国，继续压迫和屠杀要求真和平的人民，他们是蒋介石的死党；二、愿意走第二条路的人，但是他们还不能作出有决定性的行动；三、徘徊歧路、动向不明的人，他们既不想得罪蒋介石和美国政府，又想得到人民民主阵营的谅解和容纳。毛泽东一针见血地指出：南京的李宗仁、何应钦政府，基本上是第一部分人和第三部分人的混合物，第二部分人为数甚少。这个政府到今天为止，仍然是蒋介石和美国政府的工具。对于4月1日国民政府在南京造成的惨案，毛泽东认为：这是李宗仁、何应钦政府保护蒋介石、保护蒋介石死党、保护美国侵略势力的必然结果。这是李宗仁、何应钦政府和蒋介石死党一同荒谬地鼓吹所谓“平等的光荣的和平”，借以抵抗中共八项和平条件，特别是抵抗惩办战争罪犯的结果，而不是什么所谓的“偶然事件”。接下来，毛泽东进一步指出：如果国民政府真心与中共和谈并表示愿意接受中共提出的八项条件作为谈判基础，那么，就应该立即逮捕并严惩主凶蒋介石、汤恩伯、张耀明，逮捕并严惩在南京上海的特务暴徒，逮捕并严惩那些坚决反对和平、积极破坏和谈、积极准备抵抗人民解放军向长江以南推进的反革命首要将领。这里，毛泽东把这些破坏和平的人比作庆父，并摘用“庆父不死，鲁难未已”的典故说明了一个真理：只有先惩处战犯，消除阻碍和谈的因素，国家才能安定下来，才有真正的和平可言。社论的最后，毛泽东向南京政府发出最后通牒：如果再一意孤行，包庇战犯，企图以依赖美帝国主义对抗中国人民的话，共产党领导下的人民解放军将迅速渡江南下，取得人民战争的最后胜利。

毛泽东的这篇社论，有婉言劝说的恳切言辞，体现了中国共产党尽全力争取国民政府军政界一切愿意立功赎罪、可以合作的人的包容性；也有义正词严的坚定，明确表达了中共方面的政治立场和在重大原则问题上的毫不让步性。然而，毛泽东等中共领导人为和谈作出的种种努力并没有感化国民政府，蒋介石等继续做着依托长江天险实现“划江而治”的美梦。而毛泽东也在国民政府拒绝接受和谈的电文发出后的次日，命令人民解放军迅速渡江，全歼中国境内一切敢于抵抗的国民党反动派。仅用两天的时间，人民解放军就突破了长江天险，攻克了国民政府首都南京。至 9 月底，基本解放了大陆。在铲除了“庆父”等人，消除了“鲁难”后，一个朗朗的新中国也随之建立起来了。

3.孔夫子当然是有地位的，他是封建社会的圣人

【原文】 我们共产党人看孔夫子，他当然是有地位的，因为我们是历史主义者。

——摘自毛泽东 1958 年 11 月在武昌会议上的讲话，见石玉山著《毛泽东怎样读书》，中国大百科全书出版社 1991 年 12 月版，第 67 页。

【原文】 剥削阶级当还能代表群众的时候，能够说出若干真理，如孔子，苏格拉底，资产阶级，这样看法才是历史的看法。

孔孟有一部分真理。

——摘自毛泽东1943年6月在一篇关于“人性”问题的通信上的批示，见陈晋：《毛泽东的文化性格》，中国青年出版社1991年12月版，第195~196页。

【原文】 孔夫子是封建社会的圣人，鲁迅则是现代中国的圣人。

——摘自毛泽东1937年10月19日在延安陕北公学鲁迅逝世周年纪念大会上的讲话，见黄丽镛编著《毛泽东读古书实录》，上海人民出版社1994年6月版，第106页。

【原文】 青年要犯错误，老年就不犯错误呀？孔夫子说，他七十岁干什么都合乎客观规律了，我就不相信，那是吹牛皮。

——摘自毛泽东1956年11月15日在中共八届二中全会上的讲话，见黄丽镛编著《毛泽东读古书实录》，上海人民出版社1994年6月版，第228页。

【原文】 曲阜县是孔夫子的故乡，他老人家在这里办过多少年的学校，教出了许多有才干的学生，这种事是很出名的。可是他不大注意人民的经济生活。他的学生樊迟问起他如何从事农业的话，他不但推开不理，还在背后骂樊迟做“小人”。现在他的故乡的人民办起社会主义的合作社来了。经过了两千多年仍然是那样贫困的人民，办了三年合作社，经济生活和文化生活都开始改变了面貌。这就证明，现在的社会主义确实是前无古人的。社会主义比起孔夫子的“经书”来，不知道要好过多少倍。有兴趣去看孔庙孔林的人们，我劝他们不妨顺道去看看这个合作社。

——摘自毛泽东1955年12月为《一个在三年内增产百分之六十七的农业生产合作社》一文写的按语，见《中国农村的社会主义高潮》按语。

【品读解析】 1936年，毛泽东在延安的窑洞里向美国记者埃德加·斯诺叙述自己的一生经历时曾这样说道：“我八岁那年开始在本地一个小学堂读书，一直读到十三岁。早晚我到地里干活。白天我读孔夫子的《论语》和四书。”

事隔20多年后，1964年毛泽东在北戴河与哲学工作者座谈时，还追忆道：“我过去读过孔夫子的四书、五经，读了六年，背得，可是不懂。”

1913年毛泽东在长沙读书时，作有题名《讲堂录》的课堂笔记和读书笔记，在这之中，有不少记有《论语》的。

可以说，学生时代的毛泽东对孔子基本是采取一种学习、接受的态度。只是在有名的新文化运动的杂志《新青年》的影响下，他才走上了一条激烈的反孔道路。他在《新青年》上发表文章，批驳尊孔宗孔的言论，批判孔学思想专制的弊害，当然，这已经超过了对孔子的评判，而转到社会文化政治的层面上了。

1920年4月，毛泽东从北京往上海的途中，曾中途下车，到曲阜游览了孔子的陵庙和故居。虽然这时他已经进一步接触了马克思主义，很想走俄国的道路。他后来同斯诺谈到这次孔子故乡行：“在前往南京的途中，我在曲阜停了一下，去看孔子的墓，我看到了孔子的弟子濯足的那条小溪和孔子幼年所住的小镇。在有历史意义的孔庙附近的一棵有名的树，相信是孔子栽种的，我也看到了。我还在孔子的一个著名弟子颜回住过的河边停留了一下，并且看到了孟子的出生地。”这表明，他不是一般的参观旅游，而是带着倾慕之心的。

在中国共产党成立后，虽然马列主义成为毛泽东观察形势决定政策的指导理论，但他并没有忘记孔夫子。

1930年在《反对本本主义》一文中，毛泽东指出，没有调查就没有发言权：“迈开你的两脚，到你的工作范围的各部分各地方去走走，学个孔夫子的‘每事问’，任凭什么才力小也能解决问题，因为你未出门时脑子是空的，归来时脑子已经不是空的了，已经载来了解决问题的各种必要材料，问题就是这样子解决了。”“每事问”（见《论语·八佾》）表现孔子对周公、周礼的尊敬和谨慎的态度，同时也体现孔子重视多见多闻、虚心请教。毛泽东在《反对本本主义》中主要是取后一个意思，把“每事问”当作一种值得提倡的工作方法、工作态度与精神，以此来说明解决问题必须重视调查研究。

1942年在《反对党八股》一文中，谈到孔夫子提倡“再思”。孔子说的学习态度，“知之为知之，不知为不知，是知也”，要“不耻下问”，“要学而不厌，诲人不倦”，等等。孔子的话，毛泽东在文章和讲话中是常常引用的。综观毛泽东的著作中，对《论语》等孔孟儒家学说有许多肯定的引证，也有必要的批判，采取的是一种马克思主义历史主义的态度。

为了响应毛泽东研究历史的号召，1939年间，陈伯达就孔子、老子和墨子的哲学思想，写出长篇论文，先后在延安出版的《解放》上发表，这三篇文章都送毛泽东审阅过。毛泽东在给张闻天的两封信中，就陈伯达的《孔子的哲学思想》谈了对孔子的哲学思想的看法。

《论语》中有一句名言：“名不正则言不顺，言不顺则事不成。”毛泽东认为：“如果孔子在‘名不正’上面加了一句‘实不明则名不正’，而孔子又是真正承认实为根本的话，那孔子就不是观念论了，然而事实上不是如此，所以孔子的体系是观念论；但作为片面真理则是对的，一切观念论都有其片面真理，孔子也是一样。”

“中庸”是孔子哲学的重要范畴，毛泽东认为陈伯达文章中对此的解释基本上是对的，但是有不足，“文中最好引《中庸》上面‘舜其大知也与，舜好问而好察迩言……执其两端用其中于民’，及‘回之为人也，择乎中庸得一善则拳拳服膺而弗失之矣’，更加明确地解释了中庸的意义”。毛泽东认为朱熹在《四书集注·中庸》中的相关的一段注文基本上是对的，他在信中引了这段注文：“两端谓众论不同之极致，盖凡物皆有两端，如大小厚薄之类。于善之中又执其两端而度量以取中，然后用之，则其择之审而行之至矣。然非在我之权度精切不差，何以与此？此知之所以无过不及而道之所以行也。”他进而又结合现实分析道：“说这个事物已经不是这种状态而进到别种状态了，这就是别一种质，就是‘过’或‘左’倾了。说这个事物还停止在原来状态并无发展，这是老的事物，是概念停滞，是守旧顽固，是右倾，是‘不及’。孔子的中庸观念没有这种发展的思想，乃是排斥异端树立己说的意思为多，然而是从量上去找出与确定质而反对‘左’右倾则是无疑的。”

他称这“是孔子的一大发现，一大功绩，是哲学的重要范畴，值得很好地解释一番”。

在致张闻天的信中，毛泽东另外还谈到了关于孔子的道德论的问题。他说：关于孔子的道德论，应给以唯物论的观察，加以更多的批判，以便与国民党的道德观（国民党在这方面最喜欢引用孔子）有原则的区别。孔子的知（理论）即是不根于客观事实的，是独断的，观念论的，则其见之仁勇（实践），也必是仁于统治者一阶级而不仁于大众的，勇于压迫人民，勇于守卫封建制度，而不勇于为人民服务的。毛泽东完全是以无产阶级政治家的观点来批判两千年前的孔子，自是一家之言。他主要分析了孔子学说中的“知仁勇”的说法，认为“知是理论，是思想，是计划，方案，政策，仁勇是拿理论、政策等见之实践时候应取的一种态度。仁像现在说的‘亲爱团结’，勇像现在说的‘克服困难’（现在我们说亲爱团结，克服困难，都是唯物论的，而孔子的知仁勇则一概是主观的），但还有别的更重要的态度如像‘忠实’，如果做事不忠实，那‘知’只是言而不信，仁只是假仁，勇只是白勇”。他还深刻地指出：“‘仁’这个东西在孔子以后几千年来，为观念论的昏乱思想家所利用，闹得一塌糊涂，真是害人不浅。我觉得孔子的这类道德范畴，应给以历史的唯物论的批判，将其放在恰当的位置。”他认为陈伯达在这个问题上的批判“不大严肃”。

由此我们可以看到，毛泽东对孔子是采取一分为二的态度，指出其中非真理性的同时，也肯定其中真理性的内容。这一点，从前面引的毛泽东在一篇关于“人性”问题的通信上的批语中也可以看出。

1943 年 6 月，刘少奇在给一位民主人士的关于“人性”问题的长篇通信中说：“一切剥削阶级的学者关于人性、是非、善恶、好恶联系起来所构成的学说，没有一个不是说得错误百出的。”毛泽东批道：“剥削阶级当还能代表群众的时候，能够说出若干真理，如孔子，苏格拉底，资产阶级，这样看法才是历史的看法。”又说：“王阳明也有一些真理。”这位领导同志提出：“我们决不能把这种哲学，把孔孟之道，看作中国文化的优良传统，相反，这恰是中国文化的不良传统。”毛泽东批道：“孔孟有一部分真理，全部否定是非历史的看法。”

新中国成立以后，毛泽东对孔子的批评明显多了。如 1957 年 1 月 27 日在省市自治区党委书记会议上的讲话中，把孔子的学说看作“反面的东西”

了。他说：“我劝在座的同志，你如果懂得唯物主义和辩证法，那就需要补学一点它的对立面唯心主义和形而上学。康德和黑格尔，孔子和蒋介石的书，这些反面的东西，需要读一读。”

毛泽东对孔子及传统儒学的激烈的批判态度，可能与毛泽东试图独立地探索出一条中国式的社会主义建设道路的努力有关。像有的学者讲的：“在苏共二十大揭露批判斯大林的问题以后，他滋长了对苏联模式与文化规范的厌弃情绪。与这种反规范心态相联系，他对中国以孔子为代表的规范性文化在公开场合也转而采取了以批判为主的导向。”毛泽东在推动历史的道路上独树一帜的决心，使他与一切具有保守倾向的观念形态绝不相容。

林彪出逃事件发生后，江青等人在林彪住处查到一些林彪肯定孔孟的文字，报送毛泽东后，林彪的政治路线于是与孔学的文化传统相联系，由此引发了“批林批孔”的政治运动，这里就不详述了。

虽然，毛泽东晚年基于各种原因反孔批孔的调门很高，但整个来看，他对孔子还是一分为二的，还是肯定其中的真理性的，我们对毛泽东对孔子的评价，也应当完整准确地去理解。

4.孟子具有人民性

【原文】 孔孟有一部分真理，全部否定是非历史的看法。

——摘自毛泽东1943年6月在一篇关于“人性”问题的通信上的批示，见陈晋《毛泽东的文化性格》，中国青年出版社1991年12月版，第196页。

【品读解析】 有“亚圣”之称的孟子，继承和发展了西周以来，特别是孔子的思想。其中关于“民贵君轻”、“性善”、“仁政”等方面的论述，对我国历代王朝的施政纲领有很大影响。它所倡导的“浩然正气”、“威武不屈”的修养功夫，不仅陶铸了很多的“志士”、“仁人”，而且影响了整个中华民族的精神面貌。

对于孟子，和对待孔子一样，毛泽东在批判的基础上，也肯定了他的进步、合理的一面。1958 年 8 月，毛泽东在审阅一篇题为《教育必须与生产劳动相结合》的文章时，在加写的一段话中还特别提到“孟子的民贵君轻”，说其有“人民性的一面”。

“引而不发，跃如也”，是《孟子》中的话，意思是说善于射箭的人，引满了弓，却不射出去，只摆着跃跃欲动的姿势。1927 年，毛泽东在《湖南农民运动考察报告》中曾将其借用来阐明共产党的农民政策。他说，在领导农民运动过程中，共产党的宣传政策应当是“引而不发，跃如也”。菩萨要农民自己去丢，列女祠、节孝坊要农民自己去摧毁；共产党应当善于领导农民提高政治觉悟，依靠农民自觉自愿去破除迷信和其他不正确的风俗习惯，而不能包办代替。1944 年，毛泽东在整风运动期间又借用孟子所说“心之官则思”一语，告诫人们要善于思考，要养成多动脑筋、勤于分析思索的好习惯。

5.墨子是古代的大哲学家

【原文】《墨子的哲学思想》看了，这是你的一大功劳，在中国找出赫拉克利特来了。有几点个别的意见，写在另纸，用供参考。不过是望文生义的感想，没有研究的根据的。

——摘自毛泽东 1939 年致陈伯达的信，《毛泽东书信选集》，人民文学出版社 1983 年 12 月版。

【品读解析】 1938 年，中共召开六届六中全会，毛泽东在会议的报告中号召全党在学习马克思主义的同时，要注意研究历史：“从孔夫子到孙中山，我们应当给以总结，承继这一份珍贵的遗产。这对于指导当前的伟大运动，是有重要的帮助的。”为了响应这一号召，1939 年，当时在中共中央宣传部工作的陈伯达分别就孔子、老子、墨子的哲学思想，写出了 3 篇论文，并先后在延安出版的《解放》杂志上发表。其中《老子的哲学思想》发表于 1939 年《解放》第 63、64 期合刊，《孔子的哲学思想》发表于同年第 69 期，《墨子的哲学思想》于 1939 年、1940 年在《解放》第 82、102 和 104 期连载。

这些文章，毛泽东不但认真读了，而且提出了重要意见。

陈伯达写的《墨子的哲学思想》在发表前先送给了毛泽东。毛泽东对陈论墨子的许多观点是赞同的，如陈文认为：墨子在中国哲学史上“首先完整地提出了名实问题，并给以初步明确的解决”，进而提出知行问题“并初步具体地在解决”。“墨子并不限于唯物的经验论。我们看到了墨子哲学关于由感性的认识论到论理的认识之见解。”“墨子认为：宇宙的事物是变动不居的。”“墨经发现了部分和整体的联系。”“墨子看出了宇宙中的时间空间都是……对立的统一。”

毛泽东对墨子评价较高，认为他是一名劳动者，比孔子还要高明。他在给陈伯达的信中，认为墨子是中国的赫拉克利特。这是一个很新颖的评价。

赫拉克利特，生于爱非斯，是古希腊著名的唯物主义哲学家，被列宁誉为“辩证法的奠基人”。赫拉克利特从对自然的观察出发，在“逻各斯”中试图发现世界的本质。但“逻各斯”在赫拉克利特的眼中与一定的物质基质相关联。他在事物无休止的变化中，看到宇宙的普遍规律，认为世界是不断变化的，总是会发生新的改变的东西。任何事物都在流动中，不存在永久的东西，人不能两次涉足同一条河流中。由于不断的变化，一切事物处于不断从一种状态向它的相反状态转变之中，并且自身包含着对立，并在对立中保持平衡。互相排斥者结合在一起，相反者相互对立形成统一。

陈伯达在他的《墨子的哲学思想》一文中提出，墨子也认为宇宙的事物是变动不居的，墨子看出了宇宙中的空间和时间都是……对立的统一。毛泽东也许是受到这个分析的启发，并认为两者在唯物论和辩证法两个方面上都有相通之处，提出墨子是中国的赫拉克利特。而《墨子》一书就是我们中国的赫拉克利特的思想录。

在给陈伯达的信中，毛泽东就《墨子》中的几个具体问题发表了自己的看法，这些意见是：

（一）题目

拟改为“古代辩证唯物论大家——墨子的哲学思想”或“墨子的唯物哲学”较好。

（二）中庸问题

墨家的“欲正权利，恶正权害”、“两而无偏”、“正而不可摇”，与儒家的“执两用中”，“择平中庸服膺勿失”、“中立不倚”、“至死不变”是一个意思，都是肯定质的安定性，为此质的安定性而作两条战线斗争，反对过与不及。这里有几点意见：（1）是在作两条战线斗争，用两条战线斗争的方法来规定相对的质。（2）儒墨两家话说的不同，意思是一样，墨家没有特别发展的地方。（3）“正”是质的观念，与儒家之“中”（不偏谓之中）同。“权”不是质的观念，是规定比质区别异质的方法，与儒家“执两用中”之“执”同。“欲”之“正”是“利”，使与害区别。“恶”之正是“害”，使与利区别而不相混。“权者两而无偏”，应解作规定事物一定的质不使向左右偏（不使向异质偏），但这句话并不及“过犹不及”之明白恰当，不必说它“是过犹不及之发展”。（4）至于说“两而无偏，恰是墨子看到一个质含有不同的两方面，不向任何一方面偏向，这才是正，才真正合乎那个质”，则甚不妥，这把墨家说成折中论了。一个质有两方面，但在一个过程中的质有一方面是主要的，是相对安定的，必须要有所偏，必须偏于这方面，所谓一定的质，或一个质，就是指的这方面，这就是质，否则否定了质。所以墨说“无偏”是不要向左与右的异质偏，不是不要向一个质的两方面之一方面偏（其实这不是偏，恰是正）。如果墨家是唯物辩证论的话，便应作如此解。

6.屈原也会以文杀人

【原文】 屈子当年赋楚骚，手中握有杀人刀。

艾萧太盛椒兰少，一跃冲向万里涛。

——摘自毛泽东1961年《屈原》（七绝），见陈晋《毛泽东之魂》，中央文献出版社1997年9月版，第385页。

【原文】 屈原如果继续做官，他的文章就没有了。正是因为开除“官籍”，“下放劳动”，才有可能接近社会生活，才有可能产生像《离骚》这样好的文学作品。

——摘自毛泽东1959年12月至1960年2月读苏联《政治经济学（教科书）》的谈话，见《党的文献》1994年第5期。

【原文】 骚体是有民主色彩的，属于浪漫主义流派，对腐败的统治者投以批判的匕首。屈原高居上游。

——摘自毛泽东1959年8月16日《关于枚乘（七发）》，见陈晋主编《毛泽东读书笔记解析》，广东人民出版社1996年7月版，第1191~1192页。

【品读解析】 毛泽东从青年时代起就十分崇敬屈原，喜爱屈原的作品。早在湖南省立第一师范学校读书时，他在自己的笔记《讲堂录》中，用工整的笔迹抄录了《离骚》、《九歌》全诗，在《离骚》正文的天头上写有各节提要。这本《讲堂录》共有47页，抄文占去了前11页，它留下了毛泽东学习屈原作品所下苦功的珍贵史料。另据罗章龙回忆，当他和毛泽东初次见面交谈的三个多小时中，毛泽东“对《离骚》颇感兴趣，曾主张对《离骚》赋予新评价”。为了纪念这次有意义的会面，罗章龙还写诗纪事，其中特别提道：“策喜长沙傅，骚怀楚屈平。”这里，贾谊的《治安策》和屈原的《离骚》都是他们所喜爱的作品，也是他们的谈话内容。

新中国成立，毛泽东每次外出携带的书籍中，都有《楚辞》。1957 年，他请人把各种版本的《楚辞》，以及有关《楚辞》和屈原的著作，收集了 50 余种，在那段时间里，他比较集中地阅读了这些书。1958 年 1 月 12 日，他在一封信中写道：“今晚我又读了一遍《离骚》，有所领会，心中喜悦。”寥寥两笔，一代伟人从《离骚》中得到的思想启迪和艺术上的享受，跃然入目。

毛泽东热爱《离骚》、《楚辞》还有若干旁证。1958 年 1 月 11 日至 22 日，党中央在南宁召开有部分中央领导人和部分地方领导人参加的会议，18 日凌晨 1 点多钟，突然发现国民党飞机向南宁方向飞来，全城立即进入空防状态。警卫人员要求毛泽东进防空洞，以保安全。他却安然处之，让人点燃蜡烛，聚精会神地读起《楚辞》。另一年夏天，习惯于夜间工作的毛泽东，中午时分仍然辗转难眠，经过服务人员的按摩，他终于合上了眼睛，抓在手中的书放在胸脯上，那是一本《楚辞》。接着，1959 年、1961 年，毛泽东又两次要《楚辞》读，还特别指名要人民文学出版社影印的宋版《楚辞集注》和明陈第撰写的《屈宋古音义》这两本书。收藏在故居里的这本《屈宋古音义》中，毛泽东用红蓝两色铅笔，对《离骚》中的一些段落又圈又画，句末都有点断。上述都属后人的回忆，点点滴滴，不能囊括全貌，即便如此，也可看到毛泽东读《离骚》不是一遍、两遍，超出了“三复四温”，而是从青年读到老年，常读常新，时有领悟。

毛泽东高度评价屈原的《离骚》及其流派。1958 年，张治中陪同毛泽东外出视察工作，毛泽东向他推荐《楚辞》，说：“那是好书，我介绍给你看看。”1959 年庐山会议期间，他说：“骚体是有民主色彩的，属于浪漫主义流派，对腐败的统治者投以批判的匕首。屈原高居上游。宋玉、景差、贾谊、枚乘略逊一筹，然亦甚有可喜之处。”1964 年在北戴河同哲学工作者的谈话中，他又说：“《天问》了不起，几千年以前，提出各种问题，关于宇宙，关于自然，关于历史。”可见毛泽东对屈原作品的肯定是多方面的。毛泽东同情屈原的生活遭遇，他在50年代末60年代初读苏联《政治经济学(教科书)》的谈话中说："屈原如果继续做官，他的文章就没有了，正是因为开除'官籍'，'下放劳动'，才有可能接近社会生活，才有可能产生像《离骚》这样好的文学作品。"司马迁的那句"……屈原放逐，乃赋离骚……"是他经常引用、教育人们在逆境中自强不息的精神武器。

1954年10月26日，毛泽东在会见访华即将回国的印度总理尼赫鲁时，引用屈原《九歌·少司命》中的"悲莫悲兮生别离，乐莫乐兮新相知"的诗句，用以表达对客人的心情。他还向尼赫鲁介绍说："屈原是中国一位伟大的诗人，他在一千多年前写了许多爱国的诗篇，政府对他不满，把他放逐了。最后屈原没有出路，就投河而死。后来中国人民就把他死的一天作为节日。人们吃粽子，并把它投入河里喂鱼，使鱼吃饱了不伤害屈原。"

毛泽东作为一位诗人，他和屈原情相投、心相通；毛泽东作为一位无产阶级革命家，他对屈原政治上的坎坷和作为，寄予无限同情。

以上是张贻玖在《毛泽东批注历史人物》一书中的材料。最能反映毛泽东对屈原的综合性评价的，大概要算是他晚年写的以《屈原》为题的一首七绝了：

屈子当年赋楚骚，手中握有杀人刀。
艾萧太盛椒兰少，一跃冲向万里涛。

诗的第二句是对屈原作品的战斗性的描述，第三句寓其人格的高洁并感叹其遭谗受讥的处境，最后一句无疑是对屈原生命结局中光亮一闪的赞美和高扬。

7.百家争鸣的精神现在仍需要

【原文】 百家争鸣是诸子百家，春秋战国时代。两千年前那个时候，有许多学说。大家自由争论，现在我们也需要这个。

——摘自毛泽东1956年5月2日在最高国务会议第七次会议上的讲话，见林蕴晖等著《凯歌行进的时期》，人民出版社2009年5月版，第657页。

【品读解析】 毛泽东对学术自由十分看重。他在早年的《健学会之成立及进行》中说："自由讨论学术，很合思想自由、言论自由的原则。人类最可宝贵，最堪自乐的一点，即在于此。学术的研究，最忌演绎式的独断态度。中国什么'师严而后道尊'，'师说'，'道说'，'宗派'，都是害了'独断态度'的大病，都是思想界的强权，不可不竭力打破。像我们反对孔子，有很多别的理由。单就这独霸中国，使我们思想界不能自由，郁郁做两千年偶像的奴隶，也是不能不反对的。"

显然，毛泽东很早就已经发现，没有学术自由、思想自由，就没有学术进步和思想进步，并终将导致民族文化的萎败倾向和国民心理的奴化痼习。

因此，毛泽东十分赞赏春秋战国时期的百家争鸣、百花齐放的自由局面，并将之加以改作，制定了"百花齐放、百家争鸣"的"双百"方针，用以指导中国的文化事业。1956年毛泽东曾号召实行"双百"方针，鼓励群众向党提意见。一时群情激昂，百花齐放。但当群众真的讲话了，其中不乏过激的言论时，毛泽东又改变了方针，其中的历史教训是令人深思的。历史经验表明，什么时候认真贯彻"双百"方针，文化事业就能兴旺发达。什么时候背离了这一方针，文化事业必遭破坏。

8.商鞅变法，良法也

【原文】 吾读史至商鞅徙木立信一事，而叹吾国国民之愚也，而叹执政者之煞费苦心也，而叹数千年来民智之不开、国几蹈于沦亡之惨也。谓予不信，请罄其说。

法令者，代谋幸福之具也。法令而善，其幸福吾民也必多，吾民方恐其不布此法令，或布而恐其不生效力，必竭全力以保障之，维持之，务使达到完善之目的而止。政府国民互相倚系，安有不信之理？法令而不善，则不惟无幸福之可言，且有危害之足惧，吾民又必竭全力以阻止此法令。虽欲吾信，又安有信之之理？乃若商鞅之与秦民，适成此比例之反对，抑又何哉？

商鞅之法良法也。今试一披吾国四千余年之纪载。而求其利国福民伟大之政治家，商鞅不首屈一指乎？鞅当孝公之世，中原最鼎沸，战事正殷。举国疲劳，不堪言状。于是而欲战胜诸国，统一中原，不綦难哉？于是而变法之令出，其法惩奸宄以保人民之权利，务耕织以增进国民之富力，尚军功以树国威，孥贫怠以绝消耗。此诚我国从来未有之大政策，民何惮而不信？乃必徙木以立信者。吾于是知执政者之具费苦心也，吾于是知吾国国民之愚也，吾于是知数千年来民智黑暗国几蹈于沦亡之惨境有由来也。

虽然，非常之原，黎民惧焉。民是此民矣，法是彼法矣，吾又何怪焉？吾特恐此徙木立信一事，若令彼东西各文明国民闻之，当必捧腹而笑，噭舌而讥矣。乌乎！吾欲无言。

——摘自毛泽东 1912 年《商鞅徙木立信论》，见《毛泽东早期文稿》，湖南出版社 1995 年版，第 1~2 页。

【品读解析】 商鞅是先秦时期著名的法家代表人物，他领导的变法使秦国成为战国时期最强国。他开始变法前所用徙木立信的计谋，使青年时代的毛泽东为之三叹。十八岁时，毛泽东作《商鞅徙木立信论》，文中叹道："吾读史至商鞅徙木立信一事，而叹吾国国民之愚也，而叹执政者之煞费苦心也，而叹数千年来民智之不开、国几蹈于沦亡之惨也。"

毛泽东三叹，有感而发。法令本来是为人们谋求幸福的，一部好的法令能使许多人得到幸福，老百姓唯恐统治者不颁布这样的法令，或者是颁布了这样的法令而不生效，这样，百姓必会竭尽全力维护这样的法令，以便使这样的法令最有效地发挥其作用。政府和百姓互相依靠，岂有不信之理？法令不善，非但没有幸福可言，还会产生许多令人恐惧的危害，全国百姓必会竭尽全力阻止此法令的颁布施行。虽然想让人们相信，哪有相信它的道理？这本是法律、百姓与国家三者之间完全正常的关系，可是商鞅之法、秦民与秦国统治者商鞅之间的关系，却正好与此相反，怎能不令毛泽东发出诸多感叹！

商鞅是中国历史上最伟大的政治家之一，其变法的目的，便是富民强国，商鞅变法颁布的法令，是中国历史上最优良的法典之一。其内容主要包括制定连坐法，惩治奸宄，保护百姓权利，重农抑商，奖励耕织，奖励军功，禁止私斗；焚烧儒家经典，禁止游宦之民，推行郡县制，废井田，开阡陌，按户征收军赋，平抑赋税，统一度量衡，革除残留的戎狄风俗等。这些法令，被毛泽东称为"此诚我国从来未有之大政策"。通过商鞅变法，秦国迅速走上了富强之路，为秦国最后消灭其他六国，统一全国奠定了基础。

商鞅临颁布变法法令之前，恐怕百姓不信任新法，便使用了徙木立信的小计谋。为此，宋代改革家王安石曾赋诗《商鞅》一首："自古驱民在信诚，一言为重百金轻。今人未可非商鞅，商鞅能令政必行。"

本为强国富民的改革，统治者却要煞费苦心地去争取百姓之信任，由此可见我国百姓之愚，毛泽东由此得出结论，我国多次濒于灭亡之惨境，其原因便在于数千年来我国民智之黑暗。

毛泽东所作《商鞅徙木立信论》一文，表现了其独具一格的分析问题研究问题的能力，此文受到阅卷老师的高度赞赏，评定同学"传观"。这篇 571 字的短文，老师多处批语，字数多达 150 字。评语写道：

实切社会立论，目光如炬，落墨大方，恰似报笔，而义法亦入古。精理名言，故未曾有。逆折而入，笔力挺拔。历观生作，练成一色文字，自是伟大之器，再加功候，吾不知其所至。力能扛鼎。积理宏富。有法律知识，具哲理思想，借题发挥，纯以唱叹之笔出之，是为压题法，至推论商君之法为从来未有之大政策，言之凿凿，绝无浮烟涨墨绕其笔端，是有功于社会文字。

老师的评价，细致入微，他发现了毛泽东文中“积理宏富”“具哲理思想”之处，发现了毛泽东“目光如炬”的洞察力，其“自是伟大之器”“吾不知其所至”的预言也得到了历史的验证。

9.长勺之战，后发制人

【原文】 春秋时候鲁与齐战，鲁庄公起初不待齐军疲惫就要出战，后来被曹刿阻止了，采取了“敌疲我打”的方针，打胜了齐军，造成了中国战史中弱军战胜强军的有名的战例。请看历史家左丘明的叙述：

……

当时的情况是弱国抵抗强国。文中指出了战前的政治准备——取信于民，叙述了利于转入反攻的阵地——长勺，叙述了利于开始反攻的时机——彼竭我盈之时。叙述了追击开始的时机——辙乱旗靡之时。虽然是一个不大的战役，却同时是说的战略防御的原则。中国战史中合此原则而取胜的实例是非常之多的。楚汉成皋之战、新汉昆阳之战、袁曹官渡之战、吴魏赤壁之战、吴蜀彝陵之战、秦晋淝水之战等等有名的大战，都是双方强弱不同，弱者先让一步，后发制人，因而战胜的。

——摘自毛泽东 1936 年 12 月《中国革命战争的战略问题》，见《毛泽东选集》第 1 卷，人民出版社 1991 年 6 月版，第 203~204 页。

【品读解析】 发生于春秋初年的长勺之战，虽是一次规模不大的战役，但它却蕴含着非常深刻的战争理论。当时强大齐国大兵压弱小鲁国之境，对弱小鲁国来说，如何迎战非常关键。鲁国的民族英雄曹刿挺身而出，将鲁庄公取信于民的措施作为取胜的政治基础，他根据敌强我弱的实际情况，采取避敌锋芒，后发制人之术，待“彼竭我盈”之时进攻，一鼓作气击败敌军。他还非常注重战场实地情况的调查，“视其辙乱，望其旗靡”，然后追击，最后使弱小鲁国战胜了强大齐国。

长勺之战所蕴含的深刻的战争理论，被后代军事家所继承发扬。1936年，毛泽东为总结解放战争的经验，撰写了《中国革命战争的战略问题》，在第五章《战略防御》的第三节《战略退却》中，他全文引用了《曹刿论战》这段文章，来说明退让防守是为了更好地进攻这一战略防御原则。

毛泽东说，战略退却，是劣势军队处在优势军队进攻面前，因为照顾到不能迅速地击破其进攻，为了保存军力，待机破敌，而采取的一个有计划的战略步骤。为了生动说明战略退却这个原则，毛泽东举例说：“谁人不知，两个拳师放对，聪明的往往先退让一步，愚蠢的则气势汹汹，劈头就使出全副本领，结果往往被退让者打倒。”毛泽东还列举了《水浒传》上的林冲棒打洪教头的故事，说明此故事是洪教头先喊“来”、“来”、“来”，让林冲看出了破绽，才被林冲打倒。接着，毛泽东便全文引用了《左传》中记载的曹刿论战这一著名战例，并对此战例进行了精当的分析。

在列举了中国战史上弱者先退让一步，然后后发制人的战例后，毛泽东又用红军作战的历史回顾来说明这一战略原则的正确性。1927年南昌起义后到1928年，带有朴素色彩的游击战争原则“敌进我退”、“敌驻我扰”、“敌疲我打”、“敌退我追”便产生出来。第一次反“围剿”时，提出了“诱敌深入”的原则并得到成功的运用。第三次反“围剿”时，红军作战的战略原则便丰富成熟起来。这个战略防御原则包括战略防御和战略进攻两个阶段。1932年以后，由于李立三“左”倾路线的错误，放弃了战略防御这一原则，使红军遭受很大失败。1936年，毛泽东重新提出这个战略防御原则，目的是要同志们克服急躁冒进的毛病。

毛泽东从曹刿论战中引发出先退让一步，然后后发制人的战略原则，并对这个战略原则进行了系统论述。毛泽东说，退却是为了更好地保存兵力，等待敌人露出破绽，然后反击。在强敌面前若不退却，则有全军覆没之危险。这也就是外国军事家所说的：“战略守势的作战，大都先避不利的决战，使至有利的情况始求决战。”

毛泽东利用曹刿论战来阐发的战略防御原则，成为毛泽东军事思想的重要组成部分，它在我军战史上发挥了重要作用，成为我军由弱转强的制胜法宝。

10.城濮之战是弱小之军打胜仗的典范

【原文】 主观指导的正确与否，影响到优势劣势和主动被动的变化，观于强大之军打败仗，弱小之军打胜仗的历史事实而益信。中外历史上这类事情是多得很的。中国如晋楚城濮之战……都是以少击众，以劣势对优势而获胜。

——摘自毛泽东 1938 年 5 月《论持久战》，见《毛泽东选集》第 2 卷，人民出版社 1991 年 6 月版，第 491 页。

【品读解析】 城濮之战中，晋文公能适时采纳大臣们的建议，从靠近晋国的曹、卫两国下手，先打弱敌，取得了以后作战的前进的基地。随后又运用策略，争取齐、秦两国参战，从而改变了劣势地位，取得了战略上的主动权。城濮决战时，先退让一步，既避开了楚军的锋芒，疲惫了楚军，又争取了政治上的主动，做到有理有利。与齐、秦、宋各国的军队会合，集中了兵力，从弱处开刀，各个击破，首先击溃战斗力薄弱的楚右军，接着以上、下两军后退诱敌，夹击楚军，从而获得了战争的胜利。

11.孙膑是千古高手

【原文】 攻魏救赵，因败魏军，千古高手。

——见《毛泽东读文史古籍批语集》，中央文献出版社 1993 年 11 月版，第 66 页。

【品读解析】 毛泽东阅读了孙膑围魏救赵的故事之后，在这一段的开头上画了三个大圈，并批注道："攻魏救赵，因败魏军，千古高手。"表达了他对孙膑所提出的围魏救赵之计的极度赞赏。

其实，毛泽东对于围魏救赵的故事早已十分熟悉，并在革命战争中自觉地运用了这一古代兵法。1938 年 5 月，毛泽东在《抗日游击战争的战略问题》一文中，当谈到游击战争的战略防御问题时就曾特别指示抗日部队可以借鉴古代历史上的战例，采用围魏救赵的作战方法。他说："在反围攻的作战计划中，我之主力一般是位于内线的。但在兵力优裕的条件下，使用次要力量（例如县和区的游击队，以至从主力中分出一部分）于外线，在那里破坏敌之交通，钳制敌之增援部队，是必要的。如果敌在根据地内久踞不去，我可以倒置地使用上述方法，即以一部留在根据地内围困该敌，而用主力进攻敌所从来之一带地方，在那里大肆活动，引致久踞之敌撤退出去打我主力。这就是'围魏救赵'的办法。"由此可见，毛泽东确实早就将围魏救赵的古代兵法运用到了革命战争之中，而且还作了详尽的解说，取得了实战的效果。所以，新中国成立后，毛泽东在和平的环境中再次读到关于围魏救赵这一著名战例的记述时，仍然要由衷地称赞孙膑用兵是"千古高手"。

12.反间计成功运用的杰出战例

【原文】 老师坚城之下，又不意赵救，此秦之所以败也。

——见《毛泽东读文史古籍批语集》，中央文献出版社 1993 年 11 月版，第 67 页。

【品读解析】 毛泽东阅读了关于阏与之战的史实记述后，就在书中的“反间者”三字旁画了一条着重线，又对“因敌间而用之”这句话逐字加了旁圈，并在天头上批注道：“老师坚城之下，又不意赵救，此秦之所以败也。”显然，毛泽东是从秦军战败的角度来分析阏与之战的。他认为秦军失败的原因，就是秦军只注意了屯兵围攻阏与的韩军，而对赵奢所领赵国援军的真实情况缺乏了解，反而中了赵奢的“反间计”，被假象所麻痹，因而失去了作战的主动地位，终于为赵奢一举击败。

对于反间计，唐朝诗人杜牧曾解释说：“敌有间来窥我，我必先知之。或厚赂诱之反为我用，或佯为不觉示以伪情而纵之，则敌人之间，反为我用也。”秦军阏与之战的失败，正是中了这样的反间之计。由此可见，毛泽东对阏与之战的分析是很精辟的，同时也反映了他对《孙子兵法》中所说的反间计是十分重视的。

13.田忌赛马，赢得漂亮

【原文】 所谓以弱当强，就是以少数兵力佯攻敌诸路大军。

所谓以强当弱，就是集中绝对优势兵力，以五六倍于敌一路之兵力，四面包围，聚而歼之。自古能军无出李世民之右者，其次则朱元璋耳。

——见《毛泽东读文史古籍批语集》，中央文献出版社 1993 年 11 月版，第 65~66 页。

【品读解析】 冯梦龙在《智囊》中叙述完孙膑赛马的故事之后，随即又在书中征引了唐太宗所说的一段自白："自少经略四方，颇知用兵之要。每观敌阵，则知其强弱，常以吾弱当其强，强当其弱。彼乘吾弱，奔逐不过数百步，吾乘其弱，必出其阵后而击之，无不溃败。"并指出唐太宗这种对敌作战之法，就是采用了孙膑赛马的战术。

毛泽东读了《智囊》中关于孙膑赛马的故事和冯梦龙的按语之后，就在书中进一步批注发挥说："所谓以弱当强，就是以少数兵力佯攻敌诸路大军。所谓以强当弱，就是集中绝对优势兵力，以五六倍于敌一路之兵力，四面包围，聚而歼之。自古能军无出李世民之右者，其次则朱元璋耳。"李世民即唐太宗，朱元璋即明太祖。这两人都是经过横刀立马、南征北战，从战乱中打出一统天下的封建帝王。毛泽东高度评价了他们的军事才能，称赞他们善于用兵、很会打仗。特别是对于唐太宗，毛泽东曾说：打仗要像唐太宗那样先守不攻，让敌人进攻，不准士兵谈进攻的事，谈论者杀。待敌人屡攻不克，士兵疲劳已极之时，才下令反攻，一攻即胜。这样一可以练兵，二可以练民。毛泽东就是结合历史上这些杰出军事家所运用的战略战术，在批注中阐述了他对孙膑赛马战术的见解，这些见解凝聚着他从 1927 年开始领导中国革命进行武装斗争的经验和体会。

毛泽东在30年代领导中国工农红军，多次打破了蒋介石对中央苏区根据地发动的大规模“围剿”。蒋介石的第一次“围剿”出动兵力10万，第二次20万，第三次30万。毛泽东率领红军，以比敌人微弱得多的军事力量，采取诱敌深入、“以少数兵力佯攻敌诸路大军”而伺机各个击破的战略方针，最终在三次反“围剿”中取得了以弱胜强、以少胜多的辉煌胜利。第四次反“围剿”时，虽然王明“左”倾机会主义路线排斥了毛泽东的领导，但毛泽东的军事思想和战略方针在红军中留有深刻的影响，在周恩来、朱德的指挥下，仍然打败了蒋介石50万大军的进犯而取得胜利。只有在第五次反“围剿”中，“左”倾机会主义者采取了硬拼蛮干的方针和逃跑主义，才导致根据地的丧失和红军的被迫长征。至于在解放战争中取得决定性胜利的辽沈、平津、淮海三大战役，则是毛泽东和他的战友们灵活地运用“以强当弱”、“集中绝对优势兵力”、“四面包围，聚而歼之”的战略战术而取得胜利的典型战例。由此可见，正因为毛泽东亲身经历了长期的战争实践，具有丰富的战争经验和体会，所以他在阐释关于孙膑赛马的战术时，见解就显得十分精辟而深刻。

14.《诗经》是老百姓的民歌

【原文】 司马迁对《诗经》品评很高，说诗三百篇皆古圣贤发愤之所为作也。大部分是风诗，是老百姓的民歌。老百姓也是圣贤。“发愤之所为作”，心里没有气，他写诗？“不稼不穑。胡取禾三百廛兮？不狩不猎，胡瞻尔庭有悬貆兮？彼君子兮，不素餐兮！”“尸位素餐”就是从这里来的。这是怨天，反对统治者的诗。孔夫子也相当民主，男女恋爱的诗他也收。朱熹注为淫奔之诗。其实有的是，有的不是，是借男女写君臣。

——摘自毛泽东1964年8月18日在北戴河同哲学工作者的谈话，见龚育之、逄先知、石仲泉著《毛泽东的读书生活》，三联书店1986年版。

【品读解析】《诗经》作为儒家经典的"圣经"之一，是毛泽东从少年时代就开始学习的启蒙读物。后来考入长沙的省立师范学校，《诗经》也是他喜欢阅读的古典文学作品。例如1913年，他在省立第四师范学校就读时，在他的《讲堂录》里，就记载了这样的句子："农事不理则不知稼穑之艰难，休其蚕织则不知衣服之所自。《豳风》陈述王业之本，《七月》八章只曲评衣食二字。"1915年秋天，毛泽东在省立第一师范读书时，向长沙各重要学校发出200多字的《征友启事》，其结尾处所引用的便是《诗经·小雅·伐木》中的"嘤其鸣矣，求其友声"两句诗。1920年3月14日毛泽东致周世钊信中说："像吾等长日在外未能略尽奉养之力的人，尤其发生'欲报之德，吴天罔极之痛'。"这里引的是《诗经·小雅·蓼莪》里的句子，贴切地表达了毛泽东为寻求真理而不能在父母身边尽孝的歉疚心情。

毛泽东不仅诵读诗经原作，还十分留心历代注家对原作的解释。毛泽东在1973年7月17日会见美籍华裔科学家杨振宁时，曾说过这样的话：《诗经》，是两千多年以前的诗歌，后来做注释，时代已经变了，意义已不一样。这或许是"诗无达诂"的意思吧！但毛泽东对于《诗经》的种种解释是有自己的特定见解的。

1964年8月18日，毛泽东在北戴河同哲学工作者的谈话中对《诗经》有一番评述（见前面引文），从毛泽东对《诗经》的这段评论中，可以看出其中包含两层含义。

第一，指出了文学创作现象之一就是心里有气，才写诗，他非常赞同司马迁对《诗经》的评价，说诗三百篇皆为"发愤之所作为"。司马迁在《史记·太史公自序》里认为，《诗经》作者的创作是意有所郁结，不得通其道，故述往事，思来者，作诗明志，抒愤言情，以通其道。毛泽东用"心里没有气，他写诗？"发挥了司马迁的"诗言志"和"发愤说"，并且认为《诗经·魏风·伐檀》这首诗就是表达了当时社会的劳动人民反对统治者剥削和压迫的悲愤之情。认为《诗经》就是老百姓的民歌，"老百姓也是圣贤"，这也许是毛泽东喜欢读《诗经》的原因之一。

第二，指出《诗经》中收集的有关男女恋爱的诗，有的是“借男女写君臣”的。虽然从文学批评史上看，在这一点上有争议，但从《诗经》以后的诗歌创作来看，也确实存在着一个借男女写君臣的比喻模式。况且毛泽东对此也没有说全部都是，而是说“有的是，有的不是”，可见毛泽东对此的评论是非常谨慎和客观的。至于朱熹认为《诗经》中有关男女欢爱之诗是淫奔之诗，明显是基于存天理、灭人欲的理学家的立场，毛泽东是不同意这种评价的。

毛泽东对《诗经》的爱好一直伴随到晚年。1965 年夏，毛泽东去北戴河开会，姚淑贤当时是毛泽东专列上的服务员，列车启动以后，毛泽东在客厅里忽然立住脚，对所有的工作人员说：“今天是礼拜六噢，你们有没有约会?”大家都微笑摇头。但姚淑贤听到这话后，身子一热，产生出一种温暖的感觉，那是女儿在父亲身边才会有的感觉，所以就忘乎所以地冒出两句：“有，我有。”毛泽东含着微笑逗趣地问：“跟什么人约会?”姚淑贤腼腆地说：“跟男朋友。”毛泽东着急地说：“哎呀，糟糕，搅了你们的好事。你通知他了吗?”“没有。”姚淑贤答道，“没事的。他知道我常有任务，会理解的。”毛泽东摇摇头嘀咕着说：“久了会出误会的，不要因为我而影响你们。”姚淑贤很后悔说实话，让主席替她担心。晚上当姚淑贤给主席送去削好的铅笔时，主席若有所思地望着她，目光一闪，忽然说：“小姚，你等等。有个东西你拿回去给你的朋友看看，你的朋友就不会生气了。”毛泽东拿出一支铅笔，铺开一张 16 开的白纸，开始伏案书写，原来是一首古诗。诗曰：“静女其姝，俟我于城隅。爱而不见，搔首踟蹰。”姚淑贤接过诗反复读了两遍，大致明白，不由得脸红，并小声对主席说：“主席，我们有纪律。凡是带字的东西都必须上交。”“你为什么那么老实？现在又没有谁看到，我是不会打小报告的。”毛泽东幽默地挤一挤眼，笑笑，做个手势，“藏起来，带给他。”

后来姚淑贤从北戴河回北京，便把毛泽东录写的这首诗交给男朋友看，并把失约的经过讲了。她的男朋友很激动，嘱咐她一定要好好为毛主席服务。毛泽东的这件逸事，充分体现了作为领袖虽日理万机，但也体恤下情，让后来的局外人，也能感到毛泽东的慈祥和温暖。

15.《庄子》告诉了我们大道理

【原文】 庄子讲“一尺之棰，日取其半。万世不竭”。这是一个真理。因此我们对世界的认识也是无穷无尽的。宇宙不仅从大的方面来看是无限的。从小的方面看，也是无限的。

——摘自毛泽东1964年8月与周培源的谈话，见范忠程主编《博览群书的毛泽东》，湖南人民出版社1993年12月版，第323页。

【原文】 且夫水之积也不厚，则其负大舟也无力。覆杯水于坳堂之上。则芥为之舟。置杯焉则胶，水浅而舟大也。予诵斯言，未尝不叹其义之当也。夫古今谋国之臣夥矣，其雍容暇豫游刃而成功者有之，在局蹐失度因而颠蹶者实繁有徒，其负大舟也无力，岂非积之也不厚乎？吾观合肥李氏（引者按：指李鸿章），实类之矣。其始也平发夷捻，所至有功，则杯水芥舟之谓也；及其登坛口理国交，着着失败，贻羞至于无已者何也？置杯焉则胶，水浅而舟大也。孟子曰：流水之为物也，不盈科不行；君子之志于道也，不成章不达。浅薄者流，亦知省哉。

——摘自毛泽东1913年10月至12月《讲堂录》，见《毛泽东早期文稿》，湖南出版社1995年版，第607页。

【原文】 干部子弟（翘尾巴的）吃不开了，尾巴翘不成了，痛苦来了。改变态度也就来了，这就好了。读了秋水篇（指《庄子·秋水》——引者注），好，你不会再做河伯了……

——摘自毛泽东1963年1月4日致李讷信，见《老一代革命家家书选》，中央文献出版社1990年2月版，第67页。

【品读解析】 对《庄子》这样一部集中地反映道家思想风貌的经典之作，毛泽东在青年时代便非常熟悉。

1917年，毛泽东正在长沙第一师范读书。暑假时，他与好友萧子升进行了一次游学，以此来阅读社会这本大书。有一次他们来到一位声望很高的刘翰林家，在与刘翰林的问答中，毛泽东说，我们读过《十三经》，也读过《老子》和《庄子》，还回答了老翰林的问题："最好的《老子》注是王弼注的，最好的《庄子》注是郭象作的。"

看来，毛泽东不仅读过《庄子》，而且很熟，并且比较过后人注释的各种版本。这一点从毛泽东青年时代的交往、作文、笔记中也能看出。1915年秋，他发出《征友启事》，得到罗章龙的应征之信后，便在复信中引《庄子》"空谷足音，跫然色喜"来表达自己的心情。1917年4月1日《体育之研究》里，毛泽东借庄子在"养生篇"里写的庖丁解牛的故事，说明"养生之道"，认为体育锻炼"皆先精究生理，详于官体之构造，脉胳之运行，何方发达为早，何部较有偏缺……"。在1917年夏为萧子升的《一切入一》读书笔记写的序言中，毛泽东开篇即讲："予维庄生有言：吾生也有涯，而智也无涯。今世学问之涂愈益加辟……势有不可究诘者。惟文化进矣，人之智慧亦随而进，则所以究诘之者，仍自有道也。"1917年下半年至1918年上半年读泡尔生《伦理学原理》所作的批语中，毛泽东说："技术家之为技术，虽系为生活起见，而当其奏技之时，必无为人之念存于其中。庄子曰：'痀瘘丈人承蜩，惟吾蜩翼之知。'凡天下事所以成，所以成而有价值者以此（即一片浑忘人己差别，惟注事际事物之真诚）。"这是用庄子的话来说明一种创作著书的境界及其效果。

在1913年写的《讲堂录》里，毛泽东还有直接读《庄子·逍遥游》等篇章的笔记。

《逍遥游》是《庄子》的第一篇。逍遥，是指悠闲自得、无拘无束的样子。游，在这里指人的交往与处世。作者在篇中借助鲲鹏横空出世、高翔远举的形象，表达了一种自由自在的人生追求。而为了达到这种境界，必须与物"无待"，即摆脱与周围事物的对立与依存的关系。前文引述的1913年毛泽东在《讲堂录》中记述的读《逍遥游》“且夫水之积也不厚，则其负大舟也无力”一段文字，表明他从庄子的议论中，通过水与舟的关系，引申出了一番人生道理。这即人的能力与他担当的任务和职位要相称，人应当厚积而薄发。他以李鸿章为例，虽然他在镇压太平天国和捻军起义中“所圣有功”，但这只是像杯水载草芥之舟；但在后来的掌管国事时，却着着失败，原因在于“水之积也不厚”，大舟难免搁浅。毛泽东提醒浅薄的不自量力的人要引以为戒。

对《逍遥游》中大鹏的形象，毛泽东非常喜欢，经常加以运用。如1945年6月24日，毛泽东在中共第七次全国代表大会上作的口头政治报告中认为，中国共产党以及军队已经不是小麻雀了，已从小麻雀发展成一个翅膀就可把中国扫得差不多的大鹏鸟，最终扫尽全中国。此外，毛泽东在他写的诗歌中，也多将此形象入诗。

最早是1918年为准备东渡日本的罗章龙而作的七言《送纵宇一郎东行》。诗中写道：“君行吾为发浩歌，鲲鹏击浪从兹始。”这是指点江山、激扬文字的青年毛泽东的喻人和自喻，其“要将宇宙看稊米”的胸怀和“到中流击水”的信念，跃然纸上。毛泽东如鲲鹏一般激越壮观的生涯，便是从这里起步的。在这首诗里，鲲鹏形象的寓意还较抽象，是一种信念崇拜和自我夸张。

1963年12月，毛泽东作《七律·吊罗荣桓同志》，于悼念叙往的情境中，凸然而出“斥鷃闻欺大鸟，昆鸡长笑老鹰非”两句，设置了“斥鷃鸟”、“昆鸡”和“大鸟”、“老鹰”两种渺小与崇高的对立形象，以喻人事的褒贬。

1965年秋，在《念奴娇·鸟儿问答》中，他充满感情地描绘：“鲲鹏展翅，九万里，翻动扶摇羊角。背负青天朝下看，都是人间城郭”，并嘲笑那种没见过世面，满足于在蓬间跳来跳去，面对风起云涌的情势，不知所措，大喊“怎么得了，哎呀我要飞跃”的斥鷃鸟雀。

毛泽东喜爱并引用的不只是《逍遥游》一篇。1963年1月4日，毛泽东给李讷的信中就说，读了庄子的《秋水篇》，好，你不会再做河伯了（见前面所引）。河伯是传说中的黄河水神，平日觉得百川灌河，以为天下之水皆归于己，便盲目自大。等他顺流东行，看见无涯无际的大海，方觉自己渺小，只能“望洋兴叹”。《庄子》“秋水篇”写了这件事。大概是李讷在给毛泽东的信中说自己读了这篇文章，毛泽东觉得读了这篇文章，不会再做河伯，也就是不再盲目自大（以上部分材料参考了陈晋《毛泽东读书笔记解析》中的有关内容）。

1965年11月15日，毛泽东在中国共产党第八届中央委员会第二次全体会议上的讲话中，在讲到对问题要作全面的分析，都要按照辩证法时说：“看电影，银幕上那些人净是那么活动，但是拿电影拷贝一看，每一小片都是不动的。《庄子》的《天下篇》说：‘飞鸟之景，未尝动也。’世界上就是这样一个辩证法：又动又不动。”“动是绝对的，静是暂时的，有条件的。”

1966年8月16日，毛泽东在北戴河约了几位哲学工作者畅谈了许多哲学问题。之前，他看到了1963年复刊的《自然辩证法研究通讯》上登载的坂田昌一的文章《基本粒子的新概念》。毛泽东非常赞赏坂田关于“基本”粒子并不是最后的不可分的粒子的观点。在这次谈话中，他就这个问题谈了自己的看法，并引用了《庄子·天下篇》里的话来阐述基本粒子并不是最后的不可分的粒子的观点，并明确地表示《庄子》中的这个观点是真理，这是对《庄子》一书价值的肯定和赞扬，也说明毛泽东善于从传统文化中吸取灵感，古为今用，点石成金。

16.《楚辞》也有历史价值

【原文】 骚体是有民主色彩的，属于浪漫主义流派，对腐败的统治者投以批判的匕首。屈原高居上游。宋玉、景差、贾谊、枚乘略逊一筹，然亦甚有可喜之处。

——摘自毛泽东1959年8月16日《关于枚乘〈七发〉》，见陈晋主编《毛泽东读书笔记解析》，广东人民出版社1996年7月版，第1191页。

【原文】《楚辞》虽是古董，但都是历史。有一读的价值。

——摘自毛泽东1951年7月7日同周世钊等的谈话，见陈晋主编《毛泽东读书笔记解析》，广东人民出版社1996年7月版，第1191页。

【品读解析】湖南是楚国旧地，又是毛泽东的故乡，他自小就受浪漫主义文化的熏陶。从青年起，《楚辞》就成为他最喜爱的古典文学作品之一。在毛泽东的一生中，有关他阅读和谈论《楚辞》的记载很多，可谓常读不辍，有时甚至到了置生命于不顾的如醉如痴的地步。

有关毛泽东读《楚辞》的最早记载是1918年。这一年的春天，他在写给罗章龙的七言古风《送纵宇一郎东行》里，不无自豪地说："年少峥嵘屈贾才，山川奇气曾钟此"，由衷地表达了对以屈原、贾谊为代表的湘楚浪漫主义文化精神的艳羡之情。

在延安时期，《楚辞》也是他常读的作品之一。新中国成立后，毛泽东在日理万机的繁忙工作中，还让身边工作的几位同志搜集各种版本的《楚辞》以及有关《楚辞》和屈原的著作给他。为此，1957年12月，逄先知特请文研所所长何其芳同志列了一个目录，共50余种。这一时期，毛泽东比较集中地阅读了这些书。

1958年9月，毛泽东到南方视察，陪同的有张治中、曾希圣、罗瑞卿等。到了安徽后，他向省里借来《安徽省志》和朱熹的《楚辞集注》。毛泽东问张治中："你读过《楚辞》吗?"张治中回答说："未读过。"毛泽东推荐了这本书，说："那是好书，我介绍给你看看。"他从《楚辞》谈起，又谈到了《论语》及朱熹的注。

特别是日本首相田中角荣在1972年访华时，毛泽东赠予的礼物就是一部精印的《楚辞集注》。由此可见，毛泽东喜爱《楚辞》之深。

毛泽东为什么喜欢《楚辞》？这是一个值得探讨的非常有趣的问题。他在1959年8月16日《关于枚乘〈七发〉》中说得很明确："骚体是有民主色彩的，属于浪漫主义流派，对腐败的统治者投以批判的匕首。屈原高居上游。宋玉、景差、贾谊、枚乘略逊一筹，然亦甚有可喜之处。"对毛泽东这段话的理解可基于以下两点：

一、《楚辞》整体上对现实的黑暗持严峻的批判态度，这正是它民主性色彩所在。屈原无疑是"楚辞"群体作家中最杰出的代表。他的长篇抒情诗《离骚》，通过对以楚怀王为首的腐朽贵族集团的揭露和自己遭谗被疏的痛苦悲懑的抒写，表现出诗人对理想的不懈追求和与祖国休戚共存亡的深挚的爱国主义情怀和坚持理想、坚持操守、宁死而不愿同流合污的顽强斗争精神。特别是对楚怀王周围的统治集团人们的贪婪、嫉妒、追逐、陷害忠良的丑恶灵魂表示了极端的鄙视。屈原的其他作品，如《九章》《九歌》等，在思想内容上，也都和《离骚》一样是反复地抒写诗人的理想和揭露批判楚国的黑暗政治。尤其是《天问》这首很奇特的诗，诗人一口气提出了一百几十个问题，表现了屈原对传统思想、历史人物，甚至自然现象、神话传说等的大胆怀疑和一些批判态度。这很符合毛泽东的个性。

宋玉的作品，据《汉书·艺文志》所载有十六篇，现存六篇，以《九辩》最著名。这篇作品除惋惜屈原、透露自己的身世外，对妒害贤良的楚国腐朽的社会政治提出了一些中肯的批评，但由于宋玉性格软弱，显得很卑顺。

贾谊的赋体作品，对封建社会的批判更多一些，如他的《吊屈原赋》是拿屈原的遭遇来比拟自己，对不合理的社会制度、对有才智之士的困苦遭遇表示了深切的同情，感情激越，很能打动读者。

二、《楚辞》属于浪漫主义流派，这和毛泽东的审美意趣是相吻合的。毛泽东非常欣赏"诗仙"李白、"诗鬼"李贺、"骚之苗裔"李商隐，认为他们的风格皆秉承了屈、庄的奇幻。《楚辞》，特别是前期作品皆产于楚地，而楚又是一个巫风盛行的国度，尤其是在祭祀活动中，充满了原始宗教气氛，故在楚辞作品中包含着大量的神话传说和历史故事，表现出丰富多彩的想象力，浪漫不羁，情感炽烈，这些都成为屈原及其他楚辞作品中浪漫主义因素的重要来源。正是由于这种原因，楚辞的创作才更加开放而少约束，才能表现出那种无羁而多义的浪漫想象，形成汪洋恣肆的气势、自由灵活的句式、奇丽幻想的境界、雄奇诡谲的完整图画。

毛泽东不只欣赏楚辞诗人驰骋想象，糅合神话传说、历史人物和自然现象编织幻想境界的作品，而且，毛泽东的创作，也是借“游仙”之路，铺成为瑰丽的华章。他的诗作，吸收了浪漫主义大师们的艺术创作方法，借助大胆的想象，神话般的夸张，采用豪迈的、象征的、富于激情和鼓动性的语言抒发自己伟大的抱负、深刻的思想和奔放的热情。典型者如《蝶恋花·答李淑一》，除开首“我失骄杨君失柳”一句外，其余描写的都是虚幻的境界。诗中的吴刚、嫦娥这两个神话中的形象，一个苦恼，一个寂寞，但诗人想象驰骋，对两个形象进行了再创造。当杨、柳二烈士忠魂升入九霄之后，这两个神话中的人物的精神面貌大不同前，一个捧酒，一个献舞，洋溢出一片敬爱欣赏之情。在毛泽东的诗词中，这类作品很多，属于典型的浪漫主义诗作。毛泽东非常喜读《楚辞》作品，于此可见其中的奥妙了。

17.《孙子兵法》里面的好东西很多

【原文】 买来的军事书多不合用，多是战术技术的，我们要的是战役指挥与战略的，请按此标准选买若干。买一部《孙子兵法》来。

——摘自毛泽东1936年致叶剑英、刘鼎的信，见《毛泽东书信选集》，第81页。

【原文】 蒙哥马利：我也学过成吉思汗，他强调机动性。

毛泽东：你没有看过两千年以前我国的《孙子兵法》吧？里面很有些好东西。

蒙哥马利：是不是提到了更多的军事原则？

毛泽东：一些很好的原则，一共有十三篇。

——摘自毛泽东1960年5月27日同英国元帅蒙哥马利的谈话，见《毛泽东外交文选》，中央文献出版社1994年12月版，第425页。

【原文】江西反对第三次“围剿”时，红军实行了一种极端的退却（红军集中于根据地后部），然而非此是不能战胜敌人的，因为当时的“围剿”军超过红军十倍以上。孙子说的“避其锐气，击其惰归”，就是指的使敌疲劳沮丧，以求减杀其优势。

——摘自毛泽东《中国革命战争的战略问题》，见《毛泽东选集》第1卷，人民出版社1991年6月版，第208~209页。

【原文】说实在的，我在山上搞了几年，比他们多了点在山上的经验。他们说我一贯右倾机会主义、狭隘经验主义、枪杆子主义等等。那时我没有事情做，走路坐在担架上，做什么？我看书！他抬他的担架，我看我的书。他们又批评我，说我凭着《三国演义》和《孙子兵法》指挥打仗。其实《孙子兵法》当时我并没有看过；《三国演义》我看过几遍，但指挥作战时，谁还记得什么《三国演义》，统统忘了。我就反问他们：“你们既然说我是按照《孙子兵法》指挥作战的，想必你们一定是熟读的了，那么请问《孙子兵法》一共有几卷？第一章开头讲的是什么？”他们哑口无言。原来他们也根本没有看过！后来到陕北，我看了八本书，看了《孙子兵法》，克劳塞维茨的书看了，日本人写的军事操典也看了，还看了苏联人写的论战略、几种兵种配合作战的书等等。那时看这些，是为写论革命战争的战略问题，是为了总结革命战争的经验。

——摘自毛泽东1960年同部分亲属和身边工作人员的谈话《人没有压力是不会进步的》，见《党的文献》1993年第4期。

【原文】有一种人，明于知己，暗于知彼，又有一种人，明于知彼，暗于知己，他们都是不能解决战争规律的学习和使用的问题的。中国古代大军事学家孙武子书上“知彼知己，百战不殆”这句话，是包括学习和使用两个阶段而说的，包括从认识客观实际中的发展规律，并按照这些规律去决定自己行动克服当前敌人而说的；我们不要看轻这句话。

——摘自毛泽东《中国革命战争的战略问题》，见《毛泽东选集》第 1 卷，人民出版社 1991 年 6 月版，第 182 页。

【品读解析】 作为现代中国集军事统帅与军事理论家于一身的伟大军事家，毛泽东与中国古代军事文化遗产《孙子兵法》的血脉联系是很自然的。毛泽东的军事思想是马列主义关于革命战争的理论与中国革命战争的实际相结合的产物，同时也是中国古代军事文化遗产，尤其是《孙子兵法》的合乎逻辑的运用和发展。从这部“中国古代第一兵书”里面，毛泽东不仅吸取了丰富的军事理论营养，而且获取了丰富唯物辩证法的养料。但是毛泽东本人是如何看待、评价，如何运用、发挥《孙子兵法》中的军事思想的，甚至于毛泽东与《孙子兵法》这部兵书的历史联系如何？我们不能不先从有关毛泽东是何时开始读《孙子兵法》的一桩历史公案说起。

事情的起因是这样的：土地革命开始后，毛泽东引兵井冈山，指挥工农红军逐步开创了以江西瑞金为中心的根据地，并打破了白军的三次“围剿”。在这一过程中，毛泽东、朱德等提出并成功地运用了以游击战争“十六字诀”为主要内容的红军作战原则。这十六字诀是：敌进我退，敌驻我扰，敌疲我打，敌退我追。其基本精神是：从敌大我小、敌强我弱的实际情况出发，利用农村的政治、经济和地理等有利条件，扬长避短、灵活机动，以求保存和发展自己，消灭敌人，逐步改变敌我力量对比，夺取战争的胜利。在“十六字诀”方针的指导下，毛泽东等迅速建立和扩大了根据地的范围，1931 年，中共临时中央由上海白区搬到瑞金根据地。影响日益扩大的毛泽东等遭到了当时“左”倾路线的领导者的排挤和打击。“左”倾盲动主义者在《革命与战争》等刊物上连篇累牍地发表文章，从理论上对毛泽东进行批判，说他“把古代的《三国演义》无条件地当作现代的战术，古时的孙子兵法无条件地当作现代战略；更有些博览的同志，拿半个世纪以前的曾国藩作为兵法之宝”。他们断言：“这些不合时代的东西——《孙子兵法》、《曾、胡、左治兵格言》，只有让我们的敌人——蒋介石专有。”人为地把《孙子兵法》等宝贵的军事遗产贴上阶级的标签而加以拒绝、全盘否定，当然明显地暴露了那些自称为所谓的“马列主义的专家”的“左”倾教条主义者的浅薄与无知。从一个侧面我们也可以得知：与那些在国外接受过所谓“正统”马列主义教育的“布尔什维克”不同，在“山沟”里从事游击战的毛泽东对马克思主义经典作家，特别是恩格斯、列宁、斯大林，对战争的研究是无从所知的，更何况在抗日战争前，他们的军事论著几乎没有中译本。对于“山沟”里的毛泽东来说，除了马克思主义哲学在军事战争中的创造性运用之外，极其宏富的中国传统的军事文化遗产就成了其直接的、可供利用开发的军事文化资源。那么毛泽东等是不是由此就“无条件”地运用了《三国演义》、《孙子兵法》、《曾、胡、左治兵格言》呢？

据现有的材料看，可以肯定的是，毛泽东在长征以前，至少在青少年时代他是间接读过《孙子兵法》的。毛泽东与凯丰在1935年1月长征途中召开的遵义会议上有一次谈话。会上，凯丰曾提出毛泽东迷信《孙子兵法》，硬说毛泽东的军事战略都是从《孙子兵法》学来的，现在用不上了。他甚至狂妄地对毛泽东讲：“你懂得什么马列主义？你顶多是看了些《孙子兵法》！”毛泽东反问他：你读过《孙子兵法》没有？你知道《孙子兵法》一共有几章？尖锐的反问使凯丰哑口无言，揭露攻击对手的无知的同时，毛泽东同时声明：《孙子兵法》我并没有看过。这件事，毛泽东在60年代曾多次讲过。上引1960年12月毛泽东同部分亲属和身边工作人员的那段谈话就是其中的一次。

那么，毛泽东到底是从何日起，在什么情况下开始直接研读《孙子兵法》的呢？1961年3月23日，在广州中央工作会议上，毛泽东在谈及他和凯丰在遵义会议上的谈话的同时，又明确指明：“如果不经过第五次反‘围剿’的失败，不经过万里长征，我那个《中国革命战争的战略问题》小册子也不可能写出来。因为要写这本书，倒是逼着我研究了一下资产阶级的军事学。”其中所谓的“资产阶级的军事学”当然喻义那些包括《孙子兵法》在内的所有被所谓的“马列主义军事专家”的“左”倾教条主义者一概拒之门外的古今中外的“非马列主义”的军事著作。上引1960年12月25日毛泽东的谈话中更明确提到：“后来到陕北，我看了八本书，看了《孙子兵法》，克劳塞维茨的书看了，日本人写的军事操典也看了。……那时看这些，是为了写论革命战争的战略问题，是为了总结革命战争的经验。”此外，1959 年 4 月 5 日，毛泽东在上海召开的党的八届七中全会上，也曾回忆说：“左”倾教条主义者说他照《孙子兵法》打仗的那些话，“倒激发我把《孙子兵法》看了，还看了克劳塞维茨的，还看了日本的《战斗纲要》，看了刘伯承同志译的《联合兵种》，看了‘战斗条例’，还看了一些资产阶级的。总之，激发我来研究一下军事”。可见，只是到了陕北以后，为了总结解放战争的正反两方面的经验教训，为了写作《中国革命战争的战略问题》，毛泽东才开始研读《孙子兵法》的。如上引所示，正是在 1936 年 10 月 22 日毛泽东为此致函在西安做统战工作的叶剑英和刘鼎，嘱其购买一批通俗的社会科学、自然科学和哲学书的同时，特别要“买一部《孙子兵法》来”。研读《孙子兵法》是中国革命战争理论与实践的需要，同时“左”倾教条主义者对毛泽东的“讥讽”也无意中为之提供了契机。后来，毛泽东曾对斯诺说：“我确实读过许多中国古代打仗的书，研究过《孙子兵法》一类的著作。”这大概该是指这个时期说的吧。

早在毛泽东有条件得到《孙子兵法》以前，曾经担任共产国际驻中国共产党的军事顾问的德国人李德，后来在他的回忆录中写道：“我在中央苏区最初三个月，结识了一些领导人物，我印象最深的当然是毛泽东。……他喜欢引用民间的形象比喻，引用中国历史上哲学家、军事家和政治家的格言。有人告诉我，历来很著名的红军八项政治原则和四项策略原则中的一部分也是毛从历史中，也就是从十九世纪后半叶太平天国起义的口号中吸收过来的。他根据中国古代军事著作《孙子兵法》提出了‘不打无把握之仗’的原则，但在长征路上他又引用孙子的另一句话‘投入亡地然后存，陷于死地然后生，夫众陷于害，然后能为胜败’。”李德还回忆道：毛不仅在私人谈话中或小范围里运用这些格言和比喻，而且还把它们引用到他的讲话中，并以革命的激情从中引出令人铭记的口号，我自己就经常亲眼看到，他是怎样用这种办法深深地影响了听他讲话的农民和士兵（转引自王子今著《毛泽东与中国史学》）。“不打无把握之仗”的原则与《孙子兵法·军形篇》中所谓“胜兵先胜而后求战，败兵先战而后求胜”有内在的一致性，即都强调打仗要打有把握的仗。

善于从历史中汲取营养，不等于现实就是历史简单的运用。在毛泽东读《孙子兵法》的早期（以 1936 年 10 月得到此书为界），毛泽东对其原则与艺术的运用可以说是不自觉的，更多的是对马克思主义唯物辩证法在军事斗争中的具体运用，是中国革命战争实践经验的创造性经验总结，是这两位历史军事理论伟人对战争一般规律认识的惊人的不谋而合！

只是到了陕北以后，在一个相对安稳的环境里，毛泽东对《孙子兵法》有了自觉的透彻的研究。其后毛泽东对《孙子兵法》的理解运用才更透彻、更高超，更富有成果，更为自觉。

1936 年毛泽东在他写的《中国革命战争的战略问题》中，便多处引用《孙子兵法》的理论来总结中国革命战争经验，诸如《军事篇》的“以逸待劳，以饱待饥”，“避其锐气，击其惰归”；《始计篇》的“攻其不备，出其不意”；《谋攻篇》的“知彼知己，百战不殆”等等如我们前面所引所见的。当然这里并不是简单地袭取其词语，而是在深入地领会其精神的同时，将自己的实战经验与古代兵家的权谋韬略互相印证与发明，从而使之上升到新的理论高度。

《孙子兵法》中对于“知彼知己，百战不殆”这一千古不朽的军事格言，毛泽东在《中国革命战争的战略问题》及其后的《论持久战》、《矛盾论》等重要著作中曾多次、反复地引用。毛泽东在赞誉其精彩之处，称其为“孙子的规律”、“仍是科学的真理”的同时，用唯物辩证法的认识论去解释它、改造它，从而赋予这一命题以新的更深刻的含义。首先，毛泽东称誉它是战争规律的可知论。孙武反对用占卜等迷信方式预断战争的凶吉或胜负，认为战争是可以预知的，并由此提出了“知彼知己，百战不殆”的重要命题，对此，毛泽东赞誉说：“我们承认战争是较之任何别的社会现象更难捉摸，更少确实性，即更带所谓‘盖然性’。但战争不是神物，仍是世间的一种必然运动，因此，孙子的规律，‘知彼知己，百战不殆’，仍是科学的真理。”显然，毛泽东通过科学阐明战争规律的客观性和可知性，进而把这一古老的命题，奠定在马克思主义认识论的基础上。进而毛泽东又把孙子“不可取之鬼神”的关于战争规律“战可知”、“胜可为”的可知论，概括为这“是包括认识和使用两个阶段”，即包括了认识客观规律和按照这些规律决定自己的行动去克服敌人这两个过程。在充分了解和研究敌我双方各方面的情况，找出其行动的规律，并运用这些规律于自己的行动，并在实施过程中，不断地加以修正。对此，毛泽东又强调孙子所谓的知彼知己，是把“可知”、“可胜”奠定在对敌我各方面情况的全面认识的基础之上的。毛泽东反对两种倾向的人，即“明于知己，暗于知彼”和“明于知彼，暗于知己”的人，认为这两种人“他们都是不能解决战争规律的学习和使用的问题的”。毛泽东在他反对形而上学片面性的论述中，还曾特意引用孙武的话说：“孙子论军事说：‘知彼知己，百战不殆。’他说的是作战的双方。”可见，毛泽东结合中国革命战争的实际，在马克思主义哲学的基础上对《孙子》“知己知彼，百战不殆”的格言中蕴含的丰富的朴素唯物主义可知论和辩证法得到了科学的阐释与发挥，并使之作为一个完整的战争过程，提到了知行统一观的高度来认识。经过毛泽东的解释和改造，孙子的这一朴素的军事原则得到了充实和发挥，从而成为举世公认的最重要的军事原则。

关于“避其锐气，击其惰归”，如上所引，是毛泽东在《中国革命战争的战略问题》中重点阐述和发挥的又一重要军事原则。毛泽东总结了红军第一、二、三次反“围剿”的作战经验。当时面对国民党军队几十万大军的疯狂围攻，毛泽东率领的工农红军在数量和强度上都相去甚远的情况下，不是正面出击，而是暂时避开敌人的锐气，诱敌深入，实行“肥的拖瘦、瘦的拖死”的策略，拖得敌军筋疲力尽、士气沮丧、苦头吃尽、弱点充分暴露之后，以逸待劳的红军，看准敌军中的弱者或孤立者，一举歼灭，获取了全胜。毛泽东总结说，这就是孙子说的“避其锐气，击其惰归”所指的使敌人疲劳沮丧，以减杀其优势。这是在敌强我弱的形势下因不能迅速取得胜利，为保存军事实力，待机破敌而采取的有计划的战略步骤，是积极防御战略的实施。为说明这一原则的普遍适用性，在论述“战略退却”问题时，毛泽东研究、援引了中国古代的典型战例，来阐明他关于积极防御的战略思想。他首先讲述了《水浒传》中“林冲棒打洪教头”的故事，生动地阐明了退却与进攻的辩证关系。继而又全文征引《左传》有关齐鲁长勺之战的记述。

以上所论“知己知彼，百战不殆”、“避其锐气，攻其惰归”只是前面所引毛泽东论述、阐发《孙子兵法》中精华的两个代表性方面。类似的方面，还有许多。如：

(1) “北平方式”与“不战而胜”。孙子“谋攻之法”的最高境界是不战而全胜。即所谓：“百战百胜，非善之善者也，不战而屈人之兵，善之善者也。”所以“上兵伐谋，其次伐交，其次伐兵，其下攻城。攻城之法，为不得已”。主张“不战而屈人之兵”是最佳谋攻方略。在长期的革命斗争中，毛泽东注重“以瓦解敌军和宽待俘虏”为主要原则的“攻心”战术，可谓与之有异曲同工之处。高树勋运动和北平等大城市的和平解放是这一谋略的精彩的发挥和完美的体现。

(2) “以一当十”与“以十当一”。孙子《行军篇》中谈“兵非益多也，惟无武进，足以并力”而已，认为兵不在多，而在于集中使用。“故用兵之法，十则围之，五则攻之，倍则分之”（《谋攻篇》），根据敌我力量对比“十倍于敌”、“五倍于敌”和“倍于敌”的不同情况，分别采取“十围”、“五攻”和“倍分”的战术原则，这样才能集中兵力，造成战场上的优势，做到“以众击寡”。毛泽东把这一原则概括为战略上藐视敌人、战术上重视敌人的原则，从战略、战术的两个不同层次上予以深刻的总结和创造性的发展。积极发挥集中优势兵力的优势，变劣势为优势、变弱者为强者、变不利为有利、变战略的被动为战略战术上的主动，进而夺取整个战略的主动权，直到歼灭一切敌人。正如毛泽东所说的：“我们的战略是‘以一当十’，我们的战术是‘以十当一’，这是我们制胜敌人的根本法则之一。”总之毛泽东从中汲取的原则很多，在唯物辩证法的基础上加以改造，使之成为指挥革命战争的战略战术原则。所以，如前面所引，1960 年 5 月 27 日，毛泽东在他和英国元帅蒙哥马利的谈话中介绍说：《孙子兵法》中有“一些很好的原则”！这些原则是毛泽东倍加珍视，也为革命战争实践证明是成功有效的普遍的法则，是民族传统文化中的瑰宝。

同时，从中我们也能看到《孙子兵法》所蕴含的这些原则，大多是直接或间接地关系到战争的全局的，是具有战役指挥和战略决策的指导意义的。正因如此，毛泽东才从中概括、升华出了许多军事哲学思想，如关于己与彼、动与静、实与虚、主动与被动等的辩证法思想。毛泽东强调在战争中争取主动和灵活应变是《孙子兵法》的精髓和灵魂，认为它具有关于战争成败的战略意义。长期的革命战争实践中，毛泽东对《孙子兵法》中战略原则的理解和运用可以说到了出神入化的境地，对战争进程的驾驭可谓“用兵真如神”，其中不能说没有《孙子兵法》中具有战略指挥意义的原则的威力。这也许正符合了毛泽东于 1936 年 10 月 22 日致电叶剑英等，让他们购买《孙子兵法》加以研读的初衷吧。

18.屈原说两国不要互相伤害

【原文】 大约两千多年前，中国的一个诗人屈原曾有两句诗：“悲莫悲兮生别离，乐莫乐兮新相知。”我曾经在一次宴会上对尼赫鲁总理谈起我们对印度的感觉，我说我们同印度不需要互相防备着。我们没有感觉到印度要损害我们。

——摘自《同印度总理尼赫鲁的四次谈话》（一九五四年十月），《毛泽东文集》第 6 卷，人民出版社 1999 年 6 月版，第 370 页。

【品读解析】 1954 年 10 月 19 日，印度总理尼赫鲁第一次来到中国，开始了在北京为期一周的国事访问。毛泽东以超规格的礼仪接待了他，并在中南海勤政殿与其进行了三次深入交谈。10 月 26 日，即尼赫鲁离京的前夕，他和女儿及随行官员再次来到勤政殿，向毛泽东等人告别。

勤政殿，是毛泽东和尼赫鲁相识的地方。他们在这里进行过友好而真诚的交谈，结下了深厚的情谊。如今，他们又要在这个地方分别。尼赫鲁深情地对毛泽东说：“在这里我结识了许多朋友，也得到了很深的友情。虽然要走了，但是可以说，已经把自己的一部分留在中国了。”才学渊博的毛泽东此时摘用了中国古代著名爱国诗人屈原“悲莫悲兮生别离，乐莫乐兮新相知”的诗句赠予尼赫鲁，意在劝说尼赫鲁，离别固然伤感，但结交了新的知己，不也是一件乐事吗？明白了毛泽东用意的尼赫鲁非常欣赏这句诗，说道："主席刚才引用的两句诗，不仅适用于个人，而且也适用于国与国之间。第二句特别适用。"毛泽东则表示，中国同印度是可以成为真正的朋友的，是不需要互相防备着的，在分歧之处可以按照和平共处五项原则来解决。毛泽东这番真诚而朴实的话语彻底感染了尼赫鲁，使他对中国人民的友好有了更深层次的了解。直到他上飞机的前一刻，还热情洋溢地说道："我现在就要离开了，我满怀着良好的记忆和我对于你们的谢意而离开这里。我将牢记这一切。我相信这不是一件个人的事情，而是两个伟大的国家更加亲近。"

尼赫鲁此次访华，是非社会主义国家政府首脑第一次来华访问。中、印两国消除了一些不信任，使得两国关系在之后一段时间内发展得较为顺利，同时也影响了一些国家积极来华磋商国是。毛泽东诗赠尼赫鲁虽然只是访问中的一个小插曲，却在邦交史上留下了一段佳话。

跟毛泽东读资治通鉴

第二章

毛泽东品读《秦纪》

秦始皇灭六国，实现了中国历史上的第一次大统一，毛泽东对秦始皇的这一历史功绩给予了高度赞扬。他反对大骂秦始皇，主张对秦始皇要一分为二。秦朝的迅速灭亡也引起了毛泽东的深深思考。他赞成贾谊关于秦亡的分析。陈胜、吴广领导的农民起义，毛泽东认为是拉开了我国封建社会中波澜壮阔的农民战争的序幕，在历史上占据很大地位。但是，对他们失败的教训，毛泽东积极地加以总结，认为他们有两大失误。以史为鉴，毛泽东不仅是要反思过去，还要展望未来……

19.秦始皇是第一个有名的皇帝

【原文】 秦始皇是中国封建社会第一个有名的皇帝。

——摘自甄不贾《毛泽东读书笔记》，见《希望》1992年新总第1期。

【原文】 秦始皇作为一个历史人物评论，要一分为二。秦始皇在历史发展过程中的进步作用要肯定，但他在统一六国后，丧失了进取的方面，志得意满，耽于佚乐，求神仙，修宫室，残酷地压迫人民，到处游走，消磨岁月，无聊得很。

——摘自杨建业《在毛泽东身边读书——访北京大学中文系讲师芦荻》，见《光明日报》1978年12月29日。

【原文】 范文澜同志最近写的一篇文章，《历史研究必须厚今薄古》，我看了很高兴。这篇文章引用了很多事实证明厚今薄古是史学的传统。敢于站起来说话了，这才像个样子。文章引用了司马迁、司马光……可惜没有引秦始皇，秦始皇主张"以古非今者族"，秦始皇是个厚今薄古的专家。当然，我也不赞成秦始皇。

——摘自毛泽东在中共八大二次会议上的讲话，见王子今《毛泽东与中国史学》，中共中央党校出版社1993年版，第316~317页。

【品读解析】 当海内一统，人们从七国纷繁的战乱中苟且逃生的时候，人们衷心感谢秦始皇；当徭役无虚日，苛捐杂税如牛毛，人们随时可能沦为刑徒，书籍毁于烟火，儒生被活埋的时候，人们对这个残暴的皇帝又恨之入骨。赞誉者欣赏他统一中国的伟大，毁弃者大骂他的残暴，几千年来，秦始皇这个千古一帝，遭到多少毁弃？又受到多少赞誉？毛泽东对秦始皇的态度是：不要大骂秦始皇。

秦始皇统一中国的历史功绩，毛泽东给予充分肯定。但秦始皇统一中国后，开始追求享乐，其生活奢靡无度。他不惜民力，修造旷世无比的阿房宫。为了能够长生不老，他四处巡游，求取神仙和长生不老之药。为了追求来世的幸福，他耗费了巨大的人力物力修造骊墓。为了满足其生活需要，他对百姓横征暴敛。毛泽东对秦始皇的这些方面也有过一分为二的批判。批林批孔运动中，有人大捧秦始皇，不准人们对秦始皇作历史的分析。1975 年夏，毛泽东对他身边的工作人员芦荻谈到了秦始皇（见前第二段引文）。

毛泽东对秦始皇的肯定，是以肯定法家在中国历史上的进步作用为出发点的。新中国成立，毛泽东对法家思想多有肯定，尤其是法家思想中的厚今薄古思想，更是得到毛泽东的称赞。法家的实践者秦始皇，被称为厚今薄古的专家。毛泽东还针对党外有些人对镇压反革命不理解，骂为秦始皇、独裁者，他说：“你骂我们是秦始皇，是独裁者，我们一贯承认，可惜的是，你们说得还不够，我们超过了秦始皇一百倍，秦始皇只坑了四百六十个儒……”

毛泽东对秦始皇的肯定性评价，始终和对儒家的批判联系在一起，“文化大革命”中，批林批孔运动的另一方面便是对秦始皇的肯定。林立果在搞《五七一工程纪要》时，说毛泽东是当代的秦始皇。“九一三”事件发生后，毛泽东对秦始皇的评价，便加入了许多个人感情的成分。毛泽东接见埃及副总统沙菲时说，称赞秦始皇是中国封建社会第一个有名的皇帝，我也是秦始皇，林彪骂我是秦始皇。

毛泽东对秦始皇的评价，着眼于法家的观点，又加入了个人的感情成分，因此也出现一些偏颇，其中对秦始皇焚书坑儒和秦始皇暴政的评价，偏颇之处最为明显。对此，我们应当有一个较客观的认识。

20.李斯是拥护秦始皇的

【原文】 李斯的《谏逐客书》，有很大的说服力。那时候各国内部的关系，看起来是领主和农奴的关系，每个家庭都有自己的战车、武士。

——摘自1959年12月至1960年2月读苏联《政治经济学（教科书）》的谈话，见《党的文献》1994年第5期。

【原文】 李斯是拥护秦始皇的。思想上属于荀子一派，主张法后王。

——摘自1964年8月30日的谈话，见甄不贯《毛泽东读书笔记》，《希望》1992年新第1期。

【原文】 在范老的书上，对于法家是给了地位的。就是申不害、韩非这一派，还有商鞅、李斯、荀卿传下来的。

——摘自1968年10月在扩大的八届十二中全会闭幕会上的讲话，见甄不贯《毛泽东读书笔记》，《希望》1992年新总第1期。

【品读解析】 秦始皇初年，秦王拜李斯为客卿（当时别国人在秦国做官的称客卿）。客卿影响了秦国贵族势力，秦国宗室贵族借韩国派水工修灌溉渠阴谋消耗秦国力量这一事件，请秦王逐客，说客卿都是为他本国的利益来秦国，并不真心为秦国。于是秦王下令逐客，李斯就作《谏逐客书》劝阻。文中首先历叙秦穆公以来，都是以客卿致富而成霸业，列举了由余、商鞅、张仪、范雎等外来的人物对秦国的重大贡献。足见用人唯才，不必限于本土。指出对“客”不应一概排斥，否则将不利于秦。文中还列举种种器物玩好，虽不产于秦，而秦用之，以其与异国人才相比；晓之以理，动之以情，指出下令逐客无异于“以资敌国，损民以益仇”，内虚外患是不可取的。秦王看后马上取消了逐客令，并恢复了李斯的职务。

《谏逐客书》是李斯上给秦王的奏章，实际是一篇说理极强的文字。李斯的这篇奏章，最大的特点是非常鲜明地揭露出秦王使物用人这两者之间的矛盾，从而暴露出逐客之非。文章除了一般议论文所具有的各种论证方法外，行文还具有婉转的措辞与犀利的语锋完美结合的特点；而词采缤纷的大肆铺陈，以及气势充沛的排比句式，也极大地增强了文章的说服力。所以，毛泽东在1959年12月至1960年2月读苏联《政治经济学（教科书）》的谈话中，赞扬这篇文章“有很大的说服力”。并接着发挥说：“那时候各国内部的关系，看起来是领主和农奴的关系，每个家庭都有自己的战车、武士。”言外之意，那时各诸侯国各自为政，关系复杂，统一程度很低，李斯《谏逐客书》的主张，为秦国招贤纳士，蓄兵买马，积累力量为日后统一中国是很有利的。

21.焚书坑儒还有待商量

【原文】　劝君少骂秦始皇，焚坑事业要商量。
祖龙魂死秦犹在，孔学名高实秕糠。
百代都行秦政法，“十批”不是好文章。
熟读唐人《封建论》，莫从子厚返文王。
——摘自毛泽东《读〈封建论〉呈郭老》。

【品读解析】　秦始皇的“焚书坑儒”是一种极端野蛮粗暴的举动，并不能解决任何问题。从毛泽东一贯的思想主张看，他是绝不会肯定这种做法的。“以古非今者族”，毛泽东肯定的是秦始皇反对“以古非今”的决心和魄力，肯定的是秦始皇“厚今薄古”的真知灼见，所以称他为“专家”，其重点全不在“族”上。至于毛泽东批驳骂我们是“秦始皇”、“独裁者”的那段话，这是政论中的极而言之。早在 1949 年他写《论人民民主专政》时就写道：“‘你们独裁’。可爱的先生们，你们讲对了，我们正是这样。中国人民在几十年中积累起来的一切经验，都叫我们实行人民民主专政，或曰人民民主独裁，总之是一样，就是剥夺反动派的发言权，只让人民有发言权。”我们镇压的只是那些血债累累，对人民犯有严重罪行，不杀不足以平民愤的反革命，这和秦始皇所坑的“儒”，是性质不同的两码事，不可同日而语。毛泽东是接过别人的子弹，反其意而用之。这是他常常采用的论证方法。

22. 陈胜、吴广起义拉开了旧社会农民战争的序幕

【原文】 陈胜、吴广揭竿而起，反抗秦的暴政。完全是正义的。这次战争掀开了我国封建社会中波澜壮阔的农民战争的序幕。在历史上有很大意义。

——摘自杨建业《在毛主席身边读书——访北京大学中文系讲师芦荻》，见《光明日报》1978 年 7 月 7 日。

【品读解析】 对陈胜、吴广领导的农民起义，毛泽东给予了高度的评价。第一，他肯定了这场起义的正义性，一反历代正统史书将农民起义贬为贼、盗的评价。第二，陈胜、吴广起义拉开了这一正义行动的序幕，是中国历史上第一次全国性的农民战争，这种首创性值得赞赏。第三，在历史上有很大意义，这场起义推翻了秦朝的黑暗统治，推动了历史的进步。

23.《中庸》也是为学之道

【原文】仆读《中庸》，曰博学之。朱子补《大学》，曰：即凡天下之物，莫不因其已知之理而益穷之，以至乎其极。表里精粗无不列，全体大用无不明矣。其上孔子之言，谓博学于文，孟子曰博学而详说，窃以为是天经地义，学者之所宜遵循。

——摘自毛泽东 1915 年致萧子升信，见《毛泽东早期文稿》，湖南出版社 1995 年版，第 21 页。

【品读解析】1914 年春至 1918 年夏，毛泽东就读于湖南省立第一师范。在读书学习的过程中，毛泽东不仅目的明确，认真刻苦，而且勤于钻研治学读书的方法。经过坚持不懈的追求和探索，毛泽东逐渐形成了一整套治学方法，使其治学过程呈现出鲜明的个性特征。这反映在这一时期他的一些文章和书信中。在这些文章和书信中，毛泽东对其经学方法进行了许多精彩的表述。尤其是他对治学过程中普遍存在的一些矛盾关系，如“学”与“问”、“自学”与“共学”、“博”与“约”、“通”与“专”、“精”与“粗”等关系的体认和阐述，更显其独特之处。

1915 年 9 月 6 日，毛泽东就为学之“博”与“约”、“通”与“专”的关系，在致萧子升的信中表达了自己的观点（见前引文）。《中庸》讲：“诚者，天之道也，诚之者，人之道也。诚者，不勉而中，不思而得，从容中道，圣人也。诚之者，择善而固执之者也。”“博学之，审问之，慎思之，明辨之，笃行之。”《中庸》认为，作为道德修养境界的“诚”是天赋予人的，努力追求“诚”是人生目标，要实现这一目标，就须做到博学、审问、慎思、明辨、笃行。这样，博学、审问、慎思、明辨、笃行便成为主体意识修养的方法和过程。通过博学深思，增广知识，提高主体素养，以臻理想的道德境界。《中庸》所倡言的这一修身治学之道，对于正在为寻求济民救世之真理而如饥似渴、精进不已地追求知识的毛泽东来说，自然有很大的启迪意义，因此深受毛泽东的推崇。

毛泽东征引《中庸》《大学·章句》《论语》以及《孟子》的有关论述，意在说明其博学的主张是见证于古之圣贤的，从而强调"博学"的必要性，并使其观点具有更强的说服力。而在此，我们也可看到毛泽东严谨认真的治学态度之一斑。

在处理治学之"博"与"约"、"通"与"专"的关系上，毛泽东认为，"博"、"通"与"约"、"专"是相辅相成的，由博返约，由通而专，没有广博宏富的知识积累，便很难对学问有精深的造诣。在给另一位朋友的信中，毛泽东指出："为学之道，先博而后约，先中而后西，先普通而后专门。"（《给湘生的信》1915 年 6 月 25 日）在他看来，这是治学的规律。因此，毛泽东十分强调知识的拓展和积累，认为只有锲而不舍，持之以恒，不断地丰富自己的知识，奠定厚实的学问基础，才会有所创获。

由于毛泽东对博学之于心性修养和治学的必要性和重要性有深刻的体认和理解，因此，博览群书、广泛涉猎、精进不已便成为青年时期毛泽东读书生活的一个最显著的特点。从国学到西学，从历史典籍到新潮学术，从人文、社会科学到自然科学，毛泽东几乎都有所涉猎。

前引的这封信是目前所能见到的毛泽东谈及《中庸》的最早文字，实际上毛泽东早在幼年就开始读《中庸》了。毛泽东后来曾谈到他幼年读四书、五经的情形。1936 年，他在接见美国记者埃德加·斯诺时说：我八岁那年开始在本地一个小学堂读书，一直读到十三岁。早晚我到地里干活，白天我读孔夫子的《论语》和"四书"。1962 年 8 月在北戴河的一次谈话中，毛泽东又谈及这一点，他说："我过去读过孔夫子的书，读了四书、五经，读了 6 年。背得，可是不懂。"

《中庸》为四书之一，毛泽东读四书自然包括《中庸》。

成年之后，毛泽东重新研读《中庸》，并多有心得，对该书的认识和理解越来越深入、精辟。如在其 1917 年所著《体育之研究》以及《毛泽东选集》中，《中庸》一书曾被多次引用，并对其中的一些观点进行了评析。而最引人注意的，则是他对该书所阐发的“中庸”思想的理解和评说。

1939年2月20日毛泽东在致张闻天的信中对《中庸》“执其两端而用其中”的理解发表了一番议论，认为“两端”“即是指‘过’与‘不及’。‘过’的即是‘左’的东西，‘不及’的即是右的东西。依照现在我们的观点说来，过与不及乃指一定事物在时间与空间中运动，当其发展到一定状态时，应从量的关系上找出与确定其一定的质，这就是‘中’或‘中庸’，或‘时中’。说这个事物已经不是这种状态而进到别种状态了，这就是别一种质，就是‘过’或‘左’倾了。说这个事物还停止在原来状态无发展，这是老的事物，是概念停滞，是守旧顽固，是右倾，是‘不及’。孔子的中庸观念，没有这种发展的思想，乃是排斥异端树立己说的意思为多。然而是从量上去找出与确定质而反对‘左’倾则是无疑的。这个思想的确为伯达所说是孔子的一大发现，一大功绩，是哲学的重要范畴，值得很好地解释一番。”

24.陈胜有二误

【原文】 一误。

二误。

——摘自《毛泽东读文史古籍批语集》，中央文献出版社1993年11月版，第122页。

【品读解析】 毛泽东在《史记·陈涉世家》中，用红、黑两种颜色的笔迹，做过不少圈画，说明这篇传记是他多次读过的。传记中说：“吴广素爱人，士卒多为用者。”陈胜、吴广起义时说：“王侯将相宁有种乎？”以及“陈涉虽已死，其所置遣侯王将相竟亡秦，由涉首事也”等处，毛泽东都在句旁画有着重线，说明他对陈胜、吴广团结士卒顽强战斗的作风，蔑视封建统治的反叛精神和起义在历史上的作用，是十分重视的。

陈胜的失败是令人痛惜的。司马迁总结其教训，一是功成忘本。陈胜在耕田时，对另一农民说：“苟富贵，无相忘!”就是假如富贵了，你我不要相忘。这说明他并不嫌弃跟他同样穷困的人。后来他称了王，富贵了，那个农民特地赶去找他。那个农民住在陈胜的王宫里，跟人谈陈胜穷困时的情况，陈胜认为那是丢了他的脸，就把那个农民杀了。二是，他所信任的，既不是有才能的人，又不是正直的人。他用朱房做中正，就是管人事的，用胡武做司过，就是管监察的。文武官员的考绩升迁和黜退刑杀都掌握在这两个人手里。这两个人对于自己不喜欢的人就任意加以罪名，不送法官处审理，擅自审判处置。这样，君王所以维系统治的用人和刑赏大权都乱了，陈胜派出去的将官就不敢再亲附他，自己有了地盘和实力就各自独立，陈胜的势力孤弱，这是失败的又一个原因。在这两段原文中，毛泽东都用粗重的红铅笔画上着重线，并分别在开头上批道：“一误”、“二误”，表明他是很注重司马迁的叙述的。事实正是这样，这两个失误使陈胜本来在军事上占有很大优势、望风披靡的情况转为失败，其政权仅仅维持了6个月便夭折了。

毛泽东是少有的能够居元首之位仍自觉且顽固地保存农民本色的伟人。真是：以史为鉴，可以明得失。

25.贾谊分析得很有道理

【原文】 朱敬则，政治家、历史家，年七十五。

——摘自《毛泽东读文史古籍批语集》，第226页。

【原文】 贾谊云：仁义不施，而攻守之势异也。

——摘自张贻玖《毛泽东批注历史人物》，鹭江出版社 1993 年版，第 7 页。

【品读解析】 秦王朝的迅速灭亡，引起后人不断的感叹、思索。贾谊曾写过一篇著名的《过秦论》。他在文中综述秦国兴衰成败的历史轨迹，分析秦统一中国前后的功过得失，在对历史的回顾与梳理中，力图总结出其中的经验教训，以期为汉文帝的政治改革提供历史借鉴。

《过秦论》的主旨在于揭示秦王朝灭亡的根本原因在于“仁义不施”，不知“攻守之势异也”，即在夺取天下、统一天下之后，秦政权没有及时地意识到形势的变化，没有及时地调整政策和策略，文中对此说道：“秦王怀贪鄙之心，行自奋之智，不信功臣，不亲士民，废王道而立私爱，焚文书而酷刑法，先诈力而后仁义，以暴虐为天下始。夫兼并者高诈力，安危者贵顺权，此言取与守不同术也。秦离战国而王天下，其道不易，其政不改，是其所以取之守之者无异也。孤独而有之，故其亡可立而待也。”

由“取”转变为“守”，由“并兼”转变为“安定”，政策、策略必须相应转换，然而秦始皇没有能够努力克服长年战争后形成的强大的历史惯性，“其道不易，其政不改”，因而没有“取之”和“守之”的区别，这样纵使有强将利兵，金城千里，终难免灭亡的命运。

毛泽东显然同意并赞赏贾谊的这一观点。毛泽东提到贾谊的“仁义不施，而攻守之势异也”的话，是在他读《旧唐书·朱敬则传》的时候。据王子今介绍，毛泽东在《旧唐书·朱敬则传》开篇的天头上批注：“朱敬则，政治家、历史家。”他注意到朱敬则善于以历史经验完善现时政治的特点。朱敬则在武则天当政时任正谏大夫等职。他曾上书借秦亡的历史教训来阐发自己的政见。他说，臣闻李斯之相秦也，行申、商之法，重刑名之家，杜私门，张公室，弃无用之费，损不急之官，惜日爱功，话耕急战，人繁国富，乃屠诸侯。此救弊之术也。秦政推行法家之术，政策以苛急酷烈为特征，在当时情况下促进了人口增长，国家富强，于是有了消灭六国的基础。然而这都是不得已的“救弊之术”。政策、策略的刻薄与变诈，只适合于进趋与攻战的形势，进入和平时期之后，政风就应当转而宽泰淳和。秦王朝“不知变”，于是导致败亡之祸。毛泽东在这段话的开头上批注：贾谊云：仁义不施，而攻守之势异也。

第三章

毛泽东品读《汉纪》

汉代是中国历史上一个强大的时代，事态百变，人才辈出，毛泽东特别对汉武帝与匈奴相争一事为之神往。因为他认为变化倏忽乃人性之所喜。《汉书》是毛泽东阅读最勤的正史之一，毛泽东读《汉书》，最喜欢读《赵充国传》。敢于坚持真理的赵充国，一直是毛泽东津津乐道的一位历史人物。毛泽东对《后汉书》的文采很欣赏，虽然对东汉的历史没有太大的兴趣，认为：“东汉两头均无意思，只有光武可以读。”不过，由于东汉的士大夫很讲求气节，因而毛泽东读《后汉书》时也很重视东汉士大夫的节操……

26.刘邦是杰出的政治家

【原文】 刘邦是在封建时代被历史家称为“豁达大度，从谏如流”的英雄人物。刘邦同项羽打了好几年仗，结果刘邦胜了，项羽败了，不是偶然的。

——摘自毛泽东1962年1月30日在扩大的中央工作会议上的讲话，见《毛泽东著作选读》下册，人民出版社1986年8月版，第821页。

【原文】 刘邦比西楚霸王项羽强，他得天下一因决策对头，二因用人得当。

——摘自见吴冷西《新闻的阶级性及其他——毛泽东几次谈话的回忆》，《缅怀毛泽东》上册，中央文献出版社1993年版，第206页。

【品读解析】 刘邦在中国夏、商、周以来的历史上，算是以一平民百姓开创几百年王朝基业的第一人。他出身“微细”，司马迁在《史记·高祖本纪》里对刘邦早年在沛县乡里颇有些无赖气的行径作了铺叙，如“不事家人生产作业”，对“廷中吏无所不狎侮，好酒及色”等。同时又记载了刘邦的另一方面，“仁而爱人，喜施（舍），意豁如也。常有大度”。这些大概是刘邦出身“微细”而又有不凡的意气抱负的“老粗”本色。

毛泽东很欣赏刘邦这个人物，对他的生平遭遇、奋斗历程、才德风格等等，都非常熟悉，多次评论，引以为戒。在毛泽东看来，刘邦的成功，与他出身下层很有关系。他说：“刘邦能够打败项羽，是因为刘邦和贵族出身的项羽不同，比较熟悉社会生活，了解人民心理。”这个评论，显然与毛泽东一贯主张的卑贱者胜过高贵者有关。

有感于刘邦等人的经历和业绩，毛泽东曾得出一个结论：“老粗出人物。”接着发挥：自古以来，能干的皇帝大多是老粗出身。汉朝的刘邦是封建皇帝里边最厉害的一个。刘敬劝他不要建都洛阳，要建都长安，他立刻就去长安。鸿沟划界，项羽引兵东退，他也想到长安休息，张良说，什么条约不条约，要进攻，他立刻听了张良的话，向东进。韩信要求封假齐王，刘邦说不行，张良踢了他一脚，他立刻改口说，我妈的，要封就封真齐王，何必要假的。……南北朝宋、齐、梁、陈，五代梁、唐、晋、汉、周，很有几个老粗。文的也有几个好的，如李世民。

“老粗出人物”，“能干的皇帝大多是老粗出身”，这些话题，毛泽东很感兴趣，晚年谈史，越来越强调这个观点。1964 年 3 月 24 日，他在一次谈话中说，不要看不起老粗。知识分子是比较最没有出息的。历史上当皇帝，有许多是知识分子，是没有出息的。杨广就是一个会作文章、诗词的人，陈后主、李后主也是能诗能赋。而一些老粗能办大事情，成吉思汗、刘邦、朱元璋。毛泽东列举的这些事例，说明统帅之才并非读书人才行，有些读书不多，乃至不读书的“老粗”往往能成大业。

在毛泽东看来，刘邦之所以胜利，他自身的一些因素起了重要作用。首先，他“比较熟悉社会生活，了解人民心理”，同情人民疾苦。他曾与项羽及诸侯相约，最先夺取关中者为王，其后他果然先夺取关中，进入关中后，他与父老乡亲约法三章，得到关中人民的大力支持。刘邦即皇帝位后，虽然基本实行的是秦朝的封建统治制度，但他实行与民休养生息的政策。这些都为汉王朝的兴盛奠定了基础。

其次，刘邦能听取别人的意见，不固执武断。古籍中记载了他不少肯于纳谏，善于选择的事例。一是见郦食其，采纳他攻取陈留之计。一是听张良劝说，封举足轻重的韩信为齐王等正确举措。使得刘邦一步步走向胜利。

刘邦似乎并无一技之长，但他却有过人的胆魄和组织才能，他能够知人善任，采人所长。刘邦夺取天下后曾自我总结：“夫运筹帷幄之中，决胜千里之外，吾不如张良；充实国家，安抚百姓，宽筹粮饷，吾不如萧何，统百万之兵，战必胜，攻必取，吾不如韩信。三者皆人中豪杰，‘吾能用之，故取天下’。刘邦所说的“用”，就是肯于纳谏，善于选择。这也是毛泽东特别称赞的地方。

27.项羽逊色了很多

【原文】 项王非政治家。汉王则为一位高明的政治家。

——摘自《毛泽东读文史古籍批语集》，中央文献出版社 1993 年 11 月版，第 121 页。

【原文】 宜将剩勇追穷寇，不可沽名学霸王。

——摘自毛泽东 1949 年 4 月《七律·人民解放军占领南京》，见《毛泽东诗词集》，中央文献出版社 1996 年 9 月版，第 74 页。

【原文】 项羽是有名的英雄，他在没有办法的时候自杀，也比汪精卫、张国焘好得多。从前有个人作了一首诗，问他为什么要自杀，可以到江东去再召八千兵来打天下。我们要学项羽的英雄气节，但不自杀，要干到底。

——摘自陈晋《毛泽东的文化性格》，中国青年出版社 1991 年 12 月版，第 240 页。

【品读解析】 毛泽东对项羽作过多次评价，有时单独评价，有时与刘邦一起评价。当与刘邦放在一起时，则是作为刘邦的对立面，作为失败者总结其教训时说的。项羽作战英勇，史有定论，毛泽东对此并不否认，但项羽刚愎自用，不肯纳谏，图爱虚名，终致失败。所以毛泽东谈到项羽时，多是从总结其失败的原因、教训入手的。

毛泽东对项羽失败的原因说了很多，但最重要的、最根本的一条是项羽不是政治家。他的“沽名”，他的“妇人之仁”的政治短见，都是缺乏一个政治家应有的战略思想和胆识的表现，这些将在本书中毛泽东对项羽失败经验的总结中详细论述。

但是，毛泽东对项羽也不是全盘否定，认为他虽然不是一个政治家，但还是一个有名的英雄，还要学习项羽的英雄气节。

项羽虽然失败了，但仍不失男儿本色，仍旧是一名顶天立地的英雄。毛泽东青年时代，他憧憬过项羽“力拔山兮气盖世”的英雄气概。在延安的时候，他说项羽在走投无路的时候，宁肯自杀，也不投降，很有气节，远比汪精卫、张国焘之类好，是值得学习的。项羽这位顶天立地的英雄，由于他自身的一些弱点，最终兵败垓下自刎身死。但这种死是一种英雄的死，这种英雄气概不仅表现在生命最后的慷慨悲歌，豪兴勃发，率所余残骑于敌军重围之中驰骋拼杀，而且表现在突围到乌江边，本可东渡脱身之际，却慷慨庄重地选择了死。既然英雄事业未就，苟延性命当非壮士所为，他终于带着无颜见江东父老的惭愧，自刎于乌江之滨。正是由于他的英雄气概和悲壮之死，使得后人至今依旧怀念他，为他的失败而叹惜，有千载不平之余愤。“生当作人杰，死亦为鬼雄，至今思项羽，不肯过江东。”人们至今思念项羽正是从这位无所畏惧的英雄身上找寻那种值得崇敬的品质。他那首慷慨悲歌，千载之下犹令人闻之而感喟。

解放战争，到了 1948 年 6 月，敌我双方的力量对比发生了显著的变化。这种力量对比的形势表明，中国人民解放军同国民党反动军队进行战略决战的时机已经到来。蒋介石到了“事事茫茫难自料，春愁黯黯不成眠”的境地。但是蒋介石并不甘心失败，并于 1948 年 10 月下旬在北平与傅作义商定偷袭石家庄，企图挽救其败局。周恩来得知这一情况后，曾三次书面向毛泽东急报解放军部署情况。当时，解放军主力部队都在远处作战，石家庄实际上是座空城。面对这一情况，毛泽东在指示中央机关做好撤离准备的同时，亲自导演了一幕“空城计”。毛泽东于 1948 年 10 月 27 日、31 日分别为新华社写下了消息《华北各首长号召保石沿线人民准备迎击蒋傅军进扰》和《评蒋傅军梦想偷袭石家庄》这两篇文章，揭露敌人进攻石家庄的阴谋，说明解放军和民兵已严阵以待，随时准备粉碎敌人的进攻，在《评蒋傅军梦想偷袭石家庄》这篇文章中，毛泽东把项羽和蒋介石放在一起论说（见前引文）。毛泽东对项羽败走乌江时，以“与江东八千弟子渡江而西，今无一人还”为由，觉得无颜见江东父老，于是自杀而死，是不赞同的。但他并不持完全否定态度，觉得这悲剧结局中还多少体现了一些个性风采。

毛泽东在不同的历史时期从不同的角度对项羽给予了客观公正的评价，这正好说明了毛泽东深邃的思想和敏锐的眼光。他的论断之所以独特而精辟是因为他总是以理性的态度去思考，不轻易盲从，不丧失自我，不人云亦云，这也正是一个伟人难能可贵的品质。

28.“文、景”也是守旧派

【原文】 文、景二帝乃守旧之君，无能之辈，所谓“萧规曹随”，没有什么可称道的。

——摘自吴冷西《新闻的阶级性及其他——毛泽东几次谈话的回忆》，《缅怀毛泽东》上册，中央文献出版社 1993 年版，第 206 页。

【品读解析】 西汉的文、景二帝，历来史家评价甚高，称他们统治期间是中国封建社会第一个盛世，有“文景之治”的美誉。但毛泽东却有自己独特的看法。他在 1957 年与吴冷西等人谈话时，评价了汉代的几个皇帝，在谈到文、景二帝时说：“高祖之后，史家誉为文景之治，其实，文、景二帝乃守旧之君，无能之辈，所谓‘萧规曹随’，没有什么可称道的。”他将“文景之治”看成是文景二帝继承高祖政策的成果，而他们本身并没有什么大胆的改革与创新，因此，此二人是守成之君，进而是无能之辈，没有什么值得夸耀的，这确实是令人耳目一新的评价。

文、景二帝在位期间，继承了刘邦制定的“顺民之情与民休息”的政策，减少干预，使百姓能够在比较安全的环境中从事生产，促进了经济的发展，这些政策主要包括：继续倡导以农为本，进一步推行“轻徭薄赋”的政策。“约法有禁”，废除严刑酷法，对外与匈奴约和。

这些政策虽然取得了一些成就，但是渐渐地也产生了一些弊端。“和亲”不能从根本上消除匈奴的侵扰，“分封”潜伏着割据分裂的危机。最终酿成七国之乱。因此，毛泽东称文、景二帝为无能之辈也是有一定道理的。

至于毛泽东将他们称为守成之君，认为不值得称道，则反映出毛泽东的个性和志趣。毛泽东喜欢“事态百变，人才辈出”的时代，也喜欢这样时代的人物，如刘邦、朱元璋、汉武帝刘彻，而对和平时代则不甚喜欢。他说：“至若承平之代，则殊厌弃之，非好乱也，安逸宁静之境，不能长处，非人生之所堪，而变化倏忽，乃人性之所喜也。”这大概就是毛泽东不喜欢文、景二帝的原因。

29.韩信作为晚辈打败了长辈

【原文】 青年人打倒老年人，学问少的人打倒学问多的人，这种例子多得很。……韩信也是一个被人看不起的人，他在年轻的时候，曾经受过“胯下之辱”。人家让他钻“胯裆”，他一看没办法，只好钻。

——摘自王子今《毛泽东与中国史学》，中共中央党校出版社 1993 年版，第 197~198 页。

【品读解析】 毛泽东 1958 年 5 月 8 日在中共八大二次会议上的第一次讲话中，重点讲了“破除迷信”的问题，他强调：“从古以来，发明家创立新学派的，在开始时都是青年，学问比较少的，被人看不起的，被压迫的人，这些发明家在后来才变成壮年、老年，变成有学问的人。

这是不是一个普遍的规律？不能完全肯定，还要调查研究。但是，可以说多数是如此。”毛泽东还说：“青年人打倒老年人，学问少的人打倒学问多的人，这种例子多得很。”接着他举出很多这方面的例子。其中就包括韩信。

韩信青年时代因家贫而行为放荡，为了求食度日，受人讥讽，面对恶势时甚至甘受凌辱。他的能怒、能忍、能知恩报德的气质对他的一生产生重大影响，后来成为叱咤风云的人物。毛泽东举韩信为例，在于以历史人物说明青年人尽管经历坎坷，也是可以有所作为的，并表示寄希望于青年一代。

30.汉武帝有大气魄

【原文】 ……汉武帝雄才大略，开拓刘邦的业绩，晚年自知奢侈、黩武、方士之弊，下了罪己诏。不失为鼎盛之世。

——摘自吴冷西《新闻的阶级性及其他——毛泽东几次谈话的回忆》，《缅怀毛泽东》上册，中央文献出版社 1993 年版，第 206 页。

【品读解析】 1957 年 6 月 13 日毛泽东在同《人民日报》负责人吴冷西等人谈话时，评述了汉代的几位皇帝。他认为广为史家赞誉的文、景二帝实乃守旧之君，无能之辈，原因是“萧规曹随”，没有什么创新。他非常欣赏汉武帝，认为他“雄才大略，开拓刘邦的业绩……不失为鼎盛之世”。

的确，汉武帝统治时期，由于采取了加强中央集权、反击匈奴的措施，使得西汉王朝空前强盛，这充分展示了汉武帝敢于开拓进取的雄才大略，与只知守成的文、景二帝形成了鲜明的对比。毛泽东曾说过：“吾人揽史时，恒赞叹战国之时，刘、项相争之时、汉武与匈奴竞争之时，三国竞争之时，事态百变，人才辈出，令人喜读。”看来这正是毛泽东赞叹汉武帝的重要原因吧。

31.赵充国敢于坚持自己的原则

【原文】 赵充国主张在西北边疆屯田，这个人很能坚持真理，坚持正确的主张。……真理要人接受，总要有个过程，无论是过去和现在都是如此。

——摘自张贻玖《毛泽东批注历史人物》，鹭江出版社1993年版，第79页。

【原文】 说服力强之效。

——摘自《毛泽东读文史古籍批语集》，中央文献出版社1993年11月版，第125页。

【品读解析】 毛泽东对赵充国的行为十分赞赏。为此，他不仅在《汉书·赵充国传》上批注了“说服力强之效”六个字，还特意在与他老朋友历史学家周谷城交谈时拿出《汉书》翻到《赵充国传》，对周谷城说：“这个人很能坚持真理，他主张在西北设屯田军，最初赞成者只十之一二，反对者十之八九。他因坚持真理，后来得到胜利，赞成者十之八九，反对者十之一二。真理的贯彻，总要有一个过程，但要坚持。”还说：“无论是过去和现在都是如此。”

32.汉元帝优柔寡断

【原文】 前汉自元帝始即每况愈下。汉元帝好儒学，摒斥名、法，抛弃了他父亲的一套统治方法，但优柔寡断，是非不分……

——摘自吴冷西《新闻的阶级性及其他——毛泽东几次谈话的回忆》，《缅怀毛泽东》上册，中央文献出版社1993年版，第206页。

【原文】 元帝“牵制文义，优游不断”。他说他父亲宣帝持刑太深，主张起用儒生。宣帝生气地说：“汉家自有制度，本以霸王道杂之，奈何纯任德政，用周政乎？”并说：“乱我家者，太子也！”到了哀（帝）平（帝），更是腐败。

——摘自毛泽东1959年4月10日同《人民日报》负责人及有关领导的谈话。

【品读解析】 1959年4月10日，毛泽东同《人民日报》负责人及有关领导谈话时说：历史上不是提什么“文景之治”吗？实际上，文帝、景帝只是守成，是维持，庸碌无能。从元帝开始，每况愈下。元帝“牵制文义，优游不断”。他说他父亲宣帝持刑太深，主张起用儒生。宣帝生气地说：“汉家自有制度，本以霸王道杂之，奈何纯任德政，用周政乎？”并说：“乱我家者，太子也！”到了哀（帝）平（帝），更是腐败。

汉元帝与父亲的争论事实上就是“王道”与“霸道”的争论。所谓“王道”，指用礼义教化众官和百姓，儒家称之为以“仁义”治天下；所谓“霸道”，指凭借武力、刑权势等进行统治，霸道往往以法家思想为依存。数千年的中国历史有这样的基本倾向：人们总认为王道比霸道好。其实，这是一种错觉，王道、霸道属于两极，各有短长，很难对其进行简单的对比和褒贬。王道注重感化，注重情感的沟通，因而统治往往容易维持长久；但不足之处是容易给不法之人以可乘之机，容易导致吏治腐败，当然为政效果也需要较长时间方能达到。王道发展到今天就是民主，它已被赋予了新的内容。霸道则注重强制，注重理性的依归，所以统治往往不易长久，但也会短期里使政令生效。霸道发展到今天则为法治，已不能简单等同于历史上的法。对此，孔子早就有过精彩的论述："善哉，政宽则民慢，慢则纠之以猛。猛则民残，残则施之以宽。宽以济猛，猛以济宽，政是以和。"优秀的为政治国策略必须是宽猛相济，将王道与霸道较好地融会，使二者的优势得到发挥，而使其弊端得到弥补和消解。毛泽东在这里强调，理想的为政者应该是兼合霸道和王道两面的长处，在经常强调民主的今天，更应该注重"法治"的作用。

1959 年 4 月 20 日，吴冷西从新华社调到人民日报社工作。毛泽东又召见吴冷西等人，重提他 4 月 10 日对原《人民日报》负责人的谈话内容。据吴冷西《忆毛主席——我亲身经历的若干重大历史事件片断》所谈：1957 年 6 月 13 日晚上，毛泽东召胡乔木与他自己来到卧室谈话。毛泽东在这次谈话中，对吴冷西说，中央正式决定调你到《人民日报》去工作。在会谈中，毛泽东重提他 10 天前同原《人民日报》负责人的谈话内容。毛泽东从领导的任务一是决策，二是用人讲起，评说了汉代几个皇帝的优劣。他称赞刘邦会用人。他说刘邦比西楚霸王项羽强，他得天下一因决策对头，二因用人得当。毛主席接着又说，高祖之后，史家誉为文景之治，其实，文、景二帝乃守旧之君，无能之辈，所谓"萧规曹随"，没有什么可称道的。倒是汉武帝雄才大略，开拓刘邦的业绩，晚年自知奢侈、黩武、方士之弊，下了罪己诏，不失为鼎盛之世。并讲了前引的评价汉元帝的话。

这两次谈话，毛泽东从王道与霸道关系方面入手，阐述治国的道理，并批评了人民日报社的工作，说不是政治家办报，是书生办报。他要新上任的《人民日报》负责人以汉元帝为鉴。为说明这个问题，毛泽东对汉代的几个皇帝作了评价。从中可以看出，毛泽东读《汉书》，对汉高祖刘邦、汉武帝刘彻评价较高，对汉元帝则很不以为然。他认为汉元帝以"书生"方式治理国家，不能做到王道与霸道并用，摒斥名、法，致使汉业转衰，只能是庸碌无为的衰弱之君，而刘邦、刘彻二人则较好地处理了二者之间的关系，刚柔并济，宽猛兼施，一生中文治武功，开疆拓土，建立不朽功业，他们才算得上真正的政治家。1959 年，毛泽东为鼓励他的英文秘书林克学习历史，便把《后汉书》推荐给他读。他还对林克谈了自己的读书体会，说："西汉高、文、景、武、昭等读起来较有趣味，东汉两头均无意思，只有光武可以读。"这个评论，实在也是他个人对汉朝几个皇帝的总体评价。由此可知，他较欣赏的是高祖、文帝、景帝、武帝和昭帝。这也是因为以上诸帝能较好地处理王道和霸道的辩证关系，将国家治理得兴盛强大。而汉元帝榜上无名，自然是不足道的。

33.王莽已经很重视农民问题了

【原文】 汉时一般做史的人——范晔、班固班昭等——因为他们吃的是汉朝的饭，要给汉朝说几句好话，把王莽说得怎么坏。其实王莽也不是怎么不得了的一个坏人。我们现在研究王莽，要拿很公平诚恳的态度来研究的。均田制是王莽时提倡的，可见他注意农民问题了。因为农民问题最重要者其唯土地，而他先节制土地。地主阶级见王莽所行的政策，诸多不利于己欲寻一代表本身利益之人，取而代之。而刘秀遂于是时起来了。倡人心思汉，以迷惑一般人之目耳。盖因王莽代表农民利益，不得地主阶级拥护。刘秀则代表地主阶级之利益，故能得最后之胜利。

——摘自《毛泽东评点二十四史》，时事出版社 1997 年 12 月版，第 512 页。

【品读解析】 以往史家认为王莽是中国历史上第一个外戚篡位建立国号"新"的窃国大盗。同时，王莽也是中国历次变法改革的失败者之一。

毛泽东对王莽篡位的看法，自是史学界一家之言。对农民土地的看法是否影响到毛泽东关于“人民公社”的构成及设想呢？

王莽认为，土地兼并起于“废井田”，造成弱者无立锥之地。只有恢复井田制，解决土地问题，才能使贫者有田耕，有屋居，才能均田地，平贫富。显然这种大同思想的实施是不能靠空想来实现的。

农民问题是中国新民主主义革命的中心问题。因为这个问题关系到无产阶级的领导权，关系到无产阶级革命的同盟军，关系到民主革命的成败。毛泽东在广州农民运动讲习所讲授《中国农民问题》时，借用了王莽推行“井田制”这一典故，从正面肯定王莽是代表农民阶级利益的，以此来说明农民问题在中国革命中的重要性。

在中国的历史典籍中，王莽的形象一直是“奸佞、伪莽”等等。对王莽的改制，史学家评之为“倒行逆施”。时至今日，早已是盖棺论定了。毛泽东语出惊人，认为王莽“也不是怎么不得了的一个坏人”，说王莽代表农民利益。如果站在历史的大角度，用一分为二的观点来评说王莽其人，抛弃其个人野心及私利，王莽改制的主观目的确实是想解决中国数千年来“患寡不患均”这一问题。

34.刘秀更适合当个大学士

【原文】 光武曾游于太学，习《尚书》。

——摘自毛泽东1913年《讲堂录》，见《毛泽东早期文稿》，湖南出版社1995年版，第591~592页。

【原文】 南阳为古宛县，三国时曹操与张绣曾于此城发生争夺战。后汉光武帝刘秀，曾于此地起兵，发动反对王莽王朝的战争，创立了后汉王朝。

民间所传二十八宿，即刘秀的二十八个主要干部，多是出生于南阳一带。

——摘自《毛泽东新闻工作文选》，新华出版社 1983 年版，第 263 页。

【原文】 西汉高、文、景、武、昭等读起来较有兴味，东汉两头均无意思，只有光武可以读。

——摘自林克《毛泽东和我谈学习的片断回忆》，见《难忘的回忆——怀念毛泽东同志》，中国青年出版社 1985 年版，第 19 页。

【品读解析】 光武帝刘秀出身太学生，是历代帝王中文化程度最高的。虽然也是个出色的皇帝，但比起他的先祖汉高祖刘邦却又逊色得多。毛泽东指出这一历史现象为：书读多了，就做不好皇帝。

谈到中国的历史，谈到中国历史上的开国皇帝，毛泽东曾说过“老粗出人物”的话，也正是循着这个思路读史而引发的感慨。当然，毛泽东并不完全否定知识分子的作用，但对于乱世时期老粗们胜过知识分子的地方，却特别地感兴趣。

在中国历史上有一种现象：恰恰是那些并不具有过多文化知识，没有什么特殊才能的人，反而能够礼贤下士，利用别人的热情和能力来实现自己的目的。相比之下，识人用人方面，刘秀是不如刘邦的，其历史功绩也是无法相比的。

鉴于西汉晚期大臣权势过重，皇帝丧失权柄的教训，光武帝采取措施，不让功臣、外戚把持军政大权，并从制度上加以改革，严加防范。另一方面则重视文治，提倡儒学，注重从儒生中选拔人才。客观上遏制了功臣贵戚的势力，使东汉出现了四海之内学校如林、庠序盈门、觥筹交错、俎豆莘莘、下舞上歌的局面。这种由乱到治的过程，显然读起来有味得多了。

35.班超也是在正当防卫

【原文】 只有一点，对于那些“兼弱攻昧”“好大喜功”的侵略政策（这在中国历史上是有过的）应采取不赞同态度，不使和积极抵抗政策混同起来。为抵抗而进攻，不在侵略范围之内，如东汉班超的事业等。

——摘自《毛泽东书信选集》，中央文献出版社 2003 年 11 月版，第 136~137 页。

【品读解析】 毛泽东提到“班超的事业”是在他 1939 年 1 月 17 日致陕北公学教授、中国问题教研室主任、历史学家何干之的信中。何干之给毛泽东写信，表达了他欲研究民族史的想法，毛泽东认为很好，盼望他切实地去做，并说：“如能在你的书中证明民族抵抗与民族投降两条路线的谁对谁错，而把南北朝、南宋、明末、清末一班民族投降主义者痛斥一番，把那些民族抵抗主义者赞扬一番，对于当前抗日战争是有帮助的。只有一点，对于那些‘兼弱攻昧’‘好大喜功’的侵略政策（这在中国历史上是有过的）应采取不赞同态度，不使和积极抵抗政策混同起来。为抵抗而进攻，不在侵略范围之内，如东汉班超的事业等。”班超不是被动地防范匈奴的侵扰，而是采取主动的进攻策略，抵御住了敌人的侵犯。因此毛泽东认为这不在侵略范围之内，而是积极的抵抗。

36.司马迁发愤在受腐刑之后

【原文】 一个共产党员要经得起受到错误的处分，可能这样对自己反而有益处。屈原流放而后有《离骚》，司马迁受腐刑乃发愤著《史记》。

——摘自吴冷西《忆毛主席——我亲身经历的若干重大历史事件片断》，新华出版社1995年2月版，第158页。

【原文】 司马迁览潇湘、登会稽、历昆仑，周览名山大川,而其襟怀乃益广。……游者岂徒观览山水而已哉!

——摘自毛泽东在第一师范读书时的《讲堂录》，见张贻玖著：《毛泽东批注历史人物》，鹭江出版社1993年版，第68页。

【品读解析】 司马迁遭遇奇耻大辱后，精神遭到极大的痛苦，但他并没有因此沉沦，而是以更大的毅力、勇气和斗志，继续写作他的“史家之绝唱、无韵之离骚”——《史记》。公元前93年，司马迁53岁时，这部空前的历史巨著终于完成。司马迁受辱后惨痛的心路历程在他给朋友的那封著名的《报任安书》中有所表露。信中说，他所以忍辱偷生，是因为“人固有一死，或重于泰山，或轻于鸿毛，用之所趋异也。”他以前人身遭厄运但发愤著书的事例自勉：“盖文王拘而演《周易》；仲尼厄而作《春秋》；屈原放逐，乃赋《离骚》；左丘失明，厥有《国语》；孙子膑脚，《兵法》修列，不韦迁蜀，世传《吕览》；韩非囚秦，《说难》、《孤愤》。《诗》三百篇，大抵贤圣发愤之所为作也。”

毛泽东对司马迁这样一种为事业和理想与命运顽强拼搏的精神十分赞

赏，曾多次引用上述名言，教育全党同志要不怕困难，勇于在逆境中振作精神，奋发有为。1957年，吴冷西从新华社调《人民日报》工作时，毛泽东找他谈话，说："你到《人民日报》工作，要有充分的思想准备，要准备遇到最坏情况，要有'五不怕'的精神准备。这'五不怕'就是：一不怕撤职，二不怕开除党籍，三不怕老婆离婚，四不怕坐牢，五不怕杀头。有了这五不怕的准备，就敢于实事求是，敢于坚持真理了。"接着他又说："一个共产党员要经得起受到错误的处分，可能这样对自己反而有益处。屈原流放而后有《离骚》，司马迁受腐刑乃发愤著《史记》……"（吴冷西：《要有五不怕革命精神》）。毛泽东从屈原、司马迁的遭遇和作为引申到对共产党员提出的"五不怕"，这是对历史的尊重和继承。

37.贾谊还得说一说

【原文】 汉朝有个贾谊，十几岁就被汉文帝找去了，一天升了三次官，后来贬到长沙，写了两篇赋，《吊屈原赋》和《鹏鸟赋》。后来又回到朝廷，写了一本书，叫《治安策》。他是秦汉历史专家，他写了10篇作品，留下来的是两篇文学作品（两篇赋），两篇政治作品——《治安策》和《过秦论》。他死在长沙的时候才只有33岁。

——摘自毛泽东1958年5月8日在八大二次会议上的讲话，见陈晋主编《毛泽东读书笔记解析》，广东人民出版社1996年7月版，第1210~1211页。

【品读解析】 1958年4月27日，这时正值全国"大跃进"的年代，到处热火朝天，创造新的建设速度，毛泽东写信给他的秘书田家英，建议他读一读班固写的《贾谊传》，同时读一读贾谊写的《治安策》，还推荐给陈伯达、胡乔木两位看看。毛泽东的目的在于鼓励在自己身边工作的人也要解放思想，勇于作为，要向历史上年轻有为的贾谊学习。

毛泽东在50年代末批注王勃的诗文与生平时，再次提到贾谊。他说：王弼和贾谊，“都是少年英发，贾谊死时三十几，王弼死时二十四。还有李贺死时二十七，夏完淳死时十七，都是英俊天才，惜乎死得太早了”。从毛泽东的赞叹和感慨中，可见毛泽东是爱才惜才的，特别是喜爱青年人才，注意培养他们，发挥他们的作用。

38.成皋之战得益于指挥正确

【原文】 主观指导的正确与否，影响到优势劣势和主动被动的变化，观于强大之军打败仗、弱小之军打胜仗的历史事实而益信。中外历史上这类事情是多得很的。……楚汉成皋之战……都是以少击众，以劣势对优势而获胜。

——摘自毛泽东1938年5月《论持久战》，见《毛泽东选集》第2卷，人民出版社1991年6月版，第491页。

【品读解析】 楚汉在争夺成皋的过程中，刘邦以弱小的力量，战胜了强大的楚军，除了政治上的原因外，军事上主要在于对战略全局处置得比较适当。例如彭城失败后，刘邦鉴于汉弱楚强的劣势地位，转攻为守，退保成皋这一咽喉要地，这就屏障了战略后方关中和巴蜀，使汉军在人力物力上得到源源不断的补充，能够坚持长期的战争。在战争全局上，刘邦能及时采纳张良、韩信等人的建议，逐步制定出正面坚持、南北两翼牵制、敌后骚扰的战略方针，并坚决付诸实施。这一方针，使强大的楚军陷于多面作战的困境，使汉军实力得到不断的发展，逐步由劣势转为优势，由被动转为主动，最后适时转入反攻，取得了全歼楚军的胜利。项羽虽然实力较强，但他在作战指导上缺乏战略头脑，没有通盘的考虑和打算，没有主要的打击方向，经常被敌方调动，东奔西跑，一味应付，虽然打了许多胜仗，但在战略上却是失策的，从而导致了战争的彻底失败。

39.赤眉、绿林起义推动了历史的发展

【原文】 地主阶级对于农民的残酷的经济剥削和政治压迫，迫使农民多次地举行起义，以反抗地主阶级的统治。从秦朝的陈胜、吴广、项羽、刘邦起，中经汉朝的新市、平林、赤眉、铜马和黄巾，隋朝的李密、窦建德，唐朝的王仙芝、黄巢，宋朝的宋江、方腊，元朝的朱元璋，明朝的李自成，直至清朝的太平天国，总计大小数百次的起义，都是农民的反抗运动，都是农民的革命战争。中国历史上的农民起义和农民战争的规模之大，是世界历史上所仅见的。在中国封建社会里，只有这种农民的阶级斗争、农民的起义和农民的战争，才是历史发展的真正动力。因为每一次较大的农民起义和农民战争的结果，都打击了当时的封建统治，因而也就多少推动了社会生产力的发展。只是由于当时还没有新的生产力和新的生产关系，没有新的阶级力量，没有先进的政党，因而这种农民起义和农民战争得不到如同现在所有的无产阶级和共产党的正确领导，这样，就使当时的农民革命总是陷于失败，总是在革命中和革命后被地主和贵族利用了去，当作他们改朝换代的工具。这样，就在每一次大规模的农民革命斗争停息以后，虽然社会多少有些进步，但是封建的经济关系和封建的政治制度，基本上依然继续下来。

——摘自毛泽东 1939 年 12 月《中国革命和中国共产党》，见《毛泽东选集》第 2 卷，人民出版社 1991 年 6 月版，第 625 页。

【品读解析】 以绿林、赤眉为主的新莽农民起义，历时十年，直接推翻了王莽政权的统治，打击了世家豪族势力，扫荡了奴隶制残余，推动了历史的发展，因而得到了毛泽东的高度赞扬。

40.黄巾起义埋葬了汉王朝

【原文】 汉末开始大分裂，黄巾起义摧毁了汉代的封建统治，后来形成三国，这是向统一发展的。

——摘自《光明日报》1993 年 12 月 20 日。

【品读解析】 波澜壮阔的黄巾军农民大起义，历时二十余年。这样一次猛烈而持久的农民战争，不仅是东汉时期农民反对世家豪族斗争的继续和发展，而且是对秦汉以来四百年中农民反封建斗争的一次总结，是中国农民战争史一个新的高度。这次起义之所以能达到新的高度，主要是因为世家豪族统治的形成，使农民阶级和地主阶级矛盾发展到空前尖锐的程度。同时，也因为以张角为代表的农民起义领袖吸取了以往农民起义军用鲜血换来的宝贵经验教训。一般说，农民起义是属自发性的，但是不能因此看不到农民起义的发展和提高，看不到农民起义领袖对革命斗争的经验教训的总结。说农民起义属于自发性的，是指它最终不能达到自觉的高度，不是说农民起义的认识水平永远停留在一点上，没有发展。张角利用太平道作掩护，进行长达十多年的起义准备工作，拟订“内外俱起”，“八州并发”的起义计划，以避免被敌人各个击破，说明了农民起义领袖在斗争中提高了认识水平和斗争艺术。把革命农民及其领袖描写成浑浑噩噩、愚昧无知，那是错误的。

黄巾农民军不仅要对付凶狠的官军，还要同地方豪强武装作战，斗争得异常激烈，表现了惊人的勇气和不怕牺牲的精神。义军虽然失败了，但是他们那种气吞山河的战斗精神是永远值得颂扬的。

消灭世家豪族势力，是农民阶级长期的斗争任务。黄巾农民起义继西汉末年农民起义之后，与世家豪族作了激烈的斗争，暂时地局部地削弱了世家豪族的统治力量。曹操利用这个有利条件，统一了黄河流域地区，实行了有利于加强中央集权、维护中小地主利益的政策。黄巾农民起义虽然没有完成消灭世家豪族的历史任务，但它毕竟沉重打击了世家豪族的腐朽势力，发挥了它所能发挥的革命作用，在农民战争史上谱写了气壮山河的一章。

41.长社之战体现了灵活的战术

【原文】 正，原则性。奇，灵活性。

——摘自毛泽东读《后汉书·皇甫嵩传》的批语，见《毛泽东读文史古籍批语集》，中央文献出版社 1993 年 11 月版，第 134 页。

【品读解析】 《后汉书》卷 71《皇甫嵩传》在皇甫嵩所谓“兵有奇正，不在众寡”一句下引用《孙子兵法》加了一段注释：“《孙子兵法》曰：‘凡战者以正合，以奇胜也。故善出奇，无穷如天地，不竭如江海。战势不过奇正。奇正之变，不可胜也。’”

正因为“奇正之变，不可胜也”，变化无穷，因而关于“奇”与“正”，历代兵家都有不同的解释。而毛泽东读至此，结合长社之战的实际，对此批注道：“正，原则性。奇，灵活性。”言简意赅地阐发了自己对“奇”与“正”的见解。

42.五斗米道最早实现了人民公社

【原文】 这里（指《张鲁传》——引者）所说的群众性医疗运动，有点像我们人民公社免费医疗的味道，不过那时是神道的，也好，那时只好用神道。道路上饭铺里吃饭不要钱，最有意思，开了我们人民公社公共食堂的先河。

大约有一千七百年的时间了，贫农、下中农的生产、消费和人们的心情还是大体相同的，都是一穷二白。不同的是生产力于今进步许多了。解放以后，人们掌握了自己这块天地——在共产党的领导之下。但一穷二白古今是接近的。所以这个《张鲁传》值得一看。

张鲁的祖父创教人张陵，一名张道陵，就是江西龙虎山反动透顶的那个张天师的祖宗，《水浒传》第一回描写了龙虎山的场面。三国时代的道教是遍于全国的，群众运动的，在北方有天公将军张角三兄弟领导的最为广大的革命的群众运动，他们的口号是“苍天已死，黄天当立”。苍天，汉朝统治阶级。黄天，农民阶级。于吉在东吴也有极大的群众运动。是那时道教的一派。张道陵、张鲁是梁、益派。史称这派与北方派的路线基本相同。其后，历代都有大小规模不同的众多的农民革命斗争，其性质当然与现在马克思主义革命运动根本不相同。但有相同的一点，就是极端贫苦农民广大阶层梦想平等、自由，摆脱贫困，丰衣足食。在这一方面，带有资产阶级急进民主派的性质。另一方面，则带有原始社会主义性质，表现在互助关系上。第三方面，带有封建性质，表现在小农的私有制，上层建筑的封建制——从天公将军张角到天王洪秀全。宋朝的摩尼教，杨么，钟相，元末的明教，红巾军，明朝的徐鸿儒，唐赛儿，李自成，清朝的白莲教，上帝教（太平天国），义和团，其最著者。

我对我国历史没有研究，只有一些零星感触。对上述性质的分析，可能有错误。但带有不自觉的原始社会主义色彩这一点就最贫苦的群众来说，而不是就他们的领袖们（张角、张鲁、黄巢、方腊、刘福通、韩林儿、朱元璋、李自成、洪秀全等等）来说，则是可以确定的。现在的人民公社运动，是有我国的历史来源的。

我国从汉末到今一千多年，情况如天地悬隔。但是从某几点看起来，例如：贫农、下中农的一穷二白，还有某些相似。汉末北方的黄巾运动，规模极大，称为太平道。在南方，有于吉领导的群众运动，也是道教。在西方（以汉中为中心的陕南川北区域），有五斗米道。史称五斗米道与太平道“大都相似”，是一条路线的运动。又称，张鲁等行五斗米道，“民夷便乐”，可见大受群众欢迎。张陵（一称张道陵，其流风余裔经千年转化为江西龙虎山为地主阶级服务的极端反人民的张天师道，《水浒传》第一回有洪太尉误走魔鬼戏极神气的描写，一看使人神往，同志们看过了吧?)、张衡、张鲁祖孙三世行五斗米道。其法，信教者出五斗米，以神道治病；置义舍（大路上的公共宿舍）；吃饭不要钱（目的似乎是招徕关中区域的流民）；修治道路（以犯轻微错误的人修路）；“犯法者三原而后行刑”（以说服为主要方法）；“不置长吏，皆以祭酒为治”，祭酒“各领群众，多者为治头大祭酒”（近乎政社合一，劳武结合，但以小农经济为基础）。这几条，就是五斗米道的经济、政治纲领。中国从秦末陈涉大泽乡（徐州附近）群众暴动起，到清末义和拳运动止，二千年中，大规模的农民革命运动，几乎没有停止过。同全世界一样，中国的历史，就是一部阶级斗争史。

——摘自毛泽东读《魏书·张鲁传》的批语，见《毛泽东读文史古籍批语集》，中央文献出版社 1993 年 11 月版，第 148~151 页。

【品读解析】 1958 年，毛泽东读《二十四史》，大概正读到《三国志》。这年，在许多场合，他都向干部们讲起三国历史人物和事件。其中最让他动情的，莫过于《三国志》卷八《魏书·张鲁传》。1958 年 12 月在武昌召开八届六中全会期间，毛泽东批示印发《三国志》里的《张鲁传》。为帮助与会者阅读，他还于 12 月 7 日和 10 日分别写了两大段批语（即本文抄录于前的第一、第二两段批语)。稍后，他把12月7日写的批语划去，指示将10日写的批语印在《张鲁传》的前面，一同发给了与会者。

当时的中国是怎样一种状况呢？1958年，全国掀起大跃进的高潮，中央提出“用最高的速度来发展我国的社会生产力”，推动着在生产关系方面急于向所谓更高级的形式过渡，主观地认为农业合作社的规模越大，公有化程度越高，就越能促进生产。1958年4月，中央发出关于把小型的农业生产合作社适当地并为大社的意见，各地试办了一些一千户以至几千户的大社。七八月间，《红旗》杂志、《人民日报》公开宣传毛泽东关于把工、农、商、学、兵组成为一个大公社，从而构成为我国社会的基本单位的思想。河南、山东等许多地方闻风而动，人民公社开始在农村建立。8月，中央政治局在北戴河举行扩大会议，作出《关于在农村建立人民公社问题的决议》，认为这是“指导农民加速社会主义建设，提前建成社会主义并逐步过渡到共产主义所必须采取的基本方针”；规定人民公社实行政社合一、工农商学兵相结合的原则；强调公社目前还是采取集体所有制，不忙于改为全民所有制，但是快则三四年、慢则五六年或者更长一些时间就可以实现向全民所有制的过渡。这次会议把“大跃进”和人民公社化运动迅速推向高潮，全国农村一哄而起，大办人民公社，没有经过试验，只用一个多月的时间就基本实现公社化。人民公社大力推行组织军事化、行动战斗化、生活集体化，将劳动力按军队编制组成班排连营，采取大兵团作战的方法，从事工农业生产。动辄夜以继日，连续作战。还强调公社生产自给，努力扩大公社内部的产品分配。农村原有的小商小贩、集市贸易以至家庭副业都被当作“资本主义尾巴”加以取缔。不少干部认为商品交换越少，越接近共产主义。有的地方，如河北徐水县和山东范县，甚至打算试验两三年“过渡到共产主义”。为此提出“八包”、“十包”，宣布对社员的衣食住行、生老病死、男婚女嫁所需费用都由公社供给。

从“大跃进”和人民公社化运动这一现实背景出发，毛泽东谈《张鲁传》最为欣赏的，是张鲁五斗米道的“带有不自觉的原始社会主义色彩”的“经济、政治纲领”。毛泽东用现代汉语对这一纲领作了具体说明，诸如“公共宿舍”、“吃饭不要钱”、“以犯轻微错误的人修路”、“以说服为主要方法”以及“近乎政社合一，劳武结合”等，带有明显肯定的语气。而对于“从某几点看起来”“近乎”于此的人民公社运动，毛泽东有意与“二千年中，大规模的农民革命运动”与历史上的“阶级斗争”相联系，其赞许与支持的倾向，也是明显的。在毛泽东看来，汉末至今，尽管情况如天地悬隔，但“一穷二白”的国情则“有某些相似”，五斗米道所体现的“极端贫苦农民广大阶层梦想平等、自由，摆脱贫困，丰衣足食”的理想追求，对于全党通过“大跃进”的经济运动方式、人民公社化的社会组织方式来改变“一穷二白”的面貌，也是有启发的。应该说，这是毛泽东推荐《张鲁传》最重要的考虑。为此，他在批语里把《张鲁传》里记叙的五斗米道的一些内容，如以道教祭酒为治头（地方行政长官），置义米肉，置义舍，以神道治病，对犯法有“三原”（原谅教育三次）后才行刑等，同“大跃进”的一些做法直接联系起来，明显是欣赏的，认为《张鲁传》里说，张鲁采取这些办法，“民夷便乐”，说明“是大受群众欢迎”的。言下之意，不言自明。

其实，毛泽东曾不止一次地向党的领导干部推荐《张鲁传》。1958 年 8 月 24 日，在北戴河中央政治局扩大会议上，毛泽东在谈到人民公社搞公共食堂时，曾说：张道陵的五斗米道，出五斗米就有饭吃。传到江西的张天师就变坏了。吃粮食是有规律的，像薛仁贵那样一天吃一斗米，总是少数。同年 11 月 3 日在郑州同九个省市委书记谈话中，说到供给制时，毛泽东也说：三国时候张鲁的社会主义是行不长的。因为他不搞工业，农业也不发达。曹操把他灭了，他也搞过吃饭不要钱，凡是过路的人，在饭铺里头吃饭、吃肉都不要钱。他不是在整个社会都搞，只在饭铺里头搞。他统治了 30 年，人们都高兴那个制度，那里有一种社会主义作风。我们这个社会主义由来已久了。这些谈话说明，在当时，毛泽东经常想到张鲁五斗米道里的做法，在某种程度上，是借历史来启发人们认识当时的“大跃进”和人民公社，从而更大胆地创造出新的办法。

关于《张鲁传》的两个批语以及在中央全会期间向与会者印发的做法，确实可以说明“中国历史上农民平均主义理想社会的思想”“给了晚年毛泽东或多或少的影响”。毛泽东这种思想倾向的形成，也与他数十年参加与领导以农民为主体力量的中国革命战争的经历有关。

1939年4月24日，毛泽东在抗大生产运动初步总结大会上作题为《自己为自己的劳动是不可限量》的报告时，曾经这样说：你们是工、农、商、学、兵联合起来，你们读书，叫学；开荒，是农；做鞋子，是工；办合作社，是商。你们又是军，因为你们在抗日军政大学。你们是农、工、商、学、兵团结在一个人身上，文武配合，知识与劳动结合，可算是"天下第一"。在《红旗》杂志1958年4月期发表的《在毛泽东同志的旗帜下》一文中，毛泽东的这样一段话又被陈伯达引用，以作为人民公社体制的理论蓝图："我们的方向，应该逐步地有次序地把工（工业）、农（农业）、商（交换）、学（文化教育）、兵（民兵，即全民武装）组成为一个大公社，从而构成为我国社会的基本单位。在这样的公社里面，工业、农业和交换是人们的物质生活；文化教育是反映这种物质生活的人们的精神生活。"毛泽东1958年视察河北徐水时，曾十分称道那里仿照军队组织的连、营、团形式的劳动组织形式，他当场要求陪同的保定地委第一书记进行推广。当时有一个相当普及的口号："组织军事化，行动战斗化，生活规律化"，这一口号是由刘少奇提出又经毛泽东肯定的。在1958年8月21日的一次会议上，毛泽东还提出：我们要把六亿人民带成共产主义作风，人民公社大协作，自带工具、粮食，工人敲锣打鼓，不要计件工资，这些都是共产主义萌芽，是资产阶级法权的破坏，希望大家对这些问题的看法吹一下，把实际中的共产主义道德因素在增长的情况也吹一下。1958年前后，他还多次指出：我们有二十二年的军事共产主义生活，不发薪水，搞供给制，结果军民一致，官兵一致，三大民主。进城以后，熬了几年，搞了薪金制，军衔制，其实是把供给制变成资产阶级法权制，发展了资本主义思想。难道二万五千里长征，土地革命、解放战争是靠发薪水过来的吗？抗战时期，二三百万人，解放战争时期，四五百万人，是军事共产主义的生活，没有星期天，在一元化领导下，没有什么'花'，把日本鬼子打走了，打败了蒋介石。打美国的时候也没有'花'。现在有'花'，发薪水分等级，分将、校、尉，结果是脱离群众，兵不爱官，民不爱干，因为这一点和国民党差不多，衣分三色，食分五等，办公桌、椅子也分等级，工人农民不喜欢我们。薪金制、军衔制等于等级制，等于资产阶级法权。毛泽东说："我们要保持过去革命战争时期的那么一股劲，那么一股革命热情，那么一种拼命精神，把革命工作做到底。什么叫拼命？《水浒传》上有那么一位，叫拼命三郎石秀，就是那个‘拼命’。我们从前干革命，就是有一种拼命精神。”“有些同志缺乏这种热情，缺乏这种精神，停滞下来了。”毛泽东认为，这可能与“现在实行了军衔制度和其他一些制度”有关。他提出，可以通过开展批评解决“密切联系群众”的问题。要相信“群众是公道的，他们不会把我们的历史丢掉”。他希望，“不要因为有了军衔制度和其他一些制度，而使上下级、官兵、军民、军队同地方的密切关系受到损害”。

显然，毛泽东心目中理想的社会结构，是工、农、商、学、兵合一的“大公社”，近乎《张鲁传》所谓“不置长吏，皆以祭酒为治”，祭酒“各领部众，多者为治头大祭酒”。他心目中理想的社会关系，是“在一元化领导下”上下一致的“军事共产主义”的平等关系，如同陶渊明《桃花源记》所谓“黄发垂髫，并怡然自乐”。他心目中理想的社会风气，是“保持过去革命战争时期的那么一股劲，那么一股革命热情”，类似《水浒传》农民军中“拼命三郎石秀”的精神；他心目中理想的社会价值取向，是注重理想与道德，提倡无条件奉献，完全不计报酬，如“自带工具、粮食”，“不要计件工资”等，甚至从根本上鄙视货币交换，这种观念，也“是有我国的历史来源的”，人们很自然地会联想到儒家重义轻利的道德传统，联想到《孟子》书中开篇就首先予以强调的“何必曰利？亦有仁义而已矣”的原则。

毛泽东的这一思想倾向，直到“文化大革命”，甚至直到他生命的最后岁月仍然没有改变。他在1966年发布的“五七”指示中提出的各行各业都要办成亦工亦农、亦文亦武的大学校的主张，仍然体现出把工、农、商、学、兵“组成为一个大公社。从而构成为我国社会的基本单位”的构想。

43.《史记》既严谨又准确

【原文】 像《史记》这样的著作和后来人对它的注释，都很严格、准确。

——摘自毛泽东读苏联《政治经济学（教科书）》的谈话，见《党的文献》1994年第5期。

【原文】 一个共产党员要经得起受到错误的处分，可能这样对自己反而有益处。屈原流放而后有《离骚》，司马迁受腐刑乃发愤著《史记》。

——摘自吴冷西《忆毛主席——我亲身经历的若干重大历史事件片断》，新华出版社1995年2月版，第158页。

【原文】 项王非政治家。汉王则为一位高明的政治家。

——摘自《毛泽东读文史古籍批语集》，中央文献出版社1993年11月版，第121页。

【原文】 一误。

二误。

——摘自《毛泽东读文史古籍批语集》，中央文献出版社1993年版，第122页。

【品读解析】 《史记》是毛泽东从青少年时期就开始阅读并终生喜爱的史书，它的作者司马迁也受到毛泽东的崇敬。

司马迁20岁后，心怀远大抱负，外出游历，考察史迹，采访史料，从长安南下，足迹遍及江淮流域和中原一带。后来担任了郎中，在皇帝身边内充侍卫，外从作战，多次随汉武帝巡游，奉使西征巴蜀。这些都使司马迁有众多的机会广泛接触人民，接触现实社会生活，了解社会各方面的情况，扩大了眼界，从而掌握和充实了自己对历史的感性材料。特别是掌握了许多难得的史料，使得他得以去伪存真，辨清真假，为他后来撰写《史记》打下了坚实基础。毛泽东称赞《史记》“严格、准确”，恐怕与司马迁的这样一种精神是分不开的。毛泽东十分赞赏司马迁的这种求实的精神，这种实地调查的方法，并身体力行。

早在湖南第一师范读书时，毛泽东在《讲堂录》中写道：“马迁览潇湘、登会稽、历昆仑，周览名山大川，而其襟怀乃益广。……游者岂徒观览山水而已哉！”1917 年暑假，他与朋友萧子升以游学方式步行调查。从长沙出发，经过宁乡，到安化，再到益阳、沅江，然后再回到长沙，历时一个多月，了解社会各阶层人民的生活以及社会风俗人情，实现了他“闭门求学，其学无用，欲从天下国家万事万物而学之，则汗漫九垓，遍游四宇尚已”（《讲堂录》）的初衷。

据介绍，毛泽东投身革命工作之后，也十分重视调查研究。早在 1927 年土地革命战争时期，他满怀激情，实地考察了湖南五县农民运动的情况，写下了著名的《湖南农民运动考察报告》。土地革命战争时期，他在戎马倥偬的游击环境下，抓住一切时机，写下了寻乌、兴国、长冈乡等数十万字的农村调查。新中国成立以后，他的足迹遍及大江南北，长城内外，了解工农业的生产建设情况。1961 年 8 月在庐山，他对身边的警卫人员谈起自己有三个夙愿：一是下放去搞一年工业，一年农业，半年商业；二是骑马到黄河、长江两岸实地考察；三是最后写一部书，写自己的一生，包括缺点错误，让世人去评论。

“没有调查，就没有发言权”这一著名论断，是毛泽东立场和理论水平的反映，是中国共产党的主要思想方法。联系到他对司马迁和《史记》的评议，从某种角度反映了毛泽东善于继承发扬中国优秀的历史传统。

毛泽东 1959 年 12 月至 1960 年 2 月读苏联《政治经济学（教科书）》的谈话，讲到“像《史记》这样的著作……很严格、准确”，这种评价是符合实际的。据历史学家分析，司马迁贯彻了“实录”原则。他不因秦始皇暴虐而否定其威震四海的帝业，不因陈涉起于陇亩而淡化其反秦首事的功勋，不因项羽失败而降低其曾号令天下的地位，不因刘邦是开国之君而讳言其无赖本色，不因吕后以女主临朝而抹杀其显著政绩，不因文景之治而无视其内乱边患，不因汉武帝雄才大略而回避其贪功好事。对于权贵的狡诈逢迎，残忍贪婪，倾轧争斗，固然予以揭发，即使像飞将军李广这样的名将，也不掩饰其心胸狭窄，过于自负，甚至滥杀降卒的过失。这种不虚美、不隐恶的精神，是对先秦史官直书传统的弘扬，充分显示了司马迁的高尚史德。

44.《治安策》值得一看

【原文】《治安策》一文是西汉一代最好的政论，贾谊于南放归来著化，除论太子一节近于迂腐以外，全文切中当时事理，有一种颇好的气氛，值得一看。如伯达、乔木有兴趣，可给一阅。

毛泽东四月二十七日

——摘自《毛泽东书信选集》，第539页。

【品读解析】《治安策》又名《陈政事疏》，顾名思义，它是贾谊为国为民长治久安提出的政治谋策。在汉文帝时，西汉王朝经过近四十年的统治，经济有了很大发展和恢复，政治比较稳定，正是“文景之治”的清平盛世，而贾谊以他特有的政治家的敏锐和崇高的责任感，居安思危，清醒地看到了国家潜伏着的种种隐患和危机。《治安策》中开宗明义地说：“臣窃惟事势，可为痛苦者一，可为流涕者二，可为长太息者六。”提出了九个主要问题以及解决这些问题的政治主张。抨击了当朝权贵们掩盖矛盾、歌功颂德的错误做法，并尖锐指出：如今的形势犹如睡在一堆点了火尚未燃起来的柴草上一样危险。

贾谊在《治安策》中，为之痛苦的是：诸侯王叛乱，企图夺取中央政权。他分析了发生诸侯之乱的根源之后，提出缩小诸侯领地，削弱诸侯权力的对策。贾谊为之流涕的是：一是匈奴为患，边界长期不宁；二是皇帝在边界问题上态度软弱，不敢碰硬。他建议朝臣加强对少数民族的控制，尤其要严惩里通外族的官员。贾谊为之长叹息的是：第一，社会风气日益奢侈腐败，已经到了“百人作之不能衣一人”，“一人耕之，十人聚而食之”的严重程度。老百姓贫困破产是社会动乱的基因。第二，汉朝建立后，对亡秦的遗风旧俗，未加丝毫涤荡扫除。第三，对太子的教育未予足够重视。贾谊一再强调当政者应制定礼仪、纲纪、法度，使上下有所遵循。可惜其他三项内容在班固的《汉书》中没有记载，也许当初班固是选择了主要三项，其余内容已渺不可查。贾谊的《治安策》是其通过深刻观察和分析了当时社会的政治经济状况，有的放矢提出来的治国匡时的良策。他从历史到现实举出种种事例进行分析论证，说理层层深入，有理有据，有很强的说服力。而且文笔朴实犀利，感情中肯真挚。因此，毛泽东称赞它为“西汉一代最好的政论”，“全文切中当时事理，有一种颇好的气氛，值得一看”。

毛泽东评论《治安策》中“论太子一节近于迂腐”，是指贾谊主张对太子的教育，应选拔天下道德品行都很端正的人与太子做伴，使太子“生而见正事，闻正言，行正道，前后左右皆正人也”，“不能使太子见恶行”。这样太子整天和正人君子在一起便不会学坏。这种把太子放在“玻璃罩”里的教育方法，必然造成太子丧失“免疫力”，而难达到贾谊理想的教育效果。毛泽东一向主张，年轻人要成长为革命接班人，就必须投身到革命斗争实践中去，在大风大浪中锻炼成长。他认为：“有比较才能鉴别。有鉴别，有斗争，才能发展。真理是在同错误作斗争中间发展起来的。”“我们要提倡正确的东西，反对错误的东西，但是不要害怕人们接触错误的东西。单靠行政命令的办法，禁止人们接触错误思想，禁止人看牛鬼蛇神，这是不能解决问题的。”毛泽东以自己这种认识尺度衡量贾谊“论太子一节”，所以说它“近乎迂腐”。

毛泽东对历史上有远大政治眼光、主张改革、勇于创新的政治家，特别对年轻人是极为赞赏的。他称赞贾谊为古时的秦汉专家，是“英俊天才”。对他 33 岁郁郁死去，深表惋惜，感叹写道：“贾生才调世无伦，哭泣情怀吊屈文，梁王堕马寻常事，何用哀伤付一生？”可见毛泽东对贾谊的才华的欣赏和注重。

45.《七发》批判了腐败的封建统治

【原文】 此篇早已印发，可以一读。这是骚体流裔，而又有所创发。骚体是有民主色彩的，属于浪漫主义流派，对腐败的统治者投以批判的匕首。屈原高居上游，宋玉、景差、贾谊、枚乘略逊一筹，然亦甚有可喜之处。你看，《七发》的气氛，不是有颇多的批判色彩吗？“楚太子有疾，而吴客往问之”，一开头就痛骂上流统治阶级的腐化。“且夫出舆入辇，命曰蹶痿之机。洞房清宫，命曰寒热之媒。皓齿蛾眉，命曰伐性之斧。甘脆肥脓，命曰腐肠之药。”这些话一万年还将是真理。现在我国在共产党领导下，无论是知识分子，党、政、军工作人员，一定要做些劳动，走路、游水、爬山、广播体操，都是在劳动之列，如巴夫诺夫那样，不必说下放参加做工、种地那种更踏实的劳动了。

……

客曰：今如太子之病。可无药石、针刺、灸疗而已。可以要言妙道说而去也。不欲闻之乎？指出了要言妙道，这是本文的主题思想。此文首段是序言，下分七段，说些不务正业而又新奇可喜之事，是作者主题的反面。文好，广陵观潮一段，达到了高峰。第九段是结论，归到要言妙道。于是太子高兴起来。“涊然汗出。霍然病已。”用说服而不用压服的方法。用摆事实，讲道理的方法，见效甚快。这个法子，有点像我们的“处理从宽”。首尾两段是主题，必读。

枚乘，苏北淮阴人，汉文帝时为吴王刘濞的文学侍从之臣。他写此文，是为给吴国贵族们看的。后来“七”体繁兴，没有一篇好的。《昭明文选》所收曹植《七启》、张协《七命》。作招隐之词，跟屈、宋、贾、枚唱反调。索然无味了。

——摘自《关于枚乘〈七发〉》，见《毛泽东文艺论集》，中央文献出版社 2002 年 4 月版，第 201~203 页。

【品读解析】 1959 年庐山会议上，一代名将彭德怀终于成了右倾主义的代表，在毛泽东组织人马“批彭”的同时，也是参加会议的人正处于选择的路口，毛泽东同志突然指示下发了《七发》并写自己的评点，这似乎令人有些不好理解。然而当人们细读《七发》及毛泽东的评点，就会体悟出毛泽东既具有诗人的洞察力又具有政治家的深谋远虑。

《七发》是汉代文学家枚乘的名作，也是中国文学史上最具代表性的赋体诗词之一。是一篇讽刺和劝诫之作。正如毛泽东同志所评点的那样，此赋是写给贵族们看的。文中借吴客之口分述音乐、饮食、车马、猎宫苑、田猎、观涛等方法，由近及远，一步步启发患病的太子，诱导他改变淫奢无度的生活方式。作者特别倾力于田猎观涛的铺陈，认为此二事有驱散懒惰，“发蒙解惑”之效。但根本方法尚不在此，还须用“要言妙道”转移太子的志趣，故末段提出要进方术之士与太子论天下之精微、理万物之是非。应该说枚乘的文章中蕴含着一些颇具现代的科学的养生观，就是通过劳作，改变奢靡的生活方式，志趣存远，超越物我，使自己的人生达到一个新的境界。

但是如果只是看到这些道理，那么也就不值得毛泽东的挥挥洒洒了，他实际上仍然发挥自己“借古喻今”的特长，通过对《七发》评点，表明自己的观点，使庐山会议那种紧张的气氛，在历史文献的参照下，达到一致。从毛泽东的评点中，可以看到其深刻的喻义：

第一，生活方式是人行为方式的一种表象。在枚乘的《七发》中，通过对太子患病致因的层层追究，揭露贵族们生活的奢靡。毛泽东加以引申为这是两个阶级的路线斗争。一种是枚乘所代表的朝气向上、健康有活力的低级阶层，另一种是太子代表的贵族阶层。通过枚乘的批判，使人们对那种贵族们悲观、糜烂的思想有了更深的认识。彭德怀同志在庐山会议中所遭到的批判主要是因为他对“大跃进”的冒进以及“左”倾思想的影响所进行的斗争而被扣上右倾机会主义帽子的，实际上，毛泽东的评点，已经表达了自己批判右倾主义的基调，那就是一切对社会主义不满的人，像太子代表的贵族一样患病了。

第二，如何对待患病的人？毛泽东借枚乘的劝讽方法，告诉人们，对患病的人，不要一棍子打倒，而要摆事实，讲道理，以理服人。

《七发》是一篇文学篇章，毛泽东发掘了它的另层含义，使人们对它有了新的认识。

46.《汉书》需要挑着去读

【原文】 如有时间，可一阅班固的《贾谊传》。可略去《吊屈》、《鹏鸟》二赋不阅。贾谊文章大半亡失，只存见于《史记》的二赋二文，班书略去其《过秦论》，存二赋一文。《治安策》一文是西汉一代最好的政论，贾谊于南放归来著此，除论太子一节近于迂腐以外，全文切中当时事理，有一种颇好的气氛，值得一看。如伯达、乔木有兴趣，可给一阅。

——摘自《毛泽东书信选集》，中央文献出版社 2003 年 11 月版，第 539 页。

【品读解析】 《汉书》是毛泽东阅读最勤的正史之一。毛泽东读《汉书》，尤其喜欢读《赵充国传》。敢于坚持真理的西汉名将赵充国，一直是毛泽东津津乐道的一位历史人物。

50年代末的一天，毛泽东和周谷城在中南海游泳后，两人并肩坐在遮阳伞下谈古论今，毛泽东顺手拿起一本线装书，翻到了某一页看了一眼，就说：赵充国这个人，当年主张在西北边疆屯田，很能坚持自己的主张，他的主张在开始时，赞成的人不过十分之一二，反对的人达十分之八九；到后来，他的主张逐渐被人接受了，赞成的人达十之八九，反对的却只有十之一二。真理要人接受，总要有个过程，无论是过去和现在都是如此。毛泽东拿的这本书就是《汉书》，他翻的这页是《赵充国传》。

毛泽东在读《汉书》时，还曾对贾谊这个人物给予很大的关注。贾谊，汉文帝时官拜太中大夫，因主张改革而被权贵所妒，被贬为长沙王太傅。几年后，文帝召他回京，任文帝之子梁怀王太傅。后因梁怀王坠马丧生而郁闷死去。毛泽东对此十分惋惜，他曾在《汉书》中批注道："梁王堕马寻常事，何用哀伤付一生。"毛泽东十分欣赏《汉书》中贾谊的《治安策》一文，该文文笔朴实犀利，感情真挚，是一篇极好的政论文。

47.《后汉书》写得比前一部好多了

【原文】《后汉书》写得不坏，许多篇章胜于《前汉书》。

——摘自毛泽东在《后汉书》第21册封面上的批语，见《毛泽东读文史古籍批语集》，第131页。

【原文】李贤好，刘攽好。

李贤贤于颜师古远甚，确然无疑。裴松之注《三国》有极大的好处，有些近于李贤，而长篇大论，搜集大量历史资料，使读者感到舒服爱看。

——摘自《光明日报》1993年12月20日。

【原文】 西汉高、文、景、武、昭等读起来较有兴味，东汉两头均无意思，只有光武可以读。

——摘自林克《毛泽东和我谈学习的片断回忆》，见《难忘的回忆——怀念毛泽东同志》，第19页。

【原文】 人在一定条件下是可以改造的。

——摘自毛泽东读《后汉书·陈寔传》的批语，见《毛泽东读文史古籍批语集》，中央文献出版社1993年版，第133页。

【原文】 将《黄琼传》、《李固传》送刘、周、邓、彭一阅。

送陈毅同志一阅。

可读李固给黄琼书，就思想、文章而论，都是一篇好文章。

——摘自张贻玖《毛泽东批注历史人物》，鹭江出版社1993年版，第100页。

【品读解析】 毛泽东对《汉书》、《后汉书》及其颜师古、李贤等人的汉书注本做过认真比较与研究，他在《后汉书》91卷至94卷第21册的封面上写道："《后汉书》写得不坏，许多篇章胜于《前汉书》。"又在《后汉书·光武帝纪》中写了一则批注："李贤好，刘攽好。李贤贤于颜师古远甚，确然无疑。"

李贤的《后汉书注》，北宋刘攽的《西汉·东汉刊误》以及他《资治通鉴》中专修汉史的著述，究竟好在哪里？他们两人虽一为唐朝太子，一为北宋史学家，相去甚远，但他们编写注史的共同特点是千方百计搜集史料，对原著进行大量补充，订正，并无一般学者偏重考订文字之嫌。所以毛泽东称他们注史好就好在"长篇大论，搜集大量历史资料，使读者感到舒服爱看"。比颜师古好得很多。确实是"青出于蓝而胜于蓝"。

毛泽东不仅在总体上赞扬了《后汉书》比《前汉书》写得好些，还对两部《汉书》中的某篇章作过这样的评论："西汉高、文、景、武、昭等读起来较有兴味，东汉两头均无意思，只有光武可以读。”这个评论，当是从《后汉书》所记的内容而言，因西汉从高祖到武帝这段时期，建国立基，开疆拓土，文治武功，景象不几。东汉光武刘秀，乃“中兴之帝”，经历一番征杀，遂承续汉家基业。这从一个侧面反映毛泽东不喜式微败落而好蓬勃进取的读史兴趣。

毛泽东十分善于从历史典故中提取带有普遍意义的思想。《后汉书》中记载着一个著名典故“梁上君子”，毛泽东十分同意陈寔的做法，他批注：“人在一定条件下是可以改造的。”

《后汉书》中有篇《张鲁传》，记载了汉末张鲁设“五斗米道”，组织下层人民进行起义的故事。毛泽东十分重视这个人物，他在1958年的八届六中全会上，亲自为《张鲁传》作注，印发给与会者。对其中“置义舍”、“置义米肉”（吃住不要钱），“各领部众，多者为治头，大祭酒”（政社合一）等做法很欣赏。

尽管毛泽东对东汉的历史兴趣不大，但他还是很欣赏东汉士大夫的节操。《后汉书·黄琼传》和《后汉书·李固传》是毛泽东多次阅读的两篇人物传记。1965年，毛泽东还特意批示，将这两篇传记“送刘、周、邓、彭一阅”，“送陈毅同志一阅”。刘少奇、周恩来、邓小平、彭真、陈毅等人遵照毛泽东的指示，都认真阅读了这两篇传记。毛泽东之所以推荐这两篇传记，原因就是李固那种以天下为己任，为了国家的利益，敢于坚持自己的意见，宁死不屈的气节，深深地感动了毛泽东。

48.刘胜项败绝非偶然

【原文】 刘邦是在封建时代被历史家称为“豁达大度，从谏如流”的英雄人物。刘邦同项羽打了好几年仗，结果刘邦胜了，项羽败了，不是偶然的。

——摘自毛泽东1962年1月30日在扩大的中央工作会议上的讲话，见《毛泽东著作选读》（下册），人民出版社1986年8月版，第821页。

【品读解析】 清朝史论家赵翼曾这样说过：当“四海鼎沸，草泽竞奋”之际，唯独汉高祖刘邦能够“以匹夫起事，角群雄而定一尊”，这是“气运为之”，是天意。这种说法当然是错误的。其实自起兵以后，刘邦曾遭到过不少次失败，有时败得很惨，几乎是全军覆没。但败归败，刘邦每次都能够起死回生，重整旗鼓，转败为胜，以至于最终平定天下，“角群雄而定一尊”，做了汉朝的开国皇帝。

那么，项羽为什么失败？其失败原因，在毛泽东看来，崇尚“沽名”，是项羽一个明显弱点，也是他失败的一个重要原因。司马迁在《史记·淮阴侯列传》中说项羽有“妇人之仁”，有很多事例都能反映出他的“沽名”和“妇人之仁”的性格。项羽率部经过苦战，击败秦军主力，赶在刘邦后面入关，两军发生冲突。由于项羽“为人不忍”，为避免“不义”之名，没有以四十万对十万的军事优势去消灭刘邦，甚至在鸿门宴上莫名其妙地阻止了部下诛杀刘邦之举。清代郑板桥在一首诗中写道：“新安何苦坑项羽，霸上焉能杀汉王。”悲乎哉！这个动辄可以屠城，可以毫不犹豫坑杀几十万人的枭雄，竟对一个人的生死这样踌躇，这应该是韩信所说的“妇人之仁”，但这是一种对输诚弱者的宽容，是一种讲究风度和气概不向弱者示威的一种英雄气度。然而对一个政治家来说，这种弱点是不可饶恕的，这也正是项羽作为悲剧人物的可贵品质之所在。项羽在生命的最后说：“天亡我也，非兵之过也。”由于他自身性格的弱点，使他失去了一次次有利机会，以至于落得如此下场。一向把战争分为正义和不正义的两种，并主张以战争消灭战争，以战争求得和平的毛泽东，在读《项羽本纪》的时候，自然是不会赞成这种过分宽容敌人的态度的。

在解放战争的后期，毛泽东吸取了项羽的教训，不给敌人以喘息机会，这正说明毛泽东具备了一个政治家的睿智和聪慧。

不善用人是项羽的又一致命弱点。韩信、陈平、黥布等原来都是他的部下，但后来都一个个离开他去投靠刘邦了，而韩信恰恰就是后来在军事上彻底摧毁他、置他于死地的人。始终忠于他而又谋略过人的只有一个范增，但是项羽对范增也是若即若离，并不是真正信任他。鸿门宴上一系列谋划都被项羽白白送掉。正因为这样，陈平的反间计才得以奏效。刘邦曾说过：“夫运筹帷幄之中，决胜于千里之外，吾不如子房；镇国家，抚百姓，给馈饷，不绝粮道，吾不如萧何，连百万之众，战必胜，攻必取，吾不如韩信，此三者。皆人杰也，吾能用之，此吾所以得天下也。项羽有一范增而不能用，此其所以为我擒也。”

在1962年的七千人大会上，毛泽东强调不论党内党外，都要有充分的民主生活，都要认真地实行民主集中制。他说：“有这样的情况：一切事情，第一书记一个人说了就算数，这是很错误的。哪有一个人说了就算数的道理呢？……这样的第一书记，应当叫霸王，不是民主集中制的‘班长’。从前有个项羽，叫做西楚霸王，他就不爱听别人的不同意见。他那里有一个范增，给他出过些主意，可是项羽不听范增的话。……我们现在有些第一书记，连封建时代的刘邦都不如，倒有点像项羽。这些同志如果不改，最后要垮台的。”从此以后，“西楚霸王”便成为党内批评作风不民主的代名词了。

1963年1月7日，毛泽东在一次谈话中，曾说到项羽有三个错误，一个是鸿门宴不听范增的话，放跑了刘邦；一个是楚汉订立了鸿沟协定，项羽认真了，而刘邦却不以为意，不久就违反协定东进攻楚，再一个就是他建都徐州，位置没有选好。在毛泽东看来，项羽除了在战略上发生一些失误外，最重要的教训是“不爱听别人的不同意见”，即不能知人、用人，不肯纳谏，不听谋士范增的意见，本应在鸿门宴上杀掉刘邦却反而放跑了他，本应该乘胜夺取汉甬道，反而放弃了它。刘邦之所以取胜，一个是因为他能够得人心；一个是他知人善任，能博采众长，善于听取别人意见。而项羽则勇武善战，军力强大，但所到之处烧杀掠抢，失去了人心；且听不得不同意见，有良臣谋士弃之不用，最终导致失败。毛泽东恐怕是从这个意义上讲项王不是政治家，而刘邦是政治家。一胜一败，历史留给了人们无穷的思考。

49.朱博以才服人

【原文】 此吏亦可不杀，教以改过，调改他职可也。

使人改过自效。

——摘自《毛泽东读文史古籍批语集》。

【品读解析】 毛泽东阅读古代文献典籍，不仅重视“二十四史”之类的正史，也重视笔记小说。他在1947年9月12日给儿子毛岸英的信中就说：“你要看历史小说，明清两代人写的笔记小说。”范文澜在40年代送给他一部《笔记小说大观》，他一直珍藏着，后带至北京。1963年1月，毛泽东专门从章士钊那里借了一套线装本《智囊》来阅读，这部书是他最爱读的笔记小说之一。在这部书上，毛泽东作了许多批注，涉及对政治、军事、思想、文化等各方面的看法。

毛泽东在阅读了《智囊》中关于朱博以才服人，后因怒而杀掉肇事的老从事这段故事之后，即在书中批注道：“此吏亦可不杀，教以改过，调改他职可也。”显然，毛泽东并不赞同朱博怒杀从事的举动，认为那个从事虽然犯有错误，但是罪不至死，应该通过教育令其改过自新，然后再委以他任。接下来，毛泽东在读了关于朱博对犯有过错的尚方禁和功曹进行警诫，后又重用二人这段故事之后，又在书中批注道：“使人改过自效。”显然，毛泽东认为朱博在对待尚方禁和功曹二人的问题上，其处理方法是正确的，并有可资借鉴的积极成分。

从上述毛泽东对于朱博为政之事而作出的一是一非的批注中，可以看出他对待犯错误者的一贯态度和所采取的方针政策。首先，毛泽东认为只要做工作，犯错误总是难免的，但关键在于改，而不是一棍子打死。其次，关于处理犯错误者的政策原则，毛泽东在《整顿党的作风》中就早已提出："有两条宗旨是必须注意的：第一是'惩前毖后'，第二是'治病救人'。对以前的错误一定要揭发，不讲情面，要以科学的态度来分析批判过去的坏东西，以便使后来的工作慎重些，做得好些。这就是'惩前毖后'的意思。但是我们揭发错误、批评缺点的目的，好像医生治病一样，完全是为了救人，而不是为了把人整死。"在 1966 年 8 月 12 日党的八届十一中全会闭幕式上，他又说："对犯错误的同志总是要给他出路，要准许改正错误。不要认为别人犯了错误，就不许他改正错误，我们的政策是惩前毖后，治病救人，一看二帮，团结—批评—团结。"再次，毛泽东还认为，犯错误虽然是坏事，但对于一个辩证唯物主义者来说，坏事可以变成好事，消极因素可以转化为积极因素。毛泽东在批注中指出朱博怒杀从事的不当，又指出朱博令尚方禁、功曹二人改过自新之正确，这都和他关于犯错误的认识以及处理的政策原则是相吻合的。

50. 陈寔做得很好

【原文】 人在一定条件下是可以改造的。

——摘自毛泽东读《后汉书·陈寔传》的批语，见《毛泽东读文史古籍批语集》，中央文献出版社 1993 年版，第 133 页。

【品读解析】 《后汉书·陈寔传》中有一段记载：有一次，一个小偷潜入陈寔家，藏在房梁上，想等到夜深人静陈寔家的人都睡熟后行窃。陈寔发现小偷后，没有大喊捉贼，而是起床穿戴整齐，把儿孙们叫醒，召集到一起，严肃地说："夫人不可不自勉。不善之人，未必本恶，习以性成，遂至于此。梁上君子者是矣。"小偷大吃一惊，从梁上跳下来，向陈寔谢罪。陈寔和气地劝说他："视君状貌，不似恶人，宜深克己反善。然此当由贫困。"并让家人送给他两匹绢。此后，县中盗窃绝迹。后来的"梁上君子"这一成语即出自此处。

毛泽东对《后汉书·陈寔传》中的这段故事十分注意，批注道："人在一定条件下是可以改造的。"毛泽东的这一论点，充分肯定了陈寔对小偷偷窃行为的认识和分析，以及他对小偷的教育和鼓励。千百年来，"梁上君子"只是用作窃贼的代名词，而毛泽东却能用辩证的观点来看待这一问题，把它提高到了对人改造的认识高度。由此可见毛泽东读史的真知灼见。

51.梁鸿教人立志

【原文】 东汉有个梁鸿，"举案齐眉"就是讲他的故事，他有个老婆叫孟光。他们穷得要死，给人舂米度日，有一个人对他说："我这里有火，你用它来烧饭吧。"他说："我，小子鸿，不因人热者也。"你有热，我不沾光。这个人后来到了无锡，成了经学家。这个人是硬汉。

——摘自陈晋《毛泽东读书笔记解析》（下册），第1009、1010页。

【品读解析】 毛泽东可能是在《东观汉记》里读到这则故事的。早在20年代，毛泽东便接触到这个故事。他把"梁鸿余热不因人"视为一种硬骨头精神的体现。

1959年3月2日，毛泽东在郑州召开的中央工作会议上，集中讲了"梁鸿余热不因人"的故事。他说，东汉有个梁鸿，"举案齐眉"就是讲他的故事，他有个老婆叫孟光。他们穷得要死，给人舂米度日，有一个人对他说："我这里有火，你用它来烧饭吧。"他说："我，小子鸿，不因人热者也。"你有热，我不沾光。这个人后来到了无锡，成了经学家。这个人是硬汉。

1959年3月，毛泽东又讲起这个故事，自有特殊背景。1958年刮“共产风”，搞“一平二调”。农村中许多相对富裕的生产队和管理区的利益受损，进而影响了人们的生产积极性。毛泽东从1958年底开始纠正这种“穷拉平”的“左”倾错误。在郑州会议上讲述梁鸿不因人热的故事，就是借以做思想说服工作，以便落实好退赔措施。毛泽东讲话的立场，明显是立足于穷者一方。他把不因人热，解释为“我们穷人，就是不要靠揩别人的油来过活”，这是很通俗而又恰当的。同时，他还说：我们中国穷，但是我们不要恩赐，我们同苏联是等价交换他们的设备，我们借了他们的款，我们按期偿还。国内有些穷省，我们无产阶级，贫下中农，要有志气。毛泽东的意思，国与国之间，省与省之间，不同的管理区、生产队之间，都要有这股子志气，不要沾别人的光。应该说，这在相当程度上反映了毛泽东自己的做人原则和人格精神，所以他多次以梁鸿的故事来教育人们“立这个志气”。

林克也曾回忆起毛泽东用梁鸿的故事教育子女的事：1959年6月3日清晨，毛泽东刚刚起床，就跟我讲起梁鸿不因人热的故事。毛泽东说：过去我跟孩子们讲过这个故事，但他们年幼，没有懂得我的意思。我领会毛主席是借这个故事，鼓励自己的子女和年轻人，要有志气，不依靠他人，而要独立自主，自立自强，艰苦创业。

跟毛泽东读资治通鉴

第四章

毛泽东品读《魏纪》

毛泽东曾在《浪淘沙·北戴河》写道：往事越千年，魏武挥鞭，东临碣石有遗篇。萧瑟秋风今又是，换了人间。“换了人间”，世事翻革，时代演进，然而曹操面对“秋风萧瑟”，毛泽东面对“萧瑟秋风”，作为推动历史的伟大人物，他们的内心其实有着相通之处。毛泽东在同子女的谈话中曾经说：“曹操的文章诗词，极为本色，直抒胸隐，豁达通脱，应当学习。”他还曾经对身边的工作人员说：“我还是喜欢曹操的诗。气魄雄伟，慷慨悲凉，是真男子，大手笔。”表露出对于曹操这位历史人物的风格的肯定……

52.裴松之下了大功夫

【原文】 裴松之注《三国》，有极大的好处，有些近于李贤，而长篇大论搜集大量历史资料，使读者感到爱看。“青出于蓝而胜于蓝”，其此之谓欤？譬如积薪，后来居上。章太炎说，读三国要读裴松之注，英豪巨眼，不其然乎？

——摘自余湛邦《张治中将军随同毛主席巡视大江南北的日子》。

【品读解析】 为前四史作注的注家有两种风格或两种流派，一种是着重释音义、明地理、述名物，一种是以史实的补充为主，而疏于文字的训诂。毛泽东是倾向于“史料派”的，而裴注《三国》就属于这一派的，所以他说裴注“长篇大论搜集大量历史资料，使读者感到爱看”。

53.郭嘉多谋善断

【原文】 《三国志》里的《郭嘉传》值得一读。

——摘自张贻玖《毛泽东批注历史人物》，鹭江出版社1993年版，第136页。

【原文】 多谋善断这句话重点在“谋”字上。要多谋，少谋是不行的。

要与各方面去商量，反对少谋武断。商量又少，又武断，那事情就不好办。谋是基础，只有多谋，才能善断。谋的目的就是为了断。要当机立断，不要优柔寡断。

——摘自薄一波《回忆片断——记毛泽东同志二三事》，见《人民日报》1981 年 12 月 26 日。

【品读解析】 20 世纪 50 年代后期，党内“左”倾错误日渐严重，中央制定了“鼓足干劲、力争上游，多快好省地建设社会主义”的总路线。紧接着，人民公社化运动和“大跃进”运动一哄而起，人们憧憬着并不清晰的共产主义，以高度的热情投入到一场忘我的工业化事业之中。他们一味追求高速度、高指标，希冀着在短时间内赶英超美，跑步进入共产主义。

毛泽东已经从实践中察觉到总路线、“大跃进”、人民公社，这三面红旗中的某些问题，思想上有所降温，政策上有所退却，当时毛泽东可能还没有从根本指导思想和战略上认识“左”倾错误，但直到庐山会议前，毛泽东的思想一直是向纠“左”的方向发展的，尽管效果不很明显。1959 年 4 月上海会议之前，毛泽东就向党的高级领导讲述过郭嘉多谋善断的故事。3 月在郑州召开的一次会议上，毛泽东几乎把《郭嘉传》里郭嘉为曹操出谋划策的故事都讲了出来：郭嘉是三国时期曹操手下的一位有名的参谋，此人多谋善断，为曹操出过不少计策。譬如说，曹操攻打吕布，当时议论纷纷，因为那时袁绍占领整个河北和豫北，曹操在许昌，吕布在徐州，如果攻打吕布，袁绍趁机介入怎么办？郭嘉说，袁绍这个人，多端寡要，见事迟，得计迟，所以袁绍定不会攻打许昌，于是曹操便攻打吕布，很快攻克，再攻打袁绍，又取得胜利。接下来是要不要攻打袁绍的两个儿子袁谭、袁尚的问题，郭嘉说不要打，我们回师，装着打刘表，把军队摆到许昌、信阳之间，他们一定要乱的，果真，兄弟俩没过多久就开始打起来，袁谭派人到曹操这里求救，曹操去救，乘机占领了信阳，消灭了袁谭的部队，后又设计消灭袁尚。说到这里毛泽东不无感慨，深感多谋善断的意义。

1959 年在庐山会议期间，7 月 11 日晚，毛泽东找周小舟、李锐、周惠谈话时，说到 1958 年经济计划搞乱了，随后他说“国乱思良将，家贫思贤妻”，这是指陈云而言（他在南宁会议后只负责建委工作）。而后就向他们解释：这是《三国志·郭嘉传》上的话，曹操在赤壁吃了败仗，于是想念郭嘉。这一时期毛泽东对暴露出来的问题不可能视而不见，自然会比较“大跃进”以后和“大跃进”以前的局面，不可能不对自己领导经济工作的方法有所认识，对自己的失误有所觉察，这自然要想到原来负责经济工作的陈云。陈云在负责经济工作时特别注重国民经济按比例地发展，反对冒进：而当时人们被那些高指标、高计划所控制，过分狂热，再加上当时个人崇拜的甚嚣尘上，而毛泽东声称自己是反反冒进的，于是经济上更加冒进，人们又进一步追求高指标，在农业战线上时时“放卫星”，甚至有人喊出了“人有多大胆，地有多大产”的口号，工业上钢的产量也是大放“卫星”。在这种情况下，陈云的反冒进自然要受到批评，不久，经济工作陷入困境，毛泽东对此不得不深思，不能不想陈云。几天后，毛泽东找李锐等谈话，又说到郭嘉：世上没有先知先觉，没有什么前知五百年、后知五百年的刘伯温。无非是多谋善断，留有余地。《三国志》里《郭嘉传》值得一读。郭嘉这个人足智多谋，初在袁绍麾下不得施展，就跑到曹操那里。曹操说他“每有大议，临敌制变。臣策未决，嘉辄成之，平定天下，谋攻为高”。可惜中年逝世，曹操为此大哭。“大跃进”出点乱子，不要埋怨，否则就是“曹营之事不好办”，或者叫你“欲与共济天下大难”！

毛泽东在这一时期反复提到郭嘉，这与总结和解决 1958 年的“大跃进”和人民公社化运动中出现的问题有关。1959 年三四月间，毛泽东连续写了五封党内通讯，强调要从过去几个月措施失当这样一个深刻教训中，获取经验，反对瞎指挥风、浮夸风、“共产风”等“左”的错误倾向。在上海会议上，又着重讨论了做工作要多谋善断、留有余地等问题（见前引文第二段）。他还说：现在，我是借郭嘉的事来讲人民公社的党委书记以及县委书记、地委书记，要告诉他们，不要多端寡要，要能够当机立断；端可以多，但是要拿住要点。国际的事要关心，国内各行各业要调查研究，还有各种学问，多端得很。但是可要抓住要点，一个时候有一个时候的要点。这是个方法问题，这个方法不解决，每天都在混混沌沌之中，叫作什么没有功劳也有苦劳，什么辛辛苦苦的官僚主义。特别是对外斗争，得计迟是很危险的。

1959年毛泽东在一些重要场合谈论最多的历史人物，并给予很好评价的，恐怕要数郭嘉了。毛泽东对郭嘉的评价何以如何之高呢?

郭嘉是三国时期人，初在袁绍手下做事，他看透袁绍是个“多端寡要，好谋无决”的人，要想辅佐他平定天下，完成霸业，是很难成功的。于是投靠了曹操。

曹操同他谈论统一天下之事说：“袁本初拥冀州之众。青、并二州相从，地广兵强，而又非常傲慢无礼。我想率兵前去征讨，怎奈力小不敌，怎么办?”郭嘉分析道：“昔日楚汉战争之时，刘邦之不敌项羽，您是知道的。然而，汉高祖唯用智胜，项羽虽强，终于为刘邦所擒。以我个人之见，袁绍有十败，您有十胜，袁绍虽然兵强，无能为也。袁绍坚持旧的礼法，因而繁礼多仪；您却讲求时效，体任自然，此为道胜一也。袁绍逆历史潮流而动，而您则顺应形势以统率天下，此为义胜二也。汉末政治失败于对待豪强过于宽纵，袁绍则继续实行宽纵政策，故而不能威慑豪强，您却严行法治，严惩不法豪强，故而上下人等皆知遵守国家的法度，此为治胜三也。袁绍外表似乎宽宏大量，而内心却量小嫉贤，用人而有疑忌，所任用者，唯有其亲戚子弟而已，您则是外似严肃而内心机智英明，用人而无疑忌，唯才是举，不问远近，此为度胜四也。袁绍多谋少断，失在后事，您则策定即迅速实行，应变无穷，此为谋胜五也。袁绍出身于四世三公之高门，依靠其累世之资历，高谈阔论揖让之高调，以收名誉，那些善于哗众取宠，用巧言以装饰外表之士多归之；您则以至诚待人，推诚而行，不务虚名，以俭朴为臣下之表率，有功者赏，那些有真知灼见，有真才实学的忠正之士皆愿意听从您的命令，为您所用，此乃是德胜六也。袁绍好施小恩小惠，而不考虑救国救民的大计，诚所谓妇人之仁；您则考虑治国之大事，恩加于四海，此乃仁胜七也。袁绍因不懂用人之道，其大臣为了政权皆相互攻击，造成祸乱；您却用人得法，浸润不行，此乃明胜八也。袁绍是非不明，您则对于正确者进之以礼，对于不正确的正之以法，此乃文胜九也。袁绍好虚张声势，不懂用兵之要领；您能以少胜多，用兵如神，我军有恃无恐，敌军则畏之，此乃武胜十也。”郭嘉分析袁、曹相争，曹操有十胜之处，真是一语破的，入木三分。于是郭嘉备受赏识，曹操对别人说：“使孤成大业者，必此人也。”从此郭嘉协助曹操南征北讨，谋策帷幄，力挫群雄，功勋卓著。活捉吕布、官渡之战以及对乌丸用兵，这些都是郭嘉的计策，曹操对郭嘉越发器重，一再称道："唯奉孝为能知孤意。"不幸的是郭嘉在北伐的路上病死了，曹操不胜悲痛，他抚摸着郭嘉的灵柩哭道："奉孝之死，真是天亡我呀！"后来曹操在赤壁之战遭到惨败，于是更加思念郭嘉。

毛泽东喜欢郭嘉，在于其多谋善断，且谋断都很准确。作为一代领袖，毛泽东希望他领导下的各级干部向郭嘉学习，做事要多商量，但不要优柔寡断，要当机立断，但不要武断。这样，党就可以把各项工作做得更好。

54.曹刘之间是主要矛盾

【原文】"曹刘是主要矛盾，孙刘是次要矛盾"，"三国时期，荆州失守，蜀军进攻东吴，被东吴将领陆逊火烧连营七百里，打得大败。其原因就在于刘备没有区分和处理好主要矛盾和次要矛盾的关系，在谋略中没有抓住主要矛盾。"

——摘自扬振之、田利军《龙之脉——毛泽东与中国古代智慧》，四川文艺出版社 1995 年 5 月第 2 版，第 209~210 页。

【品读解析】毛泽东思想中的最光辉的精华之一就是处理问题要抓住主要矛盾。毛泽东正是运用了这一基本思想，正确地分析了中国革命的基本问题，不仅在革命战争年代抓住了主要矛盾，领导中国革命从胜利走向胜利，就是在处理具体问题时，也十分善于把握主要矛盾，体现出了极为高超的领导艺术。

其实，毛泽东的这些思想在读史时也得到了印证。他极为善于用现代思维方式和理论看待历史，同时又善于从古代的历史中总结出经验教训。为现代理论寻找依据，真正做到了融通古今。

三国时期的“国际关系”极为复杂，如何分析和处理各国的关系，始终是当时外交的基本问题。毛泽东对此有着精辟的论述。他说：“三国时期，荆州失守，蜀军进攻东吴，被东吴将领陆逊火烧连营七百里，打得大败。其原因就在于刘备没有区分和处理好主要矛盾和次要矛盾的关系，在谋略中没有抓住主要矛盾。诸葛亮在《隆中对》中确定的战略方针是‘东联孙吴，北拒曹操’。曹刘是主要矛盾，孙刘是次要矛盾。孙刘的矛盾是统一战线内部的矛盾。所以当孙权数次讨荆州时，诸葛亮总是一再推诿软磨，而不硬抗，直到最后才让出荆州的部分地方。刘备不了解这一点，派了根本不执行联吴为根本、争夺荆州为枝节、要有理有节方针的关羽去驻守荆州。关羽这个人虽然斩华雄，诛颜良、文丑，过五关斩六将，擒庞德，威震华夏，但孤傲自大，刘备封‘关、张、赵、马、黄’五虎大将时，关羽怒曰：‘翼德吾弟也；孟起世代名家；子龙久随吾兄，即吾弟相并，可也。黄忠何等人，敢与吾同列？大丈夫终不与老卒为伍！’当孙权派诸葛瑾为儿子向关羽女儿求婚，以结秦晋之好，共伐曹操时，关羽却勃然大怒，说：‘吾虎女安肯嫁犬子乎！不看汝弟（诸葛亮）之面，应斩汝首！休再多言。’诸葛瑾抱头鼠窜而去。孙权便攻占了荆州，孙刘联盟瓦解。”

这里分析了关羽刚愎自用的性格，更重要的是指出了关羽仅仅是一介武夫，不是政治家，这才导致了荆州的陷落。那么，具体的情况是怎样的呢？我们来看看关羽其人及荆州陷落的过程。

中国有一句十分有名的俗语，叫作大意失荆州。其意源自三国时期关羽失掉荆州，并且在麦城被杀。其实，关羽失守荆州，败麦城，不是因为他的勇武乃至智计不够，相反，他设伏围城、水淹七军，倒显示出他过人的谋略，问题就出在他刚愎自用、不听人言。“诸葛一生唯谨慎”，关羽的性格缺陷就在于刚毅有余而谨慎不足。因此，人言关羽“大意失荆州”，其实荆州之失，并非由于关羽的大意，实在是由于他的性格缺陷。下面的这个故事虽然表现了关羽知错善改的品格，但也可以从中看出他上述的性格特征。

东汉建安二十四年，刘备为汉中王。刘备派司马费祎为使者，前去传达命令。任命关羽为前将军。关羽听说黄忠被任命为后将军，气愤地说："大丈夫不能与一个老兵同伍。"不肯接受任命。司马费祎对关羽说：成就帝王的事业，不能只靠一个人。从前，萧何跟高祖刘邦一起长大，交情十分深厚，陈、韩灭亡后，高祖对部将论功行赏。韩信居功第一，没听说萧何因此而生气。您虽然与主公的交情很厚，难道就可以因此而看不上别的人吗？

司马费祎接着说："如今，主公由于功高一时，被汉室所器重，由此说来，主公的地位高低，就应该与您相提并论吗？况且，主公与您犹如同胞一体，休戚与共。我认为不应该计较官职称号的高低尊卑，俸禄的多少，我不过是个小小的使者。奉命而来，无非是传达命令而已，您不肯接受主公的任命，我就这样回去，对我是无所损害的，只可惜您这么做，恐怕将来会后悔的。"关羽听了司马费祎的这番话，恍然大悟，有如梦初醒的感觉，立即接受了任命。

宋宗元评论说，司马费祎的话入情入理，关羽即使出于自尊不肯认错，也不能不为之折服。虚心地采纳他的意见。然而，他虽然"知错善改"，但其高傲乃至傲慢之气已溢于言表，如果遇到合适的气候，他的这种傲慢之气就会自然冒出来。后来，东吴将领吕蒙抓住机会，攻陷了荆州，使关羽败退麦城，不久关羽从麦城退出，东吴立即派兵分头拦截，抓获了关羽和他的儿子。荆州终于落到了孙权手中。

关羽的性格中潜藏着傲慢自大的一面，他从来就没有服过谁。所以，他在处理战事的时候，总是不够谨慎小心。在小说《三国演义》中，如果悉心寻找，在很多地方都可以发现关羽的这一性格特征。

然而，关羽是义中圣人，他的这一优点掩盖了他所有的性格缺陷：不过，作为将军，就是要无条件地冷静考察一切问题，如果以这种态度来对待关羽的话，就会很容易发现他的缺点了。因此，关羽的失败只是早晚的事。

对于刘备，毛泽东历来是赞扬有加，但对于刘备的缺点，毛泽东也是毫不客气地指出并批评，他说："刘备见关羽被杀，荆州丢失，遂起兵攻打东吴。众臣苦谏都不听，实在是因小失大：正如赵云所说：'国贼是曹操，非孙权也，且先灭魏，则吴自服。'诸葛亮也上表谏止说：'臣亮等窃以吴贼逞奸诡之计，致荆州有覆广之祸；殒将星于斗牛，折天术于楚也，此情哀痛。诚不可忘。但念迁汉鼎者，罪由曹操；移汉祚者，过非孙权。窃谓魏贼若除，则吴自宾服。愿陛下纳秦宓金石之言，以养士卒之力，另作良图：则社稷幸甚！天下幸甚！'可是刘备看完后，把表掷于地上，说：'朕意已决，无得再谏。'决意起大军东征。最终导致兵败身亡。"

如果说刘备善于用人终于成就了蜀国大业的话，那么，刘备将兄弟之义置于国家大义之上，一意孤行，不听劝谏，"最终导致兵败身亡"，则给蜀国带来了巨大的损失。

关羽和刘备的错误是一样的，即没有分清当时国家间的主要矛盾。毛泽东所说的"曹刘是主要矛盾，孙刘是次要矛盾"是完全正确的。那么，根据这一正确的判断，蜀国采取的外交政策就应该是联吴抗曹。一旦违背了这一政策，即使在对吴的斗争中有一时的胜利也是无益的，甚至是错误的，更不用说与吴国发生大规模的军事冲突并惨遭失败了。

在关羽、刘备死后，诸葛亮重新确立了联吴抗曹的政策，才使蜀国的内政外交回到了正确的轨道上来。毛泽东关于"曹刘是主要矛盾，孙刘是次要矛盾"的正确分析，对于我们的工作和生活都有着积极的指导意义。

55.西晋能够统一应该感谢曹操

【原文】 此篇注文，贴了魏武不少大字报，欲加之罪，何患无词。李太白云："魏帝营八极，蚁观一祢衡。"此为近之。

曹操结束汉末豪族混战的局面，恢复了黄河两岸的广大平原，为后来西晋的统一铺平了道路。

作土皇帝，孟德不为也。

杀降不祥，孟德所不为也。

曹操的文章诗词，极为本色，直抒胸臆，豁达通脱，应当学习。

——摘自张贻玖《毛泽东批注历史人物》，鹭江出版社 1993 年版，第 120 页。

【原文】 曹操统一中国北方，创立魏国。他改革了东汉的许多恶政，抑制豪强，发展生产，实行屯田制，还督促开荒，推行法治，提倡节俭，使遭受大破坏的社会开始稳定、恢复、发展。这难道不该肯定？难道不是了不起?说曹操是白脸奸臣，书上这么写，戏里这么演，老百姓这么说，那是封建正统观念制造的冤案。还有那些反动士族，他们是封建文化的垄断者，他们写东西就是维护封建正统。这个案要翻。

——摘自王子今《毛泽东与中国史学》，中共中央党校出版社 1993 年版，第 266 页。

【品读解析】 从封建正统观念出发，曹操历来被看作篡汉的“奸雄”。毛泽东则肯定这一历史人物的才略和功绩。50 年代末他谈到翦伯赞一篇关于曹操的文章时说：“曹操结束汉末豪族混战的局面，恢复了黄河两岸的广大平原，为后来西晋统一铺平了道路。”毛泽东读《三国志·魏书·刘表传》，在批注中评论刘表这位与曹操同时的历史人物时，也曾自然地流露出对曹操的态度。陈寿写道，刘表“少知名，号八俊，长八尺余，姿貌甚伟”。毛泽东批注：“虚有其表。”裴松之注引司马彪《战略》说，刘表“初为荆州”，“江南宗贼盛”，于是用蒯越“治乱者先权谋”之计，“使越遣人诱宗贼，至者五十五人，皆斩之，袭取其众，或即授部曲”。毛泽东在“皆斩之”三字旁画出曲线，又在开头批注：杀降不祥，孟德所不为也。

据《三国志·魏书·武帝纪》，曹操不杀降的事例相当多。如追击黄巾，“受降卒三十余万，男女百余万口，收其精锐者，号为青州兵”，后来成为曹操军的主力。刘备来奔，有人劝曹操说：“观刘备有雄才而甚得众心。终不为人下，不如早图之。”曹操却回答说：“方今收英雄时也，杀一人而失天下之心，不可。”张邈叛，劫持曹操所任别驾毕谌的母弟妻子，曹操准许毕谌前往敌方，而毕谌表示绝无二心，曹操嘉许，为之感动流涕。然而毕谌随即逃亡。后来曹操击破敌军，生擒毕谌，众人都为之担忧。曹操则说：“夫人孝于其亲者，岂不亦忠于君乎！吾所求也。”又任以为鲁相。曹操任命的河内太守魏种曾经受到特殊信用，张邈叛乱时，曹操曾感叹道：“唯魏种且不弃孤也。”后来听说魏种也投靠了叛军，愤怒地说：“种不南走越，北走胡，不置汝也！”然而平叛成功，活捉魏种后，曹操又说：“唯其才也！”于是“释其缚而用之”。此外，如张绣、关羽、张鲁等等，归降曹操后，也或得封侯，或为重用。《三国志·魏书·刘表传》说，刘表曾“南收零桂，北据汉川，地方数千里，带甲十余万”。卢弼《三国志集解》引《资治通鉴》、袁宏《后汉纪》及何焯、王补以《后汉书·孔融传》为据的注说，指出刘表此时不再向汉王朝“供职贡”，并非法擅自“郊祀天地”，服饰器用仿拟皇帝。毛泽东在此处又批注：作土皇帝，孟德不为也。

《三国志·魏书·武帝纪》裴松之注引《魏武故事》载曹操《让县自明本志令》，是否认“有不逊之志”的语颇恳切的政治声明。其中说道“设使国家无有孤，不知当几人称帝，几人称王”，自称每读乐毅、蒙恬不图王权，“其势足以背叛，然自知必死而守义”的事迹，“未尝不怆然流涕也”。卢弼《三国志集解》及所引林国宝语，指责其中多有不符合史实，“志骄气盈，言大而夸”处，以为“皆欺人语耳”，“为奸雄欺人之语”。所引黄恩彤语也斥责其“欲盖弥彰”，认为“陈《志》削而不录，亦恶其言不由衷耳”。所引李安溪的意见，则以为：“文词绝调也，惜出于（曹）操，令人不喜读耳。”毛泽东对这些注文加了圈点，又批注道：此篇注文，贴了魏武不少大字报，欲加之罪，何患无词。李太白云：“魏帝营八极，蚁观一祢衡。”此为近之。

毛泽东态度鲜明地否定了对曹操的攻击，以为多是缺乏历史根据的诬蔑不实之词。所谓“魏帝营八极，蚁观一祢衡”，见于李白《望鹦鹉洲怀祢衡》。鹦鹉洲，传说为黄祖杀害名士祢衡之处，因祢衡绝世之作《鹦鹉赋》而得名。全诗为：“魏帝营八极，蚁观一祢衡。黄祖斗筲人，杀之受恶名。吴江赋鹦鹉，落笔超群英。锵锵振金玉，句句欲飞鸣。鸷鹗啄孤凤，千春伤我情。五岳起方寸，隐然讵可平。才高竟何施，寡识冒天刑。至今芳洲上，兰蕙不忍生。”祢衡是汉末狂士，据《后汉书·祢衡传》，他“尚气刚傲，好矫时慢物”，孔融爱其才，多次称述于曹操，曹操欲见之，而祢衡“素相，轻疾，自称狂病，不肯往，而数有恣言”，后来答应往见曹操，却又“著布单衣”，“坐大营门，以杖捶地大骂”。曹操以其素有才名，不忍杀之，遣送至刘表处，又辗转至黄祖处，因“言不逊顺”遇害，时年26岁。“魏帝营八极，蚁观一祢衡。”按照李榕村的解释，“盖言魏武经营天下，而视之直作蝼蚁观者，唯一祢衡也”。毛泽东所谓“此为近之”，可能是说卢弼们注文的观点，与轻狂傲慢的祢衡相近。其实，李白诗的原意，可能是从怀念祢衡的角度出发，据说曹操虽有“营八极”的势力和雄图，仍“蚁观”即仰视祢衡才名而有敬畏之心。如此即与下句“黄祖斗筲人，杀之受恶名”相对应。

毛泽东读《三国志·魏书·武帝纪》而联想到祢衡事迹，是毛泽东读史对于执政者与知识分子的关系予以注意的实例之一。

毛泽东1961年8月25日致胡乔木的信中曾引用曹操诗云：“盈缩之期，不独在天。养怡之福，可以永年。”引诗见曹操《步出夏门行》，令本多作：“盈缩之期，不但在天，养怡之福，可得永年。”1954年夏天，毛泽东在北戴河海滨散步，喜欢背诵曹操的名诗《观沧海》“东临碣石，以观沧海。水何澹澹，山岛竦峙。树木丛生，百草丰茂。秋风萧瑟，洪波涌起。日月之行，若出其中。星汉灿烂，若出其里。幸甚至哉！歌以咏志。”《观沧海》也归于《步出夏门行》题下，前有“经过至我碣石，心惆怅我东海”句。《晋书·乐志下》则题作《碣石篇》。毛泽东面对浩瀚雄阔的海面，产生了与曹操这位历史人物的心理共鸣。他找来地图，查证出“曹操是来过这里的”，又说：曹操“建安十二年五月出兵征乌桓，九月班师经过碣石山写出《观沧海》。”毛泽东《浪淘沙·北戴河》写道：

往事越千年，魏武挥鞭，东临碣石有遗篇。萧瑟秋风今又是，换了人间。

“换了人间”，世事翻革，时代演进，然而曹操面对“秋风萧瑟”，毛泽东面对“萧瑟秋风”，作为推动历史的伟大人物，他们的内心其实有着相通之处。毛泽东在同子女的谈话中曾经说：“曹操的文章诗词，极为本色，直抒胸隐，豁达通脱，应当学习。”他还曾经对身边的工作人员说：“我还是喜欢曹操的诗。气魄雄伟，慷慨悲凉，是真男子，大手笔。”表露出对于曹操这位历史人物的风格的肯定。

56.刘备多谋寡断

【原文】 翦伯赞在《光明日报》上写了一篇论赤壁之战的文章，他说，刘备这个英雄，跟曹操同等水平，是厉害的。但是事情出来了，不能一眼看出就抓到，慢一点。

——摘自 1959 年 3 月 2 日毛泽东在郑州中共中央政治局扩大会议上的讲话，见《毛泽东评点二十四史人物精选》，时事出版社 1997 年 12 月版，第 757 页。

【原文】 刘备得了孔明，说是“如鱼得水”，确有其事，不仅小说上那么写，历史上也那么写，也像鱼跟水的关系一样。群众就是孔明，领导者就是刘备，一个领导，一个被领导者。

——摘自 1957 年 7 月 9 日毛泽东在上海召开的干部会议上的讲话，同上书，第 756 页。

【原文】 新闻工作，要看是政治家办，还是书生办。有些人是书生，最大的缺点是多谋寡断。刘备、孙权、袁绍都有这个缺点，曹操就多谋善断。

——摘自毛泽东 1959 年 6 月同《人民日报》负责人吴冷西的谈话，见《毛泽东新闻工作文选》，第 215~216 页。

【品读解析】 刘备是三国时期一个有所作为的政治家。他能够宽和待人，知人善任，依靠一批有才干的文臣武将，在群雄割据混战中不断克敌制胜，并与曹魏、孙吴三分天下，鼎足而立。

毛泽东曾多次提到刘备。1957年7月9日在上海召开的干部会议上，毛泽东提起了刘备，说：“刘备得了孔明，说是‘如鱼得水’，确有其事，不仅小说上那么写，历史上也那么写，也像鱼跟水的关系一样。群众就是孔明，领导者就是刘备，一个领导者，一个被领导者。”

在1959年6月毛泽东同《人民日报》负责人吴冷西谈话时，又提到刘备，他认为刘备同孙权、袁绍一样，都有多谋寡断的缺点。不如曹操多谋善断，虽然刘备跟曹操同等水平。

刘备的“多谋寡断”这一缺点，表现在蜀吴的彝陵之战上。

221年，刘备发动彝陵之战，讨伐孙吴。刘备将十万大军屯驻在从巫峡至彝陵的一百余里的山地上，分散四十余营。223年6月，吴帅陆逊采用火攻，使蜀军全线崩溃。对于这一战役，毛泽东在读《三国志集解》时，从当时处于强者一方的刘备的角度，曾加以总结。卢弼在《三国志集解·陆逊传》中，引用了清代学者钱振锽的评论，说陆逊破刘备的办法，不过是用火攻，如果刘备不用山木扎营，以土石垒营，陆逊又有什么办法攻破蜀军呢？毛泽东针对这种说法批注道：“土石为之，亦不能久，粮不足也。宜出澧水流域，直出湘水以西，困粮于敌，打运动战，使敌分散，应接不暇，可以各个击破。”

在毛泽东看来，土石垒营，虽不怕火攻，但由于粮草供应不便，也不可能保障刘备持久进攻。刘备欲胜吴军的办法，是“打运动战”，从吴军防守较弱的彝陵南边的澧水流域进攻，使吴军分兵，然后各个击破。应该说这个分析是很有见地的，刘备就是败在这一点上。

57.周瑜是个“小团员”

【原文】 要选青年干部当团中央委员。三国时代，曹操带领大军下江南，攻打东吴。那时，周瑜是个“青年团员”，当东吴的统帅，程普等老将不服，后来说服了，还是由他当，结果打了胜仗。现在要周瑜当团中央委员，大家就不赞成！团中央委员尽选年龄大的，年轻的太少，这行吗？

——摘自毛泽东1953年6月30日接见中国新民主主义青年团第二次全国代表大会主席团成员的谈话，见《毛泽东著作选读》下册，人民出版社1986年版，第700页。

【品读解析】 周瑜是三国时期一位文武兼备、风流儒雅的青年将领，毛泽东曾在多种场合谈到他。

1953年6月30日毛泽东接见青年团第二次全国代表大会主席团成员时说：“……三国时代，曹操带领大军下江南，攻打东吴。那时，周瑜是个‘青年团员’，当东吴的统帅，程普等老将不服，后来说服了，还是由他当，结果打了胜仗。”1957年4月上旬毛泽东在上海四省一市省市委书记思想工作座谈会上说：“赤壁之战，程普四十多岁，周瑜二十多岁，程普虽是老将，但不如周瑜能干。大敌当前，谁人挂帅？还是后起之秀周瑜挂了大都督的帅印。”

1958年5月8日毛泽东在中共八大二次会议上的第一次讲话又讲到周瑜：“周瑜、孔明都是青年人。孔明二十七岁当军师。程普是老将，他不行，孙权打曹操不用他，而用周瑜做都督。程普不服，但是，周瑜打了胜仗，周瑜死时才三十六岁。”

毛泽东谈论周瑜都是突出他的年轻有为，这同毛泽东主张放手任用新人的思想有关。毛泽东认为：青年人比老年人强，贫人、贱人、被人们看不起的人、地位低的人，大部分发明创造占百分之七十以上，都是他们干的。百分之三十的中老年而有干劲的，也有发明创造。这种三七开的比例，为什么如此，值得大家深深地想一想。结论就是因为他们贫贱低微，精力旺盛，迷信较少，顾虑少，天不怕、地不怕，敢想敢说敢干。如果党再对他们加以鼓励，不怕失败，不泼冷水，承认世界主要是他们的，那就会有很多的发明创造。因此，现在必须提拔青年干部。赤壁之战，群英会，诸葛亮才二十七岁，孙权也是二十七岁，孙策起事时，只有十七八岁，周瑜死时不过三十六岁，那时也不过三十岁左右。曹操五十三岁。可见青年人打败了老年人。长江后浪推前浪，世上新人赶旧人。

毛泽东总是把目光投向青年，把希望寄托于青年，不断地向新的事物挑战，向新的目标迈进，显示出了他雄视千古的大胸怀和超越前人的大气魄。

58.诸葛亮推行了好的民族政策

【原文】 诸葛亮会处理民族关系，他的民族政策比较好。获得了少数民族的拥护。……这是他的高明处。

——摘自《光明日报》1993年12月20日。

【品读解析】 在三国人物中，毛泽东最推崇的大概要算诸葛亮了。在《讲堂录》里，谈到“办事之人”的时候，就以诸葛亮为例。在以后的著作中，他还不止一次提到孔明。例如，1957年，在《打退资产阶级右派的进攻》一文中，他说：“刘备得了孔明，说是‘如鱼得水’确有其事，不仅小说上那么写，历史上也那么写，也像鱼跟水的关系一样。群众就是孔明，领导者就是刘备。”在小说里，诸葛亮可以未卜先知，呼风唤雨。毛泽东即以此为例，说明即使是全智全能的人物，也有其局限性。1957年他在莫斯科共产党和工人党代表会议上的发言中说：“任何一个人都要人支持。一个好汉要三个帮，一个篱笆也要三个桩。荷花虽好，也要绿叶扶持。这是中国的成语。中国还有一句成语，三个臭皮匠，合成一个诸葛亮。单独的一个诸葛亮总是不完全的，总是有缺陷的。”

在《三国演义》中，罗贯中最爱用“眉头一皱计上心来”这句话来形容他。毛泽东从这句大家熟悉的话中，看到人们思维过程的规律，并多次引用这句话说明这一规律。毛泽东在写作《实践论》，分析人们认识事物的两个阶段，即认识的感性阶段和理性阶段时，他说：“概念同感觉，不但是数量上的差别，而且有了性质上的差别。循此继进，使用判断和推理的方法，就可产生出合乎论理的结论来。《三国演义》上所谓‘眉头一皱计上心来’，我们普通话说所谓‘让我想一想’，就是人在脑子中运用概念以作判断和推理的工夫。这是认识的第二个阶段。”1944年5月20日，毛泽东在延安中央党校讲话，在谈到干部的骄傲自满情绪时又说：《三国演义》的作者形容孔明就是“眉头一皱计上心来。”现在就是让大家多想问题，多皱眉头，才能解决问题。

新中国成立后，毛泽东很注意维护民族团结，因而对历史上那些能处理好民族关系的政治家，是十分推崇的。毛泽东说：“诸葛亮会处理民族关系，他的民族政策比较好。获得了少数民族的拥护。”在《诸葛亮传》中，他在裴松之引《汉晋春秋》的一段注文旁边，加了很多圈。这条注文记载了诸葛亮七擒七纵少数民族首领孟获和平定云南后用当地官吏管理南中的事迹。毛泽东赞叹道：这是诸葛亮的高明处。

59.孙权其实很能干

【原文】 天下无所谓才，有能雄时者，无对手也。以言对手，则孟德、仲谋、诸葛而已。

——摘自《毛泽东早期文稿》，湖南出版社1990年版，第587页。

【原文】 新闻工作，要看是政治家办，还是书生办。有些人是书生，最大的缺点是多谋寡断。刘备、孙权、袁绍都有这个缺点，曹操就多谋善断。

——摘自毛泽东1959年6月同《人民日报》负责人吴冷西的谈话，见《毛泽东新闻工作文选》，第215~216页。

【品读解析】 孙权是三国时期一个很有作为的人物，他知人善任，选用四员大将：周瑜、鲁肃、吕蒙、陆逊，使他能雄踞江南，与魏、蜀两国形成三足鼎立之势，成就了一番英雄伟业。

宋代词人辛弃疾在他的名作《南乡子·登京口北固亭有怀》中曰：

何处望神州？满眼风光北固楼。千古兴亡多少事，悠悠。不尽长江滚滚流。

年少万兜鍪，坐断东南战未休。天下英雄谁敌手？曹刘。生子当如孙仲谋。

毛泽东非常喜欢辛弃疾这首词，多次圈阅诵读。1957年3月，毛泽东从南京飞往上海，在经临镇江上空时，毛泽东着笔亲书此词，并向身边的随行人员讲解这首词的意义和所用典故，孙权当曹操大军压境相威逼之时，力排众议，作出联刘抗曹的决断，因此得到毛泽东的首肯。

但毛泽东也认为孙权多谋寡断，这恐怕与他对事对人有时疑心过重、犹豫不决有关。孙权的多谋寡断的这一弱点影响了他的事业的进一步发展，也对东吴的统治和国运产生了消极影响。

60.魏文帝开创了文学批评

【原文】 中国文学批评的历史是从魏文帝开始的吧？有《典论·论文》。

——摘自毛泽东1957年3月8日同文艺界人士的谈话，见陈晋主编《毛泽东读书笔记解析》，广东人民出版社1996年7月版，第1221页。

【品读解析】 曹丕的《典论》共5卷20篇，《论文》为其中一篇。《论文》高度强调了文章的作用与意义，认为是“经国之大业，不朽之盛事”，提出了“文以气为主”的命题，概括了作品与创作主体的关系，进一步划分了主体，指出了不同文体的特征；探讨了文学批评的方法原则：具体分析了“建安七子”的创作风格。

由于《典论·论文》把整个文学作为自己的研究对象，肯定了文学的独立价值，因而被视为中国古代文学批评史上的第一篇文学批评专论，这可能就是毛泽东说中国文学批评的历史从魏文帝开始的道理吧。

61.蜀汉不应该两分兵力

【原文】 其始误于隆中对，千里之遥而二分兵力。其终则关羽、刘备、诸葛三分兵力，安得不败。

——摘自《毛泽东读文史古籍批语集》，第106页。

【品读解析】 苏洵在《项籍》一文中谈到剑门相隔的西蜀盆地的地理特点与历史上拓展政治基业的关系。他认为那里作为防守自安的根据地尚不理想，作为进取中原，经营天下的基地则更有诸多不便。其中“诸葛孔明弃荆州而就西蜀”一句，引出毛泽东的发挥，提出三国时蜀汉终不能进取天下，首先是因为诸葛亮出茅庐时为刘备设计的战略本身有错误。

关于诸葛亮《隆中对》的利弊得失，是一个颇有争议的话题。毛泽东以他军事家兼史家的眼光，提出自己对于《隆中对》的独到见解。他认为：“其始误于隆中对，千里之遥而二分兵力。其终则关羽、刘备、诸葛亮三分兵力，安得不败。”隆中对策的问题出在哪里呢？其错误在于对策的最后一段，跨有荆、益之后，逐鹿中原的那个作战方案：“天下有变，则命一上将将荆州之军以向宛、洛，将军身率益州之众以出秦川。”对于这个分进击合、东西策应的战略方针，毛泽东是不赞成的，认为这使本已贫弱的蜀国分散了兵力。刘备在占据荆州这块虽然重要但却是是非之地后，要前去取西川，便只好让关羽领重兵把守。占了汉中、成都后，诸葛亮又长期领兵经营汉中，这就是毛泽东说的“三分兵力”。“三分兵力”，则兵力更加分散，最终导致了亡国。

毛泽东因何要把“兵力分散”看成蜀汉灭亡的主要原因呢？除了军事上战略战术的考虑之外，恐怕还有更深层次的考虑，即“兵力分散”给当时的蜀国经济造成了恶劣影响。在三国中，蜀的国土约相当于魏的三分之一或吴的二分之一，而且蜀是三国中开发程度最低的地区，经济、文化都相对落后。蜀汉人口在刘备称帝时只有九十万，相当于魏的五分之一多些，或吴的五分之二。可见蜀汉的国力最弱。经济落后、国力不足，因此蜀汉的政治、外交和军事缺乏牢固的基础。而要实现隆中对策，北伐中原，就得维持一支较大的军队。青龙二年（234年）诸葛亮曾率十余万众出斜谷。同时，成都、汉中都需部队留守，川东还要有一支防吴人马。这样不仅使兵力分散，犯了兵家大忌，也使国力消耗，影响经济发展。

三国时期，蜀汉军队是较多的。据推算，当时全蜀兵力当达十四五万人。后经诸葛亮、姜维长期作战的消耗，蜀亡时还有10.2万人，占总人口的10.8%，这是一个很高的比例。“兵马未动，粮草先行。”为了维持庞大的军队和作战的需要，还要有一支运送粮草、支援前线的民夫队伍，这也是一项长期而沉重的劳役。蜀汉各时期常有大军屯驻汉中，而汉中自曹军破张鲁迁徙八万人入魏后，人口仅两万，蜀汉也未曾大量向汉中移民，其军粮势必从蜀中调运。蜀军从汉中往前线运粮，大体由军队自行解决，如诸葛亮曾率五六百名士卒与诸将子弟转运于谷中：“亮使诸军运兵，集于斜谷口。”然自蜀中运至汉中，则当仍用民夫，尤其在对外兴役时，运输线拉长，如兵力不敷，压在农民身上的负担将更沉重。由于兵役、劳役很重，战事紧张时想要增加调发就很困难，出现“男子当战，女子当运”，“调发诸郡，多不相救”之类的窘况。封建时代以农立国，农业生产在封建经济中占主导地位。徭役征发要占用大量从事农业生产的劳动力，徭役过重势必对当时社会经济的发展不利，而经济的凋敝则使蜀汉无力承受长期战争的重负。

由此看来，兵力分散导致用兵过多，由于用于农业生产的人口大大减少，使本来就很弱小的蜀国更加衰弱，这是导致蜀汉灭亡的原因之一，也是毛泽东评论蜀汉之亡的出发点。

蜀汉连年用兵，大多是主动出击，这与《隆中对》的既定决策是有密切关系的。终因“三分兵力”，而使国力大为消耗，结果关羽失掉了荆州，刘备尽起倾国之兵伐吴，又大败而归，蜀汉的鼎盛期就过去了。余下来，尽管诸葛亮六出祁山，都是劳而无功，只不过勉强维持罢了。应该说毛泽东的这个评语是很有史家见地的。

62.官渡之战要好好借鉴

【原文】 主观指导的正确与否，影响到优势、劣势和主动、被动的变化，观于强大之军打败仗，弱小之军打胜仗的历史事实而益信。中外历史上这类事情是多得很的。中国如……袁曹官渡之战、吴魏赤壁之战……都是以少击众，以劣势对优势而获胜。都是先以自己局部的优势和主动，向着敌人局部的劣势和被动，一战而胜，再及其余，各个击破，全局因而转成了优势，转成了主动。

——摘自《论持久战》,见《毛泽东选集》第2卷，第491页。

【品读解析】 官渡之战中，袁绍虽拥兵十万，但他优柔寡断，骄傲轻敌，不听取部下的正确意见，导致内部分裂，终失战机和优势，惨遭失败：而曹操审时度势，善听取部下的高见，勇于抓取战机，终于以少胜多，以弱胜强，变劣势为优势，化被动为主动，取得大胜，为统一北方奠定了基础。因之，毛泽东称官渡之战是“中国战争史中弱军战胜强军的有名的战例”。

63.赤壁之战也是好样的

【原文】 主观指导的正确与否，影响到优势、劣势和主动、被动的变化，观于强大之军打败仗，弱小之军打胜仗的历史事实而益信。中外历史上这类事情是多得很的。中国如……吴魏赤壁之战……都是以少击众，以劣势对优势而获胜。都是先以自己局部的优势和主动，向着敌人局部的劣势和被动，一战而胜，再及其余，各个击破，全局因而转成了优势，转成了主动。

——摘自《论持久战》,见《毛泽东选集》第2卷，第491页。

【品读解析】 在赤壁之战前，曹操以优势力量，收降了刘琮，占领了荆州，乘胜东下，企图一举吞灭东吴，来势很猛。但是以鲁肃、周瑜、诸葛亮等为首的主战派，不为曹军的强大所吓倒，能够正确分析形势，促使孙权果断地采取联刘抗曹的方针，使孙刘都能脱出势孤力单的不利处境。战争过程中，周瑜等人又能对强大的曹军，作出正确的分析，找出其弱点和不利的因素，以己之长，击敌之短，火攻破曹，并乘胜追击，从而赢得了战争的胜利。

64.彝陵之战打运动战就对了

【原文】 土石为之，亦不能久，粮不足也。宜出澧水流域，直出湘水以西，困粮于敌，打运动战，使敌分散，应接不暇，可以各个击破。

——摘自《毛泽东读文史古籍批语集》，第106页。

【品读解析】 彝陵在今湖北省宜昌市境内。222年，刘备率蜀国大军西进攻吴，连战皆捷。进到彝陵，已入吴境五六百里，砍伐山木，连营扎寨，打的是阵地战。吴国都督陆逊则坚守不战，相持七八月。直待刘备“兵疲意沮，计不复生”，利用顺风放火，攻破四十多个营寨，迫使刘备退到白帝城。卢弼在《三国志集解·陆逊传》里，引用了清代学者钱振锽的评论，说陆逊破刘备的办法，不过是用火攻，如果刘备不用山木扎营，以土石垒营，陆逊又有什么办法破蜀军呢？毛泽东的批语，就是针对钱振锽的评论的。

在毛泽东看来，土石垒营，虽不怕火攻，但由于粮草供应不便，也不可能保障刘备持久进攻。刘备欲胜吴军的办法，是“打运动战”，从吴军防守较弱的彝陵南边的澧水流域进攻，使吴军分兵，然后各个击破。应该说这个分析是很有见地的。当初，吕蒙偷袭荆州成功，杀关羽，尽占荆州之地，刘备集团的势力被迫收缩到三峡以西。这是对刘蜀政权的空前沉重的打击。刘备震怒之余，决定起倾国之师，为关羽报仇，进而夺回荆州。单从军事上而论，刘蜀在荆州已无立足之点，在远离根据地的孙吴控制区作战，补给线过长，势必有缺粮之虞，在军事上陷于被动。俗语说：“兵马未动，粮草先行。”军事活动的根本保证是以物资为基础的，而军队的物资供应又最忌远途运输，这在交通不便、运输条件落后的古代战场尤为如此。熟读古代兵书、身为军事家的毛泽东深知这一点。当时刘备是在远离根据地的吴境作战，“远来攻战，自春历夏”，“待过夏到秋，并力进兵”。出于远离后方作战，且旷日持久，军队的物资供应必成问题，这是蜀汉军队最致命的弱点。而身为军事家的毛泽东正是看准了这一点，其“土石为之，亦不能久，粮不足也”的评语，可谓抓住了要害。毛泽东并为刘备出谋划策，提出“困粮于敌”，再配合打运动战，使敌人分散，然后各个击破。很显然，毛泽东是把“粮不足”看成了刘蜀灭亡的最主要原因。

当刘备尽驱水军，顺流而下，沿江屯扎水寨，深入吴境时，黄权曾提醒道：“水军沿江而下，进则易，退则难。臣愿为前驱。陛下宜在后阵，庶万无一失。”但刘备不听劝阻。遂分兵两路：命黄权督江北之兵，以防魏国，刘备自督江南诸军，夹江分立营寨，以图进取。魏国细作探知此情，连夜报知魏主，言“蜀兵伐吴，树栅连营，纵横七百余里，分四十余屯，皆傍山林下寨；今黄权督兵在江北岸，每日出哨百余里，不知何意？”曹丕闻之，仰面笑曰：“刘备将败矣！”众问其故。曹丕说：“刘玄德不晓兵法：岂有连营七百里，而可以拒敌者乎？包原隰险阻屯兵者，此兵法之大忌也。玄德必败于东吴陆逊之手。”刘备打的是阵地战，且把大军铺开驻扎在地形过于复杂的大片地方，是完全违反军事学的错误措施。毛泽东“宜出澧水流域，直出湘水以西，困粮于敌，打运动战，使敌分散，应接不暇，可以各个击破”的评语，正是针对刘备这一错误部署而说的。

《陆逊传》还记叙，刘备在彝陵战败，退往白帝城后，吴国将领“徐盛、潘璋、宋谦等，各竞表言：‘备必可擒，乞复攻之。’权以问逊，逊与朱然、骆统以为曹丕大合士众，外托助国讨备，内实有奸心，谨决计辄还。”接着，卢弼引何焯的评论说：“大胜之后，将骄卒惰，溯流仰攻，转馈又难，一有失利，前功尽弃。昭烈老于兵，得蜀已固，非若曹仁之在南郡，可惧而走也。连兵于西，主客异势，决还者中人所能知也，盛、璋、谦如豕突耳。”意思是，大胜后将骄，不顾主客观条件，试图连兵向西再攻刘备，很可能前功尽弃。读至此，毛泽东批道：“何评有理。”

65.要好好向吕蒙学习

【原文】 吕蒙是行伍出身的，没有文化，很感不便。后来孙权劝他念书，他接受劝告，勤学苦读，以后当了东吴的统帅。我们现在的高级军官中，百分之八九十都是行伍出身，参加革命后才学文化的，他们不可不读《三国志》的《吕蒙传》。

——摘自余湛邦《张治中将军随同毛主席巡视大江南北的日子》。

【品读解析】 1949 年 10 月 1 日，当毛泽东在天安门城楼上庄严宣告中华人民共和国成立时，这就意味着我们的“小米加步枪”战胜了美蒋的“飞机大炮”，已经取得了革命的胜利。党的工作重心已经从农村转移到城市，任务是如何建设新中国。当时摆在我们党面前的是一堆烂摊子，是千疮百孔的、每况愈下的旧中国的经济。在这种情况下，资产阶级公然叫嚣：共产党搞革命可以打满分，搞建设永远不及格。

我们知道，历史上每个王朝的初建时期，往往都要实行休养生息，即搞经济建设，实际上是要完成一个从“武”而“文”的转变。一般说来，这个转变有阻滞、有反复，而且是相当艰难的。据《史记·郦生陆贾列传》：陆贾常常在汉高祖刘邦面前谈论《诗》、《书》，高祖很是生气，对他说：“老子靠武力取得天下，读什么《诗》、《书》?”陆贾说：“用武力取得天下，难道也用武力治理天下吗？商汤王、周武王都是用武力取得天下，而后用文政治理天下，文武并用，才是长治久安的策略啊！”陆贾这些话说明了夺取天下与治理天下应当有“逆取”“顺守”的区别，目的是实现由“武”而“文”的转换。东汉光武帝刘秀初定天下时，那些出身行伍的重臣都跃跃欲试，争先恐后，企图效法汉武帝时名将卫青、霍去病，也想在北伐匈奴的战争中建功立业，然而，“帝方厌兵，闲修文政，未之许也”。刘秀希望以“文政”维护天下的安定，因其“少时往长安受《尚书》，通大意”，有儒学修养，故深知文治武功并用的意义，所以压抑了朝中好战的倾向。

新中国成立之初，当时的领导干部大多行伍出身，在革命战争时期能够冲锋陷阵，其大无畏的精神体现了一个领导干部应具备的优秀品质。革命胜利后，其思想一时转变不过来，仍是片面倚重“枪杆子”，深信“战争解决一切”。长期的农村环境，使得我们的官兵沾染了不少小农习气，一些基层干部，甚至一些相当级别的干部，不但不懂得经济，而且经常做出破坏经济发展的事情。毛泽东早已敏锐地发现了这个问题，觉得我们的干部的文化素质有待提高。他认为：在新的历史条件下，我们的政策应该有相应的转变。对于“干部的准备”，除“依靠老的解放区”以外，“必须同时注意从国民党统治的大城市中去吸收”。毛泽东指出：“国民党区大城市中有许多工人和知识分子能够参加我们的工作，他们的文化水准较之老解放区的工农分子的文化水准一般要高些。国民党经济、财政、文化、教育机构中的工作人员，除去反动分子外，我们应当大批地利用。”为了掌握城市的经济，“发展工业、商业和金融业”，“利用一切可用的社会现成人才，说服党员同他们合作，向他们学习技术和管理的方法，非常必要”。

1958 年，毛泽东视察安徽，同行的有民主人士张治中和当时任公安部部长的罗瑞卿。在火车上，毛泽东谈到《三国志》里的《吕蒙传》。吕蒙是孙权鼎足江东过程中一个很重要的人物。他本来没有什么文化，后来接受孙权的劝告，努力学习，最终智勇双全，为孙权出谋划策。他的主要贡献就是策划和主持了袭取荆州的战役，使孙权的势力从局促的江南向长江上游伸展，获得了一片宝贵的战略缓冲地带，同时也解除了来自荆州上游的威胁，为孙权政权的稳定奠定了基础。可以说，正是由于孙权掌握了荆州使刘备继续扩张的趋势骤然停顿，孙、刘的长期稳定的联盟才成为可能，三国鼎立的局面才基本确定，吕蒙对孙权的最大贡献就在于此，所以孙权对吕蒙的早逝十分惋惜并深感沉痛。在闲谈中，毛泽东说起吕蒙发奋读书的故事：吕蒙从小参军，虽然骁勇有胆略，但没有文化，当了带兵官以后禀报军情只能心记口述，很感苦恼。孙权劝他读书，对他说：你现在兵权在握，应当努力学习文化，以开阔眼界才行啊！他说：如今我军务缠身，恐怕没有时间学习。孙权正色道：我并不要求你成为博士，只要你熟读《孙子》、《六韬》、《左传》、《国语》及三史。孔子说得好："终日不食，终夜不寝以思，无益，不如学也。"前朝光武帝刘秀"当兵马之务，手不释卷"。就连我们的对手曹操"亦自谓老而好学"。你为什么不勉励自己努力学习呢？于是吕蒙接受了孙权的劝告，在戎马倥偬之中笃志不倦，攻读不辍。数年后，他胆识俱增，更加忠勇多谋。鲁肃接任东吴统帅后，曾对一介武夫的吕蒙并不重视。及至在如何对待蜀国大将关云长的问题上，吕蒙向鲁肃献了"三策"，使鲁肃刮目相看，笑着说：我以为你只会打仗，想不到你学识英博，如今已不再是"吴下阿蒙"了。孙权更是满口称赞：没有人能像我们的吕蒙那样，年长后还能下决心刻苦学习。吕蒙凭借自己的才识，最终成为孙权的得力干将，并使蜀汉名将关羽败走麦城。谈到这里，毛泽东说："吕蒙是行伍出身，没有文化，很感不便。后来孙权劝他读书，他接受了劝告，勤学苦读，以后当了东吴的统帅。现在我们的高级军官中，百分之八九十都是行伍出身，参加革命后才学文化的，他们不可不读《三国志》的《吕蒙传》。"他还对罗瑞卿说："公安干警应成为有文有武的人，才能适应社会主义建设的需要。"罗瑞卿回京后，挤出时间熟读了《吕蒙传》，又请人将它译成白话文，印发公安部门各级干部学习，用以激发大家学习文化的热情。这对公安系统干部队伍的建设起了一定的作用。

列宁说过："在一个文盲充斥的国家内是不能建成共产主义社会的。"早在 1944 年抗日战争时期，毛泽东也提出"没有文化的军队是愚蠢的军队，而愚蠢的军队是不能战胜敌人的"。1950 年 8 月 1 日，毛泽东在他起草的《军委关于在军队中实施文化教育的指示》中写道："国家的伟大的经济建设工作和文化建设工作，已经开始。"我全体人民解放军"今后必须为完成新的任务而奋斗。鉴于人民解放军的指挥员战斗员一般的文化水平太低的情况，为了要完成伟大的新任务，就必须提高全体指挥员战斗员的文化科学与技术水平，并从军队中培养大批工农出身的知识分子。因此，中央决定，全军除执行规定的作战任务和生产任务外，必须在今后一个相当时期内着重学习文化，以提高文化为首要任务，使军队形成一个巨大的学校，组织广大指挥员和战斗员，尤其是文化水平低的干部，参加学习文化”。这些思想，充分体现了在由“武”而“文”的历史转变时期，毛泽东对于改进自己队伍的文化成分的热切期望。

毛泽东作为一位卓越的政治家、思想家、军事家，其眼光深邃高远，绝非一般的领导所能比拟，这与他饱读史书有直接关系。而且，毛泽东读史书有吸收有鉴别，他的很多思想即来源于此。比如他晚年“通过天下大乱而达到天下大治”的思想及由此而导致的“文化大革命”，这是他的理想，虽然最终结果不尽如人意，但是我们应该理解他的用意，他的苦心。

毛泽东在50年代，在探索社会主义建设规律的时期，联系军队干部的实际情况，号召我军百分之八九十行伍出身的高级干部，读《三国志》，学吕蒙，这对改善我军文化结构，提高干部的军事素质及自身的文化素养，不能不说是高瞻远瞩之举。

第五章

毛泽东品读《晋纪》

两晋十六国是中国历史上的混乱时期，在文化上却有它的贡献。毛泽东认真研究了《资治通鉴》中的重要篇目《晋纪》，在他读过的《晋纪》上，有三册的封面上写着“一九七五、八”，有五册的封面上分别写着：“一九七五，八月再阅”，“一九七五，九月再阅”。毛泽东研究晋史，很注重对两晋时代特点的把握，将士大夫的操行和所谓“五胡乱华”问题重点加以研究。他对郭象、谢安、桓温等都做了点评，在读《江统传》时，对封建时代的民族问题表示出了自己的关心……

66.谢安文武双全

【原文】 谢安文韬武略，又机智又沉着，淝水之战立了大功，拖住桓温也立了大功，两次大功是对维护统一的贡献。

——摘自《光明日报》1993 年 12 月 20 日。

【品读解析】 毛泽东对谢安赞赏有加。他在《谢安传》上一处批了“有办法”，一处写了“谢安好”。

毛泽东高度评价谢安的原因有两个，即谢安为维护东晋的统一局面立了两次大功。一次是他指挥了淝水之战，以少胜多，打了个漂亮仗。这场战争后，东晋收复了徐、兖、青、司、豫、梁六州，稳定了东晋在南方的统治。

另一次是他拖住了搞分裂的野心家桓温，使其分裂的阴谋没有得逞。谢安对桓温觊觎皇位的企图早已洞悉，他表面上与桓温虚与委蛇，暗中则设法阻止桓温的篡位活动。简文帝刚刚死去，谢安等人乘桓温不在都城建康（今南京）之机，拥立司马曜为帝。桓温得知简文帝去世，以为能禅位于己，结果愿望落空，于是从姑苏率兵赶赴都城，打算诛杀谢安，然后抢夺皇位。谢安神情自若地见桓温，要他还兵军镇。桓温回到姑苏，继续遥控朝政。不久，桓温身患重病，多次派人催促朝廷赐其“九锡”（古代帝王赐给有大功或权势极大的大臣九种象征特殊礼遇的物品。历代受此者多为新王朝的开创人，所以受“九锡”实际上成为禅位的象征）。执政的谢安采取拖延的办法，直到桓温含恨而死，“九锡”之文也没有下达，使桓温的野心未能得逞。

67.桓温是个野心家

【原文】 桓温是个搞分裂的野心家，他想当皇帝。他带兵北伐，不过是作样子，搞资本，到了长安，不肯进去。苻秦的王猛很厉害，一眼就看透了他的意图。

——摘自《光明日报》1993 年 12 月 20 日。

【品读解析】 桓温在东晋一朝历事七帝，一直活跃在政治舞台上，他的北伐是他一生中的重要活动，但他的动机却不是为国为民，毛泽东认为他不过是做样子，搞资本，最终目的是当皇帝，这是有道理的。

更主要的是，毛泽东认为桓温是个搞分裂的野心家，这是毛泽东最为憎恨的，坚持统一还是搞分裂，是毛泽东看待历史人物的一个重要尺度。

68.王猛有双火眼金睛

【原文】 桓温是个搞分裂的野心家，他想当皇帝。他带兵北伐，不过是作样子，搞资本，到了长安，不肯进去。苻秦的王猛很厉害，一眼就看透了他的意图。

——摘自《光明日报》1993 年 12 月 20 日。

【品读解析】 王猛是中国历史上一位有名的政治家。354年，桓温率兵进攻前秦，大败秦军于蓝田，晋军前锋抵驻灞水，王猛拜见桓温。桓温问道："我奉天子（指东晋的皇帝）之命，率领十万精锐部队，为百姓扫除残余的盗贼（指前秦）。可是，这里的英雄豪杰没有前来，这是什么原因？"王猛回答说："你不远千里而来，率领大军深入敌国境内，长安近在咫尺而不肯渡过灞水，百姓不知道你到底有什么打算，所以没有人投效军前。"

王猛见桓温在伐秦取得重大胜利的形势下，驻军灞上，而不乘胜进攻长安，表明他率兵北伐，是借机获取功名，树立威望，以便执掌东晋朝政，而非真心吊民伐罪，恢复故土。因此，桓温退兵时，赐给王猛车马，任命其为高官督护，邀请他随大军一起到东晋，王猛坚决辞让。他从桓温伐秦取得军事胜利的大好局面下，不能乘胜灭掉前秦，坐失良机，最后无功而返的行动中，认识到桓温胸无大志，难以有作为，所以拒绝与他合作，不到东晋做官。这充分表明他具有敏锐的政治眼光，能够洞悉时势，正确地判断人和事。毛泽东欣赏的就是王猛的这种敏锐、这种明智。

69.郭象不怎么样

【原文】 郭象无行。

——摘自毛泽东读《晋书》卷五十《郭象传》的批语，见《毛泽东读文史古籍批语集》，第16页。

【品读解析】 《晋书·郭象传》称郭象"为人行薄"，而毛泽东对学术上的剽窃行为一向深恶痛绝，因而便批注道："郭象无行。"当然，毛泽东说

“郭象无行”，还有一重意思，即对郭象早年自命清高，而“任职当权”后却极端势利的行径予以揭露和批评。

70.王羲之的书法让人赏心悦目

【原文】王羲之的书法，我就喜欢他的行笔流畅，看了使人舒服。我对草书开始感兴趣就是看了此人的帖产生的。他的草书有“十七帖”。记住了王羲之的行笔，你再看郑板桥的帖，就又感到苍劲有力。

——摘自徐涛《毛泽东的保健养生之道》，见《缅怀毛泽东》（下册），中央文献出版社 1993 年版，第 620 页。

【品读解析】毛泽东对前人的书法艺术，没有太多的评论。今所见者，唯有他的保健医生徐涛在一篇回忆录中记载了他的一些评点式谈话。如说王羲之的字“行笔流畅”，郑板桥的字“苍劲有力”。这是在闲谈时说的，当然没有全面论述。其实，类似的话，前人早就有过，如称赞王羲之“字势雄强，如龙跃天门，虎卧凤阁”，“飘若浮云，矫若惊龙”等等。王羲之精于隶、草、正、行，尤长于正书和行书。他学过三国时魏人钟繇的正书，却又摆脱了钟繇正书中多少还保留的隶书遗迹，在汉魏书法质朴的基础上，创造出了一种完全独立的、妍美流便的新体。他学过被称为“草圣”的汉人张芝的草书，却又有突破。唐太宗曾感叹地说：“详察古今，研精篆素，尽善尽美者，惟王逸少乎！观其点曳之工，裁成之妙，烟霏露结，状若断而相连，凤翥龙蟠，势如邪而反正，玩之不觉为倦，览之莫识其端，心摹手追而已。其余区区之类，何足论哉！”对王羲之的字，毛泽东说：“看了使人舒服。”李世民说：“玩之不觉为倦。”这也是各人心有灵犀。

永和八年（352），东晋用殷浩为中军将军假节都督扬、豫、徐、兖、青五州诸军事，进军北伐。殷浩率军从寿春进发，但因安西将军谢尚不能抚驭降将张遇，使其叛降，与谢尚战于许昌的诚桥，谢尚大败，其部下战死一万五千人。谢尚奔回淮南，殷浩退屯寿春。退兵之后，殷浩准备再次举兵。王羲之作书劝殷浩说："今军破于外，资竭于内"，"劳役无时，征求日重，以区区吴越，经纬天下十分之九，不亡何待！"所以王羲之主张"还保长江"。这一主张虽然缺乏收复中原、统一国土的志向，但也是迫于当时的形势所提出来的。当时桓温占据荆江等八州，所有人力物力，皆归他所有，朝廷无法调用，加上他和殷浩矛盾很深，所以当时北伐成功的可能性很小。但殷浩不听王羲之劝告，于永和九年（353）又率众七万，自寿春北伐，欲进驻洛阳，修复园陵，但羌族将领姚襄叛变，袭击殷浩于山桑（安徽蒙城北），杀伤万余人，殷浩败逃至谯城。

殷浩北伐失败后，仍不甘心。希望重整旗鼓，再次举兵。这时，王羲之一面修书给殷浩劝阻，一面又与会稽王司马昱向穆帝陈述不可北伐之理由。毛泽东针对王羲之向穆帝的陈词"自非圣人，外宁必有内忧。今外不宁，内忧以深"之语批注道："虽圣人亦如此，况无圣人耶！"意思是说：即使是圣人，也照样免不了外患内忧之事，况且根本就不存在圣人。在毛泽东看来，矛盾无处不在、无时不有，再伟大的人物来治理国家，也避免不了有外患内忧之事。

71.淝水之战以少胜多

【原文】 主观指导的正确与否，影响到优势、劣势和主动、被动的变化，观于强大之军打败仗，弱小之军打胜仗的历史事实而益信。中外历史上这类事情是多得很的。中国如……秦晋淝水之战等等……都是以少击众，以劣势对优势而获胜。

——摘自《论持久战》，见《毛泽东选集》第2卷，第491页。

【品读解析】 秦晋淝水之战中，秦军以百万对晋军八万，兵力众寡悬殊。但是晋军能够抓住秦军各路兵马未齐的时机，转守为攻，发起反击，从而取得了战争的主动权。洛涧一战，以五千精兵出敌不意夜袭梁成中军大营，大挫了秦军锐气，鼓舞了晋军的斗志。淝水决战的时候，晋军兵力仍居劣势，但晋将谢石乘洛涧胜利的余威，紧紧抓住苻坚举措失当和秦军内部不稳，阵势混乱的时机，以自己局部的优势和主动，向着敌人局部的劣势和被动，猛烈反攻，从而彻底击破了秦军的主力，取得了战争的全胜。秦军兵力上虽占绝对优势，但是内部矛盾重重。加之苻坚骄傲轻敌，在各路兵马未齐，主力中路军也处于分散项城、寿阳等地的情况下，为晋军胡彬部的局部困难所迷惑，便贸然发动进攻，结果洛涧受挫，先失一着，造成被动，以后又惊慌失措，把八公山上的草木都当成晋军，过高地估计了晋军力量，产生了畏敌情绪。当晋军要求渡过淝水决战时，苻坚又希图半渡而击，侥幸取胜，既不作通盘的考虑和打算，又没有周密调整部署的措施，以致造成阵势大乱，给晋军的胜利进攻造成了有利条件，使整个战争遭到彻底的失败。

72.《文赋》有内涵，就是太冗长了点

【原文】 陆机、陆云都是晋代的文学家。陆机的《文赋》是很有名的，具有朴素的唯物观点，可惜太冗长了些。

——摘自《缅怀毛泽东》，第473页。

【原文】 中国文学批评的历史是从魏文帝开始的吧？有《典论·论文》。以后有《文心雕龙》。《昭明文选》里也有批评，昭明太子那篇序言里就讲，“事出于沉思”，这是思想性；“义归乎翰藻”，这是艺术性。单是理论，他

不要。要有思想性，也要有艺术性。

——摘自毛泽东 1957 年 3 月 8 日同文艺界人士的谈话，见陈晋主编《毛泽东读书笔记解析》，广东人民出版社 1996 年 7 月第 1 版，第 1221 页。

【品读解析】 毛泽东的读书范围是非常广博的，不仅读了大量的历史、哲学、文学著作，而且对中国古代文学理论也深有研究。陆机的《文赋》就是他仔细读过的一篇古代文论。

1958 年 9 月，张治中将军陪同毛泽东到南方视察。当他们到安徽时，一天，毛泽东对张治中谈起了陆机、陆云兄弟。他说："陆机、陆云，都是晋代的文学家。陆机的《文赋》是很有名的，具有朴素的唯物观点，可惜太冗长了些。"

1959 年，毛泽东又提到了《文赋》并作了批示。事情是这样的：《光明日报》"文学遗产"专栏第 278 期有一篇题为《关于〈文赋〉一些问题的商榷》的文章。该文认为"《文赋》讲的主要是结构修辞的作文方法，甚至于是汉赋的铺张方法"。阅此，陆机"是六朝形式主义文学的开先人"。晏震亚则持反对意见，他在《光明日报》"文学遗产"专栏第 293 期（1959 年 12 月 27 日）发表《如何评价〈文赋〉》一文，对陆机《文赋》的价值和在文学批评史上的进步意义，作了较充分的肯定。晏文认为，《文赋》所涉及的内容范围，尤其包括了"文学与现实的关系；文学的社会作用问题；作家的个性与作品的风格问题；继承与革新的问题；等等"。毛泽东读后，将此文批示给一些同志阅读，并说这是"一篇好文章"。

很明显，晏文的结论与毛泽东对《文赋》的看法是相吻合的。那么，《文赋》在哪些地方"具有朴素的唯物观点"呢？

陆机认为，任何一个作家创作冲动的发生，归之于两个方面：一是作者情感因自然景物和四时变迁而受到触发，二是在阅读前人和当时作品时产生感慨。《文赋》开头一段说：

伫中区以玄览，颐情志于典坟。遵四时以叹逝，瞻万物而思纷。悲落叶于劲秋，喜柔条于芳春。心懔懔以怀霜，志眇眇而临云。咏世德之骏烈，诵先人之清芬。游文章之林府，嘉丽藻之彬彬。慨投篇而援笔，聊宣之乎斯文。

这就明确把玄览感物，作为文学创作的重要触发点。但尤需我们注意的是，陆机对“物”这个概念的认识是深邃的、全面的。

在陆机的观念中，“物”分为两种：一是形外之物，即客观的自然景物，这是作家认识和反映的对象。另一种是形内之物，这个“物”象可以持续存在作家的意识中，是客观物的主观反映，它渗透了作家思想感情。因为作家毕竟生活于社会之中，其胸中的种种郁结归根结底来源于社会，来源于个人的遭际。陆机之意，显然是说自然景物、四时变化是一种诱因，经常能触发作家胸中块垒而已。《文赋》的这个观点，反映了创作的实际。正是在这个意义上，毛泽东认为它具有朴素唯物主义观点。

《文赋》对作家构思时思维活动的特点作了详细论述。他使用了“意”这个概念。“意”相当于现代文学理论的“艺术构思”，其基本特征是能动地反映外在物，又能通过“文”的手段而被表现出来，供读者观照。“精骛八极，心游万仞”，“观古今于须臾，抚四海于一瞬”，就是说构思及思维活动（意）极其活跃，驰骋于极为宽广的空间与时间之内，唯其如此，写成的作品方能“笼天地于形内，挫万物于笔端”，表现丰富而广阔的社会内容。

除此外，陆机对文章体貌、风格的多样性也有充分认识。他认为，作者所欲表现的事物（客观事物）是纷纭复杂、丰富多彩的，故文章体貌也就千差万别。再就是由于作者个性、审美爱好不同，文体的不同，造成作品风貌各异。另外，他在论及文学的社会作用时，把它看得极为重要，其中包括“济文武于将坠，宣风声于不泯”那样的政治教化作用，还包括能使作者得到高度的愉悦，或宣泄巨大的悲痛，以达到心理上的平衡，获得某种解脱等作用。这几个方面，正是晏震亚文章论述的主要观点，毛泽东也表示了赞同。

在此之前，毛泽东于 1957 年 3 月 8 日同文艺界人士谈话时，对中国文学批评的历史有一番简要论述，虽然不如读《文赋》那样仔细，没有提出他具体的评价，但显然他也阅读过（见前面引文）。

在毛泽东的文艺理论著作中，他提出了文艺批评的两个基本标准，一个是政治标准，一个是艺术标准，二者是不可偏废的。他根据文艺史上出现过的无数事实，科学地概括出这样一条规律：“任何阶级社会中的任何阶级，总是以政治标准放在第一位，以艺术标准放在第二位的。”坚持政治标准第一，但这绝不意味着可以轻视艺术标准。因为“缺乏艺术性的艺术品，无论政治上怎样进步，也是没有力量的”。显然，在毛泽东看来，真正优秀的艺术作品应当是“政治和艺术的统一，内容和形式的统一，革命的政治内容和尽可能完美的艺术形式的统一”。这就不仅对文艺创作提出了要求，而且为文艺批评指出了着眼点和归宿。文艺批评只有既注意政治标准又注意艺术标准，并把两个标准结合起来，从政治和艺术的统一观点去评价作品，才能得出科学的符合实际情况的结论。

73.谢灵运活得很纠结

【原文】 通篇矛盾。“进德智所拙，退耕力不任”，见矛盾所在。此人一辈子矛盾着。想做大官而不能，“进德智所拙”也。做林下封君，又不愿意。一辈子生活在这个矛盾之中。晚节造反，矛盾达于极点。“韩亡子房奋，秦帝鲁连耻。本自江海人，忠义感君子。”是造反的檄文。

——摘自《毛泽东读文史古籍批语集》，第1~2页。

【品读解析】 毛泽东喜读谢灵运的诗，也很关心谢灵运的个人命运。他曾仔细阅读并圈点《南史·谢灵运列传》中有关谢灵运及其家族的记载。毛泽东故居书房里，有一本《古诗源》，此书由清朝沈德潜编选。选收自上古至隋代的古诗和歌谣，并有评释。编者认为诗至唐代为极盛，唐以前诗是唐以来诗歌之源，故名《古诗源》。《古诗源》收谢灵运诗24首，毛泽东作了圈画的就有22首。对谢灵运那些刻画自然风物的清丽诗句，如《邻里相送至方山》十的“解缆及流潮，怀旧不能发。析析就衰林，皎皎明秋月”，《过始宁墅》中的“剖竹守沧海，枉帆过旧山。山行穷登顿，水涉尽洄沿。

岩峭岭稠叠，洲萦渚连绵”等等，毛泽东都在句旁画着直线、曲线或曲线加直线，在句下还连画两三个圈。编者注释中，评论谢灵运诗歌“一归自然”，“匠心独运”、“在新在俊”，以及“别绪低徊”、“触景自得”等处，毛泽东都画着曲线和圈。另外，毛泽东在《昭明文选》、《汉魏六朝三百名家集》中，对收入的谢灵运的诗也作过不少的圈画。

《登池上楼》一诗是谢灵运由京城建康外放任永嘉太守时所作。诗中描写作者贬官永嘉、久病初起登楼所见所感，抒写了仕途不得志的感伤情怀。全诗层次之间联系紧密，由托物兴词、感怀喻志。借景遣怀到决意隐居，转换自然，浑然一体，并且沟通、融化了玄言和山水，寓理于情，寄情于景，“于汉、魏外别辟蹊径，舒情缀景，畅达理旨，三者兼长”（黄子云《野鸿诗的》），尤其是对春色的描写，画面鲜丽清新，再加上有“池塘”一联为全诗增色，因而更加引人入胜。在一本1957年出版的《古诗源》中，毛泽东对谢灵运的这首诗，几乎逐句句末都画着圈或双圈，句旁画满着重线和曲线。在“进德智所拙，退耕力不任”句末连画两个圈后，在天头、行间写了上面引的批注，不光对谢灵运的这首诗，而且对他的品德和政治态度做了精辟的评点。毛泽东通过“进德智所拙，退耕力不任”这两句诗，结合诗人的身世经历，深刻地剖析了他的政治态度和思想实质，指出他的矛盾是“想做大官而不能”，“做林下封君，又不愿意”。而且这一矛盾支配了诗人的一生，最后导致诗人的自我毁灭。毛泽东在批注中称之为造反的檄文的“韩亡子房奋，秦帝鲁连耻。本自江海人，忠义感君子”一诗，是谢灵运兴兵叛逆时写的一首诗。他以张良和鲁仲连自喻，其实质，还是毛泽东批注中说的“想做大官而不能”，“做林下封君，又不愿意”的“矛盾达于极点”的集中表现。

跟毛泽东读资治通鉴

第六章

毛泽东品读《宋纪》

南朝宋（420–479 年），中国南北朝时期南朝的第一个朝代，也是南朝版图最大的朝代，当时所谓“七分天下，而有其四”。刘裕与刘毅等起兵勤王，并最终消灭了桓玄的力量。此后，刘裕率军南征北伐，其势力不断得到稳固壮大，并先后攻灭刘毅、司马休之等实力派，最终迫使晋恭帝将帝位禅让给他，南朝宋建立。南朝宋建立后，北方诸国虎视眈眈，战事不断。424 年，宋文帝刘义隆即位，他在位三十年，励精图治，国家生产经济终于有所恢复，遂有元嘉之治。但 453 年，其长子刘劭为了篡夺皇位，骇人听闻地杀害了自己父亲，之后王室诸子争位，混战不止，帝王荒淫残暴，朝政日益腐败，国家实力从此一蹶不振。479 年，宋顺帝刘准把帝位禅让给了萧道成，南朝宋终被南齐所取代。

74.刘裕不在乎部将贪财

【原文】　使贪。

——摘自《毛泽东读文史古籍批语集》，第 186 页。

【品读解析】　东晋义熙十二年（416），刘裕统率大军北伐中原、西向关中。诸路大军中，以王镇恶、檀道济二将所部担任主攻任务。王镇恶领兵破关中，占长安，立下了汗马功劳，以致刘裕进入长安后对王镇恶激动地说：“成吾霸业者卿也。”

王镇恶为刘裕创业建立了殊勋，但此人爱财性贪，让士兵抄掠抢劫，据为己有，已成习惯。这在他的传记（《宋书》卷四十五、《南史》卷十六均有其传）里，有突出的反映。他占领长安后，大肆收敛珍宝，不可胜计。刘裕知道后，“以其功大不问”。毛泽东读到《南史》本传的这段记载旁批曰：使贪。

就是说，刘裕实际上助长了王镇恶贪婪的恶习和抢劫的劣迹。手下爱将只要没有野心，不贪权柄，那么历代志在改朝换代的枭雄人物都不在意部将贪财聚敛的行为，甚至还鼓励他们这样做。刘裕也是如此。比如本传接着记了王镇恶私藏后秦主姚泓所用的“伪辇”（辇，音 niǎn，特指帝王、皇后坐的车），有人向刘裕汇报说王镇恶“有异志”，就引起了刘裕的警觉，派人一调查，原来王镇恶只是将装饰车辇的金银剔取下来，而把这件权力象征物弃置墙角，刘裕知道是这么一回事，心里才踏实下来。

关于王镇恶其人，据本传介绍，他是辅佐前秦苻坚的王猛之孙。淝水之战后，逃至东晋荆州境内，后为刘裕起用，成为重要将领。义熙十四年（418），刘裕得知留守建康朝廷的心腹刘穆之突然死亡，害怕局势有变，赶紧离开长安东返。刘裕将镇守关中的重任交给了王镇恶。刘裕一走，留守关中的一班人暗中勾结，想把王镇恶除掉，就借口说王镇恶要造反，设计逮捕并杀害了这员虎将，致使关中大乱，得而复失。刘裕在返至彭城（今江苏徐州市）时，听到这一消息，虽知这是留守的一帮人“奄害忠勋”，可是事情已经发生了，而且他急着要回建康，也顾不得太多了。

王镇恶被害时，46 岁（373—418）。淝水之战那一年（383），他 11 岁。

75.檀道济以武功有威名

【原文】 此时檀道济尚未死。檀道济当时在江州刺史任上，坐镇寻阳（今江西九江市）。他是在元嘉十三年（436）被宋文帝猜疑受诛的。

——摘自《毛泽东读文史古籍批语集》，第 186 页。

【品读解析】 毛泽东在读《宋书》卷五十一的《宗室传·刘道怜传》时，看到其中引录了宋文帝刘义隆于元嘉九年（432）颁发的诏文，内容是：表彰刘宋王朝建立前后有大功的宗室亲王和文臣武将，包括已经去世的（刘道怜、刘道规、刘穆之、王镇恶）和尚在人世的（王弘、檀道济）共计 6 人；说明要在朝廷给他们竖碑勒功，并让他们享受配祭庙庭的破格礼遇。在世二人中，王弘是文臣，檀道济是武将。檀道济当时的头衔有一大串：“使持节、散骑常侍、都督江州、豫州西阳新蔡晋熙四郡军事、征南大将军、开府仪同三司、江州刺史、永修县开国侯。”毛泽东就在此处旁批：此时檀道济尚未死。檀道济当时在江州刺史任上，坐镇寻阳（今江西九江市）。他是在元嘉十三年（436）被宋文帝猜疑受诛的。

宋文帝为什么要杀害檀道济呢？原因是宋文帝长期害病，这一年病情加重，生命随时有危险，他害怕自己死后，檀道济功高位重，又手握兵权，朝廷无法控制檀道济，因此为社稷计，先要杀了檀道济，以除后患。

檀道济的生平事迹，在《宋书》卷四十三的本传里有详载。他是在宋武帝刘裕发迹之初，就追随刘裕南征北战的军人。作为故旧，檀道济是刘裕手下的一员爱将，打仗英勇顽强。东晋义熙十二、十三年两年（416、417），刘裕北伐，先遣攻坚中，派的就是檀道济；攻占洛阳，靠的是檀道济；进兵关中，争夺潼关，也有檀道济的一份功劳。刘裕此次北伐，是为最终代晋立宋铺平道路的，成败关系重大。檀道济是刘裕创业的功臣，宋初就是一位声名显赫的人物。刘裕死后，北魏用兵南下，夺得黄河以南大片土地，虎牢（今河南荥阳市西）、洛阳、许昌、汝阳相继失守，刘宋王朝的北部边境眼看就要退缩到淮河一线。宋文帝上台以后，一直筹划北伐，以恢复黄河以南的失地。元嘉七年（430），宋军主力北伐中原，结果大败而还，损失惨重。宋文帝只好诏令檀道济都督各路征讨军事，率领众军北上，收拾残局。八年（431）初，檀道济所部转战于今河南、山东二省境内，20多天里，与北魏守军、援军交战，“三十余战多捷”，宋军一直挺进至历城（今济南市）。由于军粮供给相当困难，无法继续坚守下去，宋军必须尽快后撤。魏军也获悉檀道济所部正在挨饿，准备在宋军后撤时围歼这股饥肠辘辘的部队。檀道济在险境中干了两件名扬后世的漂亮事。

一件叫“唱筹量沙”。是说宋军军粮告竭，“士卒忧惧，莫有斗志”，魏军获得情报后，调集兵力，决定围歼。面对险情，檀道济于夜晚将沙子堆起来，上面撒上剩余的粮食，量沙唱筹，迷惑了魏军，魏军误以为宋军“资粮有余”，原先得到的情报是假情报，采取了谨慎的行动，不敢贸然出击。

另一件是整装后撤。魏军四面云集，宋军兵少不说，又疲弱又恐惧，后撤时很容易暴露出自身的弱点，为魏军所乘，导致全军覆没的下场。檀道济当时下令军士全副武装，自己身着白色统帅服，坐着舆车，不慌不忙地撤离魏军的包围圈，魏军害怕有埋伏，眼睁睁看着宋军从自己眼皮底下溜走，而不敢逼近。

檀道济这次打了胜仗，又全军而返，一下子威名大振。刘宋朝廷表彰他，北魏方面的将士害怕他。刘宋的军事从此由檀道济主持，他仍旧坐镇江州。

宋文帝连年生病，久病不愈，害怕自己一旦离开人世，檀道济将无人能够驾驭，怀疑他会谋取社稷。朝中的一些大臣也在串通起来，向病中的宋文帝进言：应从江州召回檀道济，趁早除掉这位手握兵权的司空大员。于是，檀道济被急召回朝，并立即收杀。檀道济临死前义愤地留了一句话：“乃坏汝万里长城！”他死后，魏军高兴地说：“檀道济已死，吴子辈不足复惮！”从此以后，魏军频频南下侵扰，声言要“饮马长江”，气焰十分嚣张。

毛泽东读史中，对檀道济于元嘉九年尚在人世，而且功名显赫一事，似乎淡淡批了一语，没有更多的文字，但联系檀道济的军事才能及其功勋，说明这个历史人物留给毛泽东的印象很深，所以顺便予以点出。

76.刘义庆编撰了《世说新语》

【原文】《世说》作者是刘宋大贵族刘义庆，他是刘裕的中弟刘道怜的第二个儿子，过继到刘裕的小弟刘道规为嗣。刘道规有武功，死后追封临川王，刘义庆因此袭封为临川王。史称他“爱好文义”，有著述，招引一批文士，以为篆属，其中有鲍照那样有名的人。以上均见刘宋《宋书》宗室传（《刘道怜》、《刘道规》两传）。《世说》一书大概是鲍照等人帮他集录的。但《宋书》却未说到刘著《世说》。1962年重印《世说新语·序》载明“南朝宋刘义庆撰”，老本子《辞海》亦如此说。请查核。

——摘自《毛泽东读书笔记解析》(下册)，第1178页。

【品读解析】我们前面讲到，1965年，郭沫若与高二适之间，曾经就东晋大书法家王羲之的《兰亭序》书帖真伪问题，有过不同的意见。高二适的文章不赞同郭沫若的观点，经毛泽东过目并批示后，在《光明日报》上登载。随后，郭沫若又写了篇《〈驳议〉的商讨》，正式发表前，将清样先送给了毛泽东。毛泽东认真看过后，在郭沫若这篇文章中“《世说》作者临川王义庆”这一用语以及清样中另一处出现“王义庆”的失误处，批注了下面一段说明文字：

《世说》作者是刘宋大贵族刘义庆，他是刘裕的中弟刘道怜的第二个儿子，过继到刘裕的小弟刘道规为嗣。刘道规有武功，死后追封临川王。刘义庆因此袭封为临川王。史称他“爱好文义”，有著述，招引一批文士，以为篆属，其中有鲍照那样有名的人。以上均见刘宋《宋书》宗室传（《刘道怜》、《刘道规》两传）。《世说》一书大概是鲍照等人帮他集录的。但《宋书》却未说到刘著《世说》。1962年重印《世说新语·序》载明“南朝宋刘义庆撰”，老本子《辞海》亦如此说。请查核。

这段说明文字，是为着纠正清样中的失误，从中反映出毛泽东对介绍历史知识一丝不苟的精神。《世说》就是《世说新语》，两种书名都对。《世说新语》这部书，在中国文学史上，被称为逸事类小说的代表作，很有名气。它主要记载汉末以至魏晋时期上层社会士大夫的逸事言行，其中有一部分是传闻，当然不能当作信实的史料对待；但确有一部分反映了当时社会风貌和人事交往方面的内容，具有较高的史料价值，可以补充史传记载中的不足。郭沫若在后来写的文章中引用了《世说新语》中的资料，以为论据之一；但在提及这部书的作者时，却有不够清楚的地方，普通读者还可能误将刘义庆当成王义庆对待，因此毛泽东就作了如上的批注。

刘义庆（403—444）的传记，在《宋书》卷五十一的《宗室传》、《南史》卷十三的《宋宗室及诸王传（上）》两处，可以相参见。刘宋王朝的开国皇帝刘裕有弟兄三人，刘裕跟老二刘道怜、老三刘道规虽是同父异母的关系，彼此相处得却十分亲密，刘裕打天下，靠两位异母弟弟出力；刘宋王朝建立以后，很照顾宗室亲王。老三刘道规死于东晋义熙八年（412），身后无子，门户不立；刘宋王朝建立以后，将老二刘道怜的二儿子刘义庆过继到刘道规名下为子。因此，刘义庆其人，是刘宋开国皇帝刘裕的侄儿，本来是刘道怜的亲生儿子，后来又过继给刘道规，顶门立户。刘宋王朝建立以后，刘裕将早死的三弟刘道规追封为临川王。那么，“临川王”这一封爵，或者说头衔，理所当然地就由刘义庆继承下来，所以他成了宗室亲王，是大贵族。刘义庆于元嘉十六年（439）出任江州（治所在寻阳，即今江西九江市）刺史，由于他“爱好文义”，他身边就带了几位有才学的人士，其中就有鼎鼎有名的文学家鲍照。鲍照做刘义庆的府僚，从元嘉十六年到二十一年（439—444），有6年之久，是刘义庆府中最重要的文士，所以他的传记就附在《刘义庆传》之后，可见不同寻常，史传记载，刘义庆做了江州刺史以后直到他死这几年中，招集一班文士从事编纂，撰成的著作里就有《世说》一书。《世说》一书，在《宋书·刘义庆传》里没有反映，而在《南史·刘义庆传》里却提到了。毛泽东说，“《世说》一书大概是鲍照等人帮他集录的”，这是很有道理的。因为古代帝王凡有编纂，多半是由手下一班文士替他出力的，有的时候，帝王本人也可能参与其事，但不管怎样，最后署名只见帝王之名，却是惯例。史书记载和《世说新语》的作者署名，都只显示刘义庆一人是这部书的著作者，并没有明确记录说有他人之功。所以，毛泽东用了“大概”一词，很谨慎，也很实际。

另外，毛泽东批文中提到的1962年重印《世说新语》，是指根据日本收藏的南宋绍兴八年（1138）的刻印本，于1962年由中华书局再次影印（1955年曾由当时的文学古籍刊行社首次影印）的版本。这个版本是几种可以见到的《世说新语》善本中刊行最早的本子，当然也最具权威性。其他版本是由明、清人刻的，虽有善本，却比不上宋本的价值。由此也可看出，毛泽东对古籍版本的选择很内行，也很在意。他用宋本上的署名，以证明刘义庆是《世说新语》的作者，并用旧版《辞海》（1936年印出）中的有关条目，加以补充说明，一点儿不含糊。

77.殷景仁和宋文帝合谋害死了刘湛

【原文】 谁生厉阶，至今为梗。殷景仁与文帝密谋。

——摘自《毛泽东读文史古籍批语集》，第193~195页。

【品读解析】 殷景仁（390—440）在《宋书》卷六十三、《南史》卷二十七各有传。刘湛（392—440）在《宋书》卷六十九，《南史》卷三十五各有传。这两人在宋文帝在位的前期都是重臣，关系一开始很好，渐渐水火不容，恩怨甚深，其中有一段曲折。

毛泽东阅读《南史》卷三十五《刘湛传》时，曾就殷、刘二人间的纠纷矛盾，作了两处批示。

入宋以后，刘湛分别随几位宗室亲王外出就镇，担任府中长史，实际上代替亲王全权处理一州政治、经济、军事乃至民事方面的各种事务，权限挺大。元嘉六年（429），宋文帝的弟弟、时年17岁的刘义恭被派到上游重镇江陵（今湖北江陵市）做荆州刺史，朝廷派刘湛随往领长史，“行府州事”。到了元嘉八年（431），刘义恭觉得自己已经长大成人，该到亲揽政事的时候了，不能总让刘湛说了才算，刘湛每每干涉，不让刘义恭插手具体事务，两人之间因此有了裂痕，亦为朝廷所知。当时，宋文帝十分信任的殷景仁，原先跟刘湛的关系很好，就向宋文帝建议调回刘湛，以便他二人携手合作，共同处理朝廷日常事务。殷景仁一片好心，谁知刘湛只领一阵情，过后就疑心生暗鬼。几年后，到了元嘉十二年（435），二人虽都受到朝廷的重用，可刘湛心里有文章，他见宋文帝更倚重殷景仁，威望超过自己，一是不服气，二是怀疑殷景仁在宋文帝跟前说了他的坏话，于是“猜隙渐生”。毛泽东在此处旁批曰：谁生厉阶，至今为梗。

这句话出自《诗经·大雅·桑柔》，意思是说，是谁让祸端（“厉阶”指祸端）发生，以致演变成灾祸（“梗”指灾祸）。毛泽东引用古诗成句，感慨亲信大臣间反目为仇、两败俱伤的事例多不胜数。其实，平心而论，殷、刘之间的“猜隙”，刘湛是“生厉阶”的祸首。本传介绍，此人“负其才气”，自视甚高。他对殷景仁专内任，受文帝格外信任，比自己似乎要高出一头，心理上不平衡。这就导致他专往坏处去想，而且也不认为自己恩将仇报有什么不对。他甚至投靠当朝宰相刘义康（文帝之弟），以求借宰相之力，扳倒殷景仁，好独当时务。为此，他做了两件缺德的事：一是鼓动刘义康在宋文帝那里说殷景仁的坏话，二是派人伺机刺杀殷景仁。宋文帝有头脑，不相信那些谗言，知道刘湛要借他人之手谋害殷景仁，就采取相应措施保护殷景仁。

当殷景仁了解到刘湛竟然如此对待他的细节后，他对周围亲信故旧感叹道："引之令人，人便噬人！"这话说得很沉痛，也很深刻，等于给刘湛和像刘湛一类人物的丑恶嘴脸画了点睛的一笔。

刘湛的如意算盘没有打成，就干脆"驱煽（刘）义康，陵轹朝廷"，搞开了阴谋。毛泽东于此处又加一句批语：殷景仁与文帝密谋。

这是什么意思呢？单从刘湛传中看不出所以然来，需要对照读殷景仁传，方知内情。殷景仁从刘湛这件事看到，站在刘湛背后的当朝宰相刘义康是更值得认真对待的人物。此人虽是文帝的弟弟，可当时专总朝权，不复存君臣形迹。而宋文帝数年来一直害着重病，如有不测，宋王室就可能出现意外之变。因此，殷景仁私下向宋文帝密言提醒："相王（指刘义康）权重，非社稷计，宜少加裁抑！"宋文帝也得到其弟刘义康已经在为篡位积极张罗的准确情报，主、相之间嫌隙已日益明朗，兄、弟之间利害也到了无法调解的地步。元嘉十七年（440），宋文帝下令逮捕了刘湛，并予以处死；将刘义康的相权予以解除，调离京城，出为江州刺史。宋文帝采取上述措施，实属迫不得已。而这次果断行动，正是"殷景仁与文帝密谋"的产物。捕杀刘湛那天，殷景仁提前"拂拭衣冠"，对即将发生的事清清楚楚。

刘湛被收杀后不到两个月，殷景仁也病死了。当时有人说，这是刚死不久的刘湛的鬼魂在作祟。巧合天成，遂为时人谈资。

78.范晔也是个"好反"的角色

【原文】　好反而不好胜，古今一轨。

——摘自《毛泽东读文史古籍批语集》，第 193~195 页。

【品读解析】 毛泽东读过《南史》卷三十三至卷三十五这一册（毛泽东读“二十四史”的版本，大多是清代同治八年即1869年据乾隆时的刻本重刻而成的线装本。《南史》这三卷为一册）之后，在封面上特加一句批语：好反而不好胜，古今一轨。字面意思是，喜欢反叛而不喜欢克制，这是古今政治活动中的相同法则。

毛泽东的这番感慨，跟《南史》这三卷里记录的宋文帝在位期间出现的两次谋反事件有关。一件是上面提到的元嘉十七年（440）刘湛为乱，在卷三十五本传有详载；另一件是下面要介绍的发生在元嘉二十二年（445）范晔作乱，在卷三十三本传也有详细记载。

范晔（398—445）是“二十四史”之一《后汉书》的作者。他被捕入狱后，最惦记的事就是这部史书的命运。本传录入了《狱中与诸生侄书》，是范晔对自己写成的《后汉书》做交代的。主要是将《后汉书》跟东汉班固所成的《汉书》作比较，自认《后汉书》要比享有盛誉的《汉书》更“体大思精”，希望这部史书能够得到世人赏识。他说得很实在，《后汉书》也确有超越班固《汉书》的地方，而且流传至今，成为不朽之作，这都是事实。可是，他在完成《后汉书》的写作以后，却陷入了一场宫廷政变的阴谋之中，扮演了其中的主角，并因此送了卿卿性命，又令人可悲可叹。

范晔为逆前，在东宫担任太子詹事，职位挺显贵，而且很受宋文帝的礼遇，能够经常接近宋文帝。当宋文帝的弟弟刘义康因刘湛谋反一事被黜放江州以后，有个叫孔熙先的，对刘义康“密怀报效”之情，就主动前来拉拢范晔。三说两说，范晔动了心，就决定伺机行刺宋文帝，扶刘义康为帝。随后，孔熙先积极四处活动，联络造反部队；范晔则动手草拟政变成功后的内阁人选，并负责物色刺客。元嘉二十二年（445）九月，宋文帝在宫城北面的武帐冈为两位宗室亲王外出方镇设宴饯行。范晔参加这次宴会，并事先设计好于宴会中动手的方案。宴会进行中，范晔又犹豫害怕了，始终没有示意刺客行事，错过了这次机会。过了两个月，即十一月间，原先参与政变的丹阳尹（京城长官）徐湛之，上表朝廷，告发了这件事。于是范晔被逮捕入狱，在大量人证物证面前认了罪，接着被处以死刑。

范晔是一介书生，写出了很好的著作，其所著《后汉书》不仅他自诩为不愧前贤之作，而且时人以至后人也一致推崇有加；然而，他又萌生了非分之想，并不惜铤而走险，实在令人纳闷。《南史》的作者李延寿在卷末感慨道："蔚宗（范晔的字）艺用有过人之美，迹其行事，何利害之相倾！"就是说，范晔利令智昏，因个人利害，干了一件大蠢事。这指的是范晔被孔熙先说服为逆的触发点：范晔的家族是东晋以来的名门，按道理，他的家族中成员完全有资格与皇室结亲，从而以"国婚"的荣誉提高自家的门户地位，在江南贵族中更显赫一点；可是，范家闺门有丑闻，朝野议论纷纷，刘宋皇室不愿与他家联姻。孔熙先当初正是揭的这层伤疤，而且以此相激，结果一直不上钩的范晔"默然"，"意乃定"，被拉进了主谋圈子里，而且成了其中的核心人物。

刘湛谋反、范晔为逆，这两次未遂政变都跟刘义康有牵涉，幕后起作用的人物，其实是文帝这位异母之弟。直到元嘉二十八年（451），宋文帝才最终处死了不安分的刘义康。刘义康死了，刘宋王室仍不得安宁。两年后（453），宋文帝的儿子、被立为太子的刘劭发动宫廷政变，弑父篡位。整个刘宋王朝自始至终内乱不止。宋文帝在位三十年（424—453），虽号称"元嘉之治"，可内衅不断，防不胜防；他曾长期害重病，一度危殆，但他没有被病魔夺走生命，却被宗室亲人算计而死于非命。

事实上，围绕着权力，总会有殊死的较量，总会冒出一个又一个"好反不好胜"的非常之人，以图谋不轨。刘宋一代如此，其他王朝亦如此，而且是"古今一轨"，如出一辙。毛泽东晚年也碰到了他亲自挑选的接班人林彪要谋算他的大事件，对他的打击很大。我们不清楚他老人家从史书中悟得的这个道理，是不是也跟九一三事件有关。

79.宋文帝北伐用兵欠考虑

【原文】 赵宋祖此弊法。这确实是一大“弊法”。前线将士毫无临阵用兵的指挥权，仗如何打，军如何进退，都得倾听宋文帝从建康朝廷发来的指示后，方能依样画葫芦，不敢随机应变，灵活布阵，就难怪宋军毫无作战能力了。

——摘自《毛泽东读文史古籍批语集》，第 183 页。

【品读解析】 宋武帝刘裕一死，北方拓跋氏北魏政权就厉兵秣马，向南用兵，以争夺黄河以南的土地。宋文帝上台后，眼看黄河以南、淮河以北的大片地盘丧失，心里很不是滋味，就急于要收复失地，一次次兴师北伐。但是，30 年间，刘宋大军屡屡北上，次次败北，始终无法收复旧土不说，还惨遭进一步丧师失地的恶果，连淮南之地也受到了兵燹之灾；北魏军队甚至南下长江岸边，隔岸举火，声言渡江用兵，灭亡刘宋王朝。宋文帝北伐无成，北强南弱的力量对比从此形成，影响到整个南北朝时期的军事格局。

元嘉年间（424—453），刘宋王朝发动过两次大规模的北伐行动：一次在元嘉七年（430），另一次在元嘉二十七年（450）。

据《资治通鉴》记载的情形如下：

元嘉七年春，宋军以到彦之为前锋，率 5 万人马先遣北伐；另有三支侧翼和后续部队计 4.8 万人马也先后投入战场。宋军总数近 10 万。当宋军北进之时，魏军主动撤至黄河以北，此次北伐要实现收复河南之地的意图，等于不战而成。洛阳、虎牢等中原要塞尽为宋有，西至潼关，沿黄河南岸，都是宋军的守备部队在耀武扬威地游弋。宋军前线指挥官到彦之放松了警惕，麻痹轻敌，忽视了魏军会在黄河封冻后发起冬季攻势的潜在威胁。十一月间，魏军果然过河反攻，重新夺回洛阳、虎牢，士气不振的宋军相继奔退，主帅到彦之畏葸怯阵，毫无作为。这次北伐中，宋军装备精良，军容可观；然而，败退奔还途中焚舟弃甲，丢得一干二净，王室武库中空空无物。用一句话概括此次北伐是：一触即溃，落荒而逃。

元嘉二十七年七月，几十万宋军分为数个集团军群，东西齐举，分道攻魏。主力部队由王玄谟统领，直逼中原。主战场是在滑台（今河南滑县以东）。九月间，北魏皇帝拓跋焘亲率大军（号称百万）扑来，王玄谟临阵惧怕，宋军由滑台撤退途中，遭魏军追击，几乎伤亡殆尽，兵器丢弃如山。滑台之战后，魏军乘胜长驱南下，如入无人之境，十二月间过淮，直趋瓜步（今江苏南京市六合区南、长江北岸），与刘宋朝廷的京城建康隔江相望。而且，拓跋焘声称要渡江，吓得宋文帝赶紧于京城戒严，沿江设防。年底，拓跋焘提出议和，宋文帝赶紧答应，派出大员前往瓜步商议。再用一句话来概括这两次北伐是：望风披靡，又败又辱。

人们很熟悉的一首词叫《永遇乐·京口北固亭怀古》，是南宋时著名的爱国词人辛弃疾写的。其中有这样的句子："元嘉草草，封狼居胥，赢得仓皇北顾。"正是追溯历史的耻辱，确指元嘉二十七年北伐败辱一事。当年王玄谟吹牛说，他要把鲜卑族北魏军队打个一败涂地，就像汉武帝时的霍去病那样，逐匈奴于漠北，封功于狼居胥山（在今蒙古人民共和国首都乌兰巴托以东，汉代匈奴的单于庭就设在狼居胥山下）。结果怎么样呢？狼狈败退，"仓皇北顾"。

那么，宋文帝时的两次大规模北伐，为什么会败得这么惨呢？

一曰将帅无能。这是当时人找的理由。说是到彦之、王玄谟不具统帅才能，导致了两次全军覆没的败辱。连宋文帝也慨叹："檀道济若在，岂使胡马至此！"他认为北伐大败，魏军抵达长江沿岸，乃缺少像檀道济那样的将才。可惜，檀道济被他枉杀了。

二曰魏军以骑兵冲击，无法抵御。问题是，宋文帝的父亲刘裕当初进兵中原，气吞万里如虎，又该如何解释？曾几何时，宋军怎么就这样一蹶不振？

三曰时机不成熟，准备不充分。这当然更不能成立。其实，宋军是做了扎扎实实的战争筹备和广泛的动员的。以元嘉二十七年为例，宋文帝下令，减少百官俸禄，号召朝野捐助军费，在全国范围大规模征兵，几乎是倾其国力以支持北伐大业的。但是，照样失败。

因此，上述理由不全有理；还有一个重要因素值得注意，即宋文帝本人对军事的瞎指挥。《南史》卷二《宋本纪中》的末尾有一段评议文字，提到宋文帝“遥制兵略，至于攻战日时，咸听成旨……”毛泽东读至此处，旁批道：

赵宋祖此弊法。这确实是一大“弊法”。前线将士毫无临阵用兵的指挥权，仗如何打，军如何进退，都得倾听宋文帝从建康朝廷发来的指示后，方能依样画葫芦，不敢随机应变，灵活布阵，就难怪宋军毫无作战能力了。《南史》对宋文帝用兵的批评意见，在《宋书》卷五《文帝本纪》后的史臣评议中，以及卷九十四《徐爰传》里，都有相同的表述可参见。《资治通鉴》卷一二六有一段概括文字说得很好：“上每命将出师，常授以成律，交战日时，亦待中诏，是以将帅趑趄，莫敢自决。又江南白丁，轻易进退。此其所以败也。”

毛泽东顺便指出，刘宋文帝用兵的这一“弊法”，又为五百多年后的赵宋王朝效法继承而用。关于赵宋，无论北宋、南宋，在与北方异族强敌（辽、西夏、金、蒙古）交战中，总是打败仗，签订了一个个屈辱的条约，又是赔款，又是称臣，丢尽了大国的面子。

80.臧质是“豪杰之士”

【原文】 臧质豪杰之士，一解汝南之围，二胜盱眙之敌，三克刘劭之逆。梁山之战，刘义宣不听臧言，因以致败，惜哉。

此是欲战法，激之使战。

此是妄想。

——摘自《毛泽东读文史古籍批语集》，第186~188页。

【品读解析】 臧质是刘宋皇室的国戚，他的姑母正是开国皇帝刘裕的结发之妻，即刘宋王朝建立后追赠的臧皇后是也。臧质年长于刘裕诸子，是他们的表兄，当然也是宋文帝刘义隆的表兄。史书记载他的主要事迹，集中在元嘉二十七年（450）北伐前后直至被杀（454）这几年间。

毛泽东对臧质这期间的表现，是这样概括评论的：

臧质豪杰之士，一解汝南之围，二胜盱眙之敌，三克刘劭之逆。梁山之战，刘义宣不听臧言，因以致败，惜哉。

这段话里一共提到四件事，下面分别介绍。

1. “一解汝南之围”

元嘉二十七年初，北魏太武帝拓跋焘领步骑 10 万，突然闯入刘宋北境汝南郡（郡治设于悬瓠，即今河南汝南县）寇掠。当时戍守汝南的将领是一位叫陈宪的，悬瓠城里只有不到 1000 将士。拓跋焘率兵围攻悬瓠城前后长达 42 天。汝南频频告急。宋文帝派遣臧质北上救陈宪，四月间，拓跋焘见刘宋援兵赶来，只好引兵北撤。臧质及时奔赴前线，解了汝南之围。

2. “二胜盱眙之敌”

元嘉二十七年底，北魏大军南下围攻彭城（今江苏彭城市，当时是徐州治所）期间，宋军北伐大军开赴前线之后，宋文帝又临时指派臧质领援军往彭城相救。结果，臧质赶至盱眙（其地即今江苏盱眙市，为淮南重镇），北魏太武帝拓跋焘已亲率数十万大军过淮继续南下，甩开一路城池不攻，而直抵长江北岸耀武。宋、魏双方于瓜步议和之后，拓跋焘率军回撤。次年（451）正月，拓跋焘返至盱眙，全力攻城之际，向守城的臧质提出要酒喝。如果臧质胆小，恐怕就会乖乖地献上好酒，免得遭大兵压境之苦。可是，臧质“封溲（即小便）便与之”。毛泽东看到此处，旁批曰：

此是欲战法，激之使战。

果然，“太武（帝）怒甚，筑长围”，向盱眙城猛攻，以钩车、冲车等轮番破城，不得逞，又用敢死队投入战斗，肉搏登城，亦无功。经过“如此三旬”的反复较量，北魏军队一筹莫展，围城部队“死者过半”，拓跋焘只好“解围而归”。这是北魏大军整个南下用兵过程中唯一一次受挫！臧质确有一股豪气，他敢于向强敌示威，并决心凭借坚固的城防，让侵略者领教一下被他们轻视的南人的顽强不屈的气概。刘宋军队中如果多几个像檀道济、臧质这样的将领，北伐定能有成，守土也必是固若金汤。

盱眙之战后，臧质受到朝廷嘉奖，被授以雍州刺史重任，奔赴襄阳（今湖北襄阳市）主持边镇军政事务。

3. “三克刘劭之逆”

元嘉三十年（453）正月底，宋文帝被太子刘劭谋弑，刘劭杀父篡位。三月间，江州刺史刘骏（宋文帝第三子）、荆州刺史刘义宣（宋文帝之弟）、雍州刺史臧质、司州刺史鲁爽联合举兵讨逆。《南史》本传讲，臧质一听到京城发生的突变消息后，立即“使告司空（刘）义宣及孝武帝（刘骏），而自率众五千，驰下讨逆”；“（刘）义宣始得（臧）质报，即日举兵，驰信报孝武”。由此可见，臧质是上游诸方镇联兵起义的关键人物，他起了推动作用。紧接着，臧质率领两万能征善战的雍州兵，昼夜兼程东下，于五月一日破晓时分赶到京城南郊的新亭，接受在这里宣布即位的孝武帝刘骏的授命，向宫城进攻。臧质率部攻入宫城，活捉并处死了刘劭，完成了这次讨逆使命。

4. “梁山之战”“致败”

讨逆之初，臧质本意是要在成功后拥立刘义宣为帝的，谁知刘骏抢先了一步。事后，臧质被派往江州任刺史，刘义宣又返回荆州居原职。孝武帝孝建元年（454），臧质又说服刘义宣再举义兵，攻打京城，推倒刚登基的孝武帝，进行二次革命。三月间，刘义宣从上游江陵赶至寻阳，臧质接着率先遣部队沿江而下，抵达梁山（今安徽当涂县境内，在长江岸边），遭到西上官军的阻击。臧质向随后开至芜湖的刘义宣提出下一步用兵计划：兵分三路，一支进攻姑孰（今安徽当涂），一支留在梁山一线，以牵制官军；自率主力甩开官军，长驱而下，直趋京城。这本来是万全之策，行之必出奇制胜，功到垂成。然而，刘义宣起了疑心，害怕臧质成功后有不轨之志，就没有同意。于是，义军与官军就在梁山决战。结果官军取胜，义军受挫。臧质败退，遭到官军捕杀。

臧质最后兵败而死，但毛泽东仍认为他是“豪杰之士”，他御外敌、诛内逆，建立三大功；即便梁山之战失败了，那也是“刘义宣不听臧言，因以致败”，非常可惜！当然，毛泽东也批评臧质后来居功自傲的表现。因为臧质在讨刘劭以后，本传讲，他瞧不起少主孝武帝（刘骏即位时，年仅 24 岁，是臧质的内侄），“不复咨禀朝廷，自谓人才足为一世英杰”。毛泽东于此又批曰：

此是妄想。

虽是“豪杰之士”，但如此狂妄，把新主不放在眼里，不遵朝廷制度，擅自威权，自行其是，即便不反，长此下去，也是一种妄想。对此，毛泽东是不以为然的。

81.王僧达是个“叛徒”

【原文】 叛徒。

——摘自《毛泽东读文史古籍批语集》，第 175 页。

【品读解析】 王僧达（423—458）的事迹，在《宋书》卷七十五、《南史》卷二十一，均有其传可见。此人是东晋南朝江南第一高门的王、谢两大家族之一的琅琊王氏中成员。他的祖上王导，是东晋开国以后鼎鼎有名的大丞相。整个东晋一代，“王与马，共天下”，琅琊王氏在东晋司马氏政权中的地位举足轻重。东晋以后，王、谢两家子弟仍然依仗家族名望，享有特权。这种特权很难被取消。刘宋王朝的建立者刘裕是种地的“田舍公”，靠军功夺得了天下，虽然起用了一批武人，培育出一班新贵，对门阀政治有一定冲击，但仍然得对世家大族作出妥协和让步，王、谢等高门贵族在朝廷中身居显位的人物还是一代传一代。而且，高门大族傲视门第低微的家族，即便像当朝皇族刘氏，也被他们瞧不起。他们常常以门第为话题，或者找碴儿，奚落挖苦原先家族背景没有根基的暴发户。总之，自恃门第，蔑视新人，成了出身显贵的旧贵族家族成员处世待人的通病。入宋前，王僧达的祖父当过司徒；入宋后，王僧达的父亲王弘位晋司空。司徒、司空，都是朝中“三公”，十分荣显。所以，王僧达自负地给宋孝武帝上奏时，竟能用“亡父亡祖，司徒司空”这样的措辞来自我标榜；本传讲，他“早慧”，“善属文”，人很聪明，便“自负才地，谓当时莫及”，也很狂妄。

毛泽东在《宋书·王僧达传》开头批了两个字：叛徒。

我们弄不清楚毛泽东指斥王僧达是“叛徒”究竟是什么意思，估计跟此人后来被孝武帝诛杀一事有关。

孝武帝即位以后，王僧达有“一二年间便望宰相”（《南史》本传语）的意向。孝武帝知道他有才学，也了解他放荡不羁的贵公子习性，不敢委以重任，王僧达的职务，五年中换了七次，有一年竟“五迁”，总不称心如意，就有怨言，甚至非议朝政。这且不说，关键是他得罪了孝武帝的母亲路太后。

据《南史》本传介绍，王僧达在京城中的宅第隔壁，住的是小小黄门郎路琼之。而这个路琼之，是路太后的侄孙。路家门第很低，出身不显。一次，路琼之专门拜访王僧达，王僧达“了不与语”，只有意问了一句：“我家原先养马的路庆之，是你什么亲戚?”这等于是当面侮辱路姓门户！而且，路琼之来访坐过的小马扎，也被王僧达焚烧，嫌其肮脏。这种羞辱路氏家族的过激言行，为路太后知道后，怒向儿子孝武帝陈说，坚决要求治罪杀头。接着发生了下面一件事，孝武帝顺势杀了王僧达。

大明二年（458），京城近畿有个普通百姓名叫高阇，阴谋造反当皇帝，暗中串通宫廷内的几个官员做内应。此事被朝廷提前发觉，抓捕了一批嫌疑犯，其中将王僧达也乘机投入牢狱。其实，王僧达并未参与此次谋逆，抓他是孝武帝的指示。反正抓起来诬他与高阇一伙通谋，杀了他以报太后，这是孝武帝掩人耳目的手段。

王僧达被冤杀一事，在《资治通鉴》卷一二八里也有反映。作者司马光引用前世史学家的议论，以说明这样一个事实：高门世族“凭藉世资，用相陵驾”，以门第贵贱当成待人接物、自视自处的唯一依托，迟早会“召祸”。宋文帝杀谢灵运，宋孝武帝杀王僧达，应该从这一角度来认识。谢灵运有“晚节造反”的言行，毛泽东讲得很对。但王僧达并未造反，只是胡作非为，毛泽东说他是“叛徒”，似乎不大切近，当然，毛泽东极反感像谢灵运、王僧达一类人物，很讨厌那种讲究门户高低的行径。这倒是一贯的、毫不含糊的。

82.刘彧平定全国创造了一个奇迹

【原文】 刘彧据建康，四方皆反。内线作战，以寡对众，以弱敌强。以蔡兴宗为谋主，以刘休若、刘休佑、刘休仁、吴喜、任农夫、张永、萧道成、王道隆、刘勔、沈攸之、黄回、吕安国、张兴世、刘嗣祖诸人为将帅，终于全胜，可谓奇矣。

——摘自《毛泽东读文史古籍批语集》，第299页。

【品读解析】 毛泽东读了袁枢《通鉴纪事本末》卷一百一十八的《废帝之乱》后，于标题天头上写下了如下批语：

刘彧据建康，四方皆反。内线作战，以寡对众，以弱敌强。以蔡兴宗为谋主，以刘休若、刘休佑、刘休仁、吴喜、任农夫、张永、萧道成、王道隆、刘勔、沈攸之、黄回、吕安国、张兴世、刘嗣祖诸人为将帅，终于全胜，可谓奇矣。

这段文字所指的事件，是发生在宋明帝刘彧初即位的泰始元年（465）前后围绕着皇权，展开的一场殊死较量。毛泽东概括了当时的形势，点出了众多有功将帅的姓名，感慨这次较量结果之“奇”。要了解其中来龙去脉，就得一一说来。

宋孝武帝刘骏活了35岁（430—464）。后宫众多的嫔妃给他生下28个儿子。太子刘子业即位时16岁，史称“前废帝”。刘子业一当皇帝，就开始胡作非为，不遵法度，不顾体统，大开杀戒，大搞淫乱，内外思变，秽声朝野。他竟然将自己的姑母纳入后宫，干出乱伦的丑事。为了防止在世的叔父出外就任为患，他将叔父们聚于京城，拘于殿内，任意欺凌。刘彧体肥，刘子业就呼这位叔父“猪王”，并让刘彧脱光衣服，置于猪圈，模仿猪吃食。这种恶作剧且不说，他还多次出言要“屠猪”，将叔父刘彧等宗室亲王交付廷尉加以幽禁，刘彧受够了凌辱，也意识到说不定哪一天就会无端被杀，他于是暗中联络内外，筹谋宫廷政变。刘子业即位第二年（465）十一月，宫内侍卫杀了刘子业。刘彧随之即位，是为明帝。

宋明帝刘彧刚即位一个多月，翻到了来年（泰始二年，466）正月，寻阳又扶起一个皇帝：刘子勋。他是孝武帝的第三子，亦即刚死的前废帝刘子业之弟、刘彧的侄子，时年仅 11 岁。刘子勋于寻阳另立朝廷，改年号为“义嘉”。这一年内，全国大乱，局势大起大落，史称“义嘉之乱”。毛泽东批语就是针对“义嘉之乱”说的。

当初，前废帝刘子业一登基，就将年仅 9 岁的弟弟刘子勋指派到寻阳担任江州刺史。刘子勋是孝武帝的第三子。刘宋一代，对当朝皇帝的三儿子特别敏感。原因是，宋文帝刘义隆是武帝刘裕的第三子，孝武帝刘骏是文帝的第三子，二人先后都是在太子即位被杀后上台的。那么，刘子勋又是孝武帝第三子，会不会也是这种天命般的兆头呢？废帝想到了这一层，年幼的刘子勋是不是也懂得这中间的奥妙，不得而知，但他手下主事的长史名叫邓琬的却信之不疑。废帝擅杀大臣、凌辱诸王的同时，也憎恶其弟刘子勋，派人送去毒药赐死。邓琬获悉此讯后，打着刘子勋的招牌，已经确定并着手“废昏立明”的造反行动了，这在刘彧密谋弑主之先。刘彧即位的消息传至寻阳，邓琬仍不死心，继续传檄四方，整甲治兵，筹备攻取建康。

泰始二年这一年，形势乍一看，好像对建康朝廷很不利。史书记载说：“是岁，四方贡计，皆归寻阳。朝廷所保，唯丹阳、淮南等数郡，其间渚县，或应子勋。”也就是说，除了孤零零的建康城外，整个刘末王朝辖境内各方镇及其所属郡县，几乎都倒向了寻阳刘子勋另立的朝廷。还有，建康以东及东南诸郡县，历来是保证供应建康朝廷的富庶之邦，这时不但加入了反叛的行列，而且组成了气势咄咄的联军“东兵”，正向建康城逼近，其前锋已开至京城外围。

建康朝廷眼看就要被推翻的危急时期，宋明帝周围一班文臣武将，或出谋划策，或英勇出击，只用了几个月的时间，就各个击破了各路反叛力量，全面控制了国内局势。“奇”就奇在这里！

毛泽东兴致勃勃地仔细阅读了这段历史记载，多处圈点，并写下了前引一段批语。宋明帝刘彧在“四方皆反”的险恶处境下很快赢得“终于全胜”的结局，控制了全国的局势。这确实是奇迹！他如果困守建康，东兵转眼间就会兵临城下，寻阳派出的10万大军再顺江而来，朝廷易主的事眼看已经是大势所趋，不可逆转的了；但是，他面对“内线作战”的不利格局，敢于拼力一搏，勇于“以寡对众，以弱敌强”，表现出有为之君的气度。他任用得人，蔡兴宗内谋，众将帅分路外攻，几乎没有出现一次差错，这同样是奇迹！不论是西线主战场，还是其他分战场，忠于建康朝廷的部队人数都远远少于叛军；结果处处以寡胜众，每战皆大捷，非天数，乃人力。毛泽东一一点名的那15位谋主、将帅，正是襄助宋明帝成就大业的奇人。奇人创奇迹，“可谓奇矣”，又可谓必矣。

83.沈庆之很无能

【原文】 沈庆之前振后衰，无能为矣。

——摘自《毛泽东读文史古籍批语集》，第304页。

【品读解析】 沈庆之（386—465）的传记，在《宋书》卷七十七、《南史》卷三十七均可见。他活了80岁，戎马一生，靠军功发迹。宋孝武帝临死前指定的顾命大臣中，就有沈庆之，遗诏特别叮嘱要让沈庆之掌管军旅事宜。因此，前废帝刘子业继位后胡作非为，沈庆之完全能够废除他。结果是，沈庆之被前废帝赐死而终。

毛泽东读《通鉴纪事本末》一书中《废帝之乱》这一节时，看到沈庆之临终前的表现和下场，不无惋惜地旁批道：沈庆之前振后衰，无能为矣。所谓“前振”，是指沈庆之一生辉煌的武功。这在《废帝之乱》一节中没有过多涉及，而在他的本传里有详细记载。据本传介绍，沈庆之在刘宋王朝建立后，几乎参加过所有的军事征讨：历次北伐，他随军而往；国内平叛或朝廷废立，也都少不了他。特别是孝武帝刘骏自江州起义讨逆，沈庆之作为江州府司马，毫不含糊地站在府主刘骏一方，并率领众军长驱直下建康，立下了汗马功劳。所以，孝武帝上台后，十分倚重沈庆之。沈庆之对刘宋王朝的另一功劳是，屡平雍州境内诸“蛮”（即官方对西北边地山区的少数民族部落或居民的蔑称）反叛。只要雍州“蛮”一反抗，朝廷就会想到沈庆之，并随即将他派往那里讨伐；只要沈庆之出现在雍州境，史书讲“群蛮恶之”，“每见（沈）庆之军辄畏惧”，可见他在那一方是位人人皆知的凶神恶煞，从反面说明他讨“蛮”的成功。

所谓“后衰”，是指沈庆之于前废帝继位后的糊涂表现。这在《废帝之乱》一节中介绍得很详细。前废帝狂悖无道，朝中大臣要废黜他的密谋正在酝酿当中。另两位顾命大臣刘义恭（武帝刘裕之子、孝武帝刘骏之叔、前废帝刘子业之叔祖，时为太宰，加中书监）、柳元景（尚书令）已经商议好废去刘子业，扶立刘义恭上台的计划。当柳元景将此事告知沈庆之后，沈庆之一不赞成刘义恭登基，二不满意朝事不让他参与，于是他向前废帝密报，结果刘义恭、柳元景惨遭杀害。紧接着，我们前面提到的蔡兴宗（时为吏部尚书）又专门找上门与沈庆之商议废立之计，蔡兴宗当面对沈庆之讲：“公威名素著，天下所服。今举朝遑遑，人怀危怖，指麾之日，谁不响应！如犹豫不断，欲坐观成败，岂惟旦夕及祸，四海重责将有所归！……愿公详思其计。”然而，沈庆之听不进去，没有采纳。第三次大好机会是，沈庆之的侄儿沈文秀被新任命为青州刺史，率领部曲屯兵京郊，准备出发；沈文秀主动向叔父请命：“今因此众力，图之易于反掌。机会难值，不可失也！”同样，沈庆之无动于衷，又失去一次好机会。

上面说到的三次绝好的机会，都被沈庆之错过了。他好像鬼迷心窍，最后走上了自投罗网送死的绝路。当前废帝将自己的姑母新蔡长公主刘英媚纳入后宫乱伦之后，刘英媚的丈夫叫何迈，他谋划报复，想乘前废帝出游之机，发动政变，废杀夺妻淫乱的昏主。谁知事泄，何迈被诛。自告密以后，沈庆之颇受前废帝恩宠，并“自昵于帝”，出宫时能与帝同车偕行。对这位不可救药的昏主，沈庆之竟想以“尽言规谏”的方式匡正之。何迈被诛后，前废帝料到沈庆之会前来进谏，提前封闭各路径。沈庆之老态龙钟地到了宫门前，不得进而还。于是前废帝命人带着毒药前去，暗杀了这位80岁的老臣。

沈庆之错失一次次废昏主良机，却招来了无端被害的灾祸；他一生军功卓著，晚年却无所作为。因此，毛泽东评论沈庆之是：“前振后衰，无能为矣。”重点在“后衰”两字。

84.不入虎穴，焉得虎子

【原文】 中国人有一句老话：不入虎穴，焉得虎子。这句话对于人们的实践是真理，对于认识论也是真理。离开实践的认识是不可能的。

——摘自毛泽东《实践论》(1937年7月)，见《毛泽东选集》第1卷，人民出版社1991年6月版，第288页。

【品读解析】 经过了十余年斗争的中国共产党，已经在中国革命的大风大浪中走过了一段传奇经历，其间有过成功的经验，也有过失败的惨痛。尤其是1931年至1934年以王明为代表的“左”倾机会主义者的教条主义统治，几乎葬送了中国革命。这时，为了更好地领导中国人民进行抗日战争，系统总结党的历史经验和教训，统一党内各种思想，就成为亟待解决的问题。中央红军到达陕北后，党中央赢得了一段相对宽松的时间，毛泽东也充分利用起这段时间从理论高度对这一问题进行思考和总结。《实践论》就是一篇创作于这个时期、用以从理论上指导中国革命实践的、充满着马克思主义思辨思想的重要哲学文献之一。

该文以实践观点为基础，以认识和实践的辩证统一关系为主线，系统地论述了以下几个方面：一、实践是认识的来源，二、认识的发展过程，三、无产阶级认识和改造世界的责任。在第一部分中，毛泽东具体地论述了实践及其在认识过程中的地位和作用，强调人类的生产活动是最基本的实践活动，是决定其他一切活动的基础，社会实践有阶级斗争、政治生活、科学和艺术活动等多种形式，其中各种形式的阶级斗争给人的认识发展以深刻的影响，实践是认识的来源和推动认识发展的动力，只有人们的社会实践，才是人们对于认识外界的真理性的标准，实践还是认识的目的，无产阶级认识世界的目的是改造世界，阶级性和实践性是马克思主义哲学的两个最显著的特点。为了强调实践对于认识的重要性，毛泽东还特别摘用了“不入虎穴，焉得虎子”这句古语来说明：实践是主观见之于客观的活动，是沟通主观和客观的基础和桥梁，“离开实践的认识是不可能的”。

85.天不变，道亦不变

【原文】 在中国，有所谓“天不变，道亦不变”的形而上学的思想，曾经长期地为腐朽了的封建统治阶级所拥护。

——摘自毛泽东《矛盾论》（1937年8月），见《毛泽东选集》第1卷，人民出版社1991年6月版，第301页。

【品读解析】 1937年日本发动全面侵华战争后，中国顿时成为各种矛盾的集结点。在国内，民族矛盾取代阶级矛盾成为主要矛盾的客观变化并未被大多数人意识到。同时，党内仍存在着以毛泽东为代表的实事求是者与以王明为代表的“左”倾教条主义者的矛盾。从理论上正确认识和解决这些矛盾，给中国革命以正确的指导，就成为共产党人亟待解决的问题。

为此，在精心研究马克思主义辩证法和前人研究成果之后，1937 年 8 月，毛泽东写就了这篇我党思想史上第一部系统地、深刻地、翔实地论述唯物主义的专著——《矛盾论》。该文是毛泽东哲学思想体系中的重要著作，是对马克思主义辩证法的继承和发展。全文以对立统一规律为主线，贯穿始终，又将马克思主义基本原理同中国实际相结合，以通俗易懂的语言建立了一个关于矛盾学说的逻辑体系。具体内容包括：一、系统总结人类的认识史，提出“发展是减少和增加，是重复”和“发展是对立的统一”两种对立的宇宙观，并对前一种观点进行批判。二、提出矛盾的普遍性和特殊性问题。普遍性“其一是说，矛盾存在于一切事物的发展过程中，其二是说，每一事物的发展过程中存在着自始至终的矛盾运动”。特殊性即是说“各个物质运动形式的矛盾，各个运动形式在各个发展过程中的矛盾，各个发展过程的矛盾的各方面，各个发展过程在其各个发展阶段上的矛盾以及各个发展阶段上的矛盾的各方面”都有自身特性。三、举例论证主要矛盾的存在和发展影响着其他矛盾、主要矛盾决定着事物发展方向的观点。四、提出矛盾主要方面和次要方面的同一性和斗争性、二者可以相互转化的问题，提醒广大干部在工作中正确对待，不要犯错误。

毛泽东摘用“天不变，道亦不变”是在论述第一个内容时。在这部分中，毛泽东首先提出了历史上两种对立的宇宙观——“形而上学”和“唯物辩证法”。接着，他分别对这两种宇宙观进行了阐释。毛泽东说：“所谓形而上学的或庸俗进化论的宇宙观，就是用孤立的、静止的和片面的观点去看世界。这种宇宙观把世界一切事物，一切事物的形态和种类，都看成是永远彼此孤立和永远不变化的。如果说有变化，也只是数量的增减和场所的变更。而这种增减和变更的原因，不在事物的内部而在事物的外部，即是由于外力的推动。”毛泽东认为这种思想，属于唯心论的宇宙观并长期统治着人们的思想。他进一步解释说：“形而上学家认为，世界上各种不同事物和事物的特性，从它们一开始存在的时候就是如此。”

后来的变化，不过是数量上的扩大或缩小。他们认为一种事物永远只能反复地产生为同样的事物，而不能变化为另一种不同的事物。由于形而上学家否认唯物辩证法所主张的事物因内部矛盾引起发展的学说，所以，他们只能简单地从事物外部去找事物发展的原因。这就是他们不能解释事物的质的多样性，不能解释一种质变为他种质的现象的根本原因。毛泽东强调，这种思想，不但欧洲有之，就是在中国也有着“悠久”的历史，为此，他特别指出汉代唯心主义哲学家董仲舒“天不变，道亦不变”的观点就是形而上学的思想，在很长一段时间禁锢了人们的思想，是为腐朽封建统治阶级维护其利益的唯心主义学说。而后，毛泽东笔锋一转，开始论述唯物辩证法的宇宙观的科学性和合理性。通过对比，使人们更加清晰地认识到了两种宇宙观的孰优孰劣，为下文的有绪论述作了一个很好的开端。

第七章

毛泽东品读《齐纪》

南朝齐，即南齐（479—502年）是中国南北朝时期南朝的第二个朝代，也是南朝四个朝代中存在时间最短的一个，仅有二十四年，为萧道成所建。以大齐为国号，源于谶纬之说。《谶书》云："金刀利刃齐刈之"，意即"齐"将取代"宋"。史称南齐或南朝齐或萧齐。开国之君萧道成是刘宋将领，在宋明帝在位期间担任右军将军。宋明帝去世后，他与尚书令袁粲共同掌管朝政。474年，萧道成平定江州刺史桂阳王刘休范的反叛，晋爵为公，迁中领军将军，掌握了禁卫军，督五州军事。此时刘宋政权内斗激烈，萧道成逐渐掌握大权。477年，萧道成杀后废帝刘昱，立他的弟弟刘准继位。萧道成被封齐王。在这之后，萧道成铲除了忠于刘宋的袁粲、沈攸之等人。479年，萧道成迫使刘准禅让，刘宋灭亡，南齐建立。502年齐和帝被迫禅位于南齐宗室萧衍。萧衍改国号为梁，是为梁武帝，南齐灭亡。

86. 孔琇之治狱有失误

【原文】 此种推论，今犹有之。如曰一人小过勿治，众人皆将效尤。

——摘自《毛泽东读文史古籍批语集》，第 191~193 页。

【品读解析】 孔琇之是南北朝萧齐政权时期的人，其祖父孔靖，父亲孔灵运在刘宋政权时期都曾身居要职。据《南史·孔琇之传》，孔琇之担任吴（今江苏苏州）县令期间，有一位 10 岁的小孩到邻居家稻田里，偷割了一束稻子。孔琇之将他抓了起来，要治他的罪。有人认为孩子还小，便劝说孔琇之不要这样做。孔琇之振振有词地说："十岁便能为盗，长大何所不为？"于是，这个孩子便被孔琇之治了罪。全县都被这件事情震惊了，没有人再敢犯罪了。

毛泽东历来主张要用辩证的观点、发展的观点来看待人们的错误，因此对孔琇之的这种形而上学的推论以及对这件事情的处理方法极为不满，用红铅笔在这一段上画了一条粗重的着重线，提出了异议。

479 年，宋末权臣萧道成代宋自立，建立了萧齐政权。南朝四个政权（宋、齐、梁、陈）里，齐代最短，只存在了 24 年（479—502），就被萧梁政权取而代之。

502 年，萧衍推翻齐政权，建立了梁政权。萧衍这个人，就是鼎鼎有名的梁武帝。论关系，建齐的萧道成与建梁的萧衍之间，同祖同宗，都是西晋末年动乱中自兰陵（今山东兰陵县）南下避难而侨居于武进（今江苏丹阳市东）的同一萧氏的后代；到萧道成这一辈，两门萧氏已出"五服"，同宗而不同族了；萧道成比萧衍大一辈，是宗伯与宗侄的关系，虽然生分了，毕竟有同姓血亲这一特殊背景，因此萧衍兄弟们在齐代入仕居官，都受到格外照顾。

到了齐末，萧宝卷（萧道成的从孙）当了皇帝（即东昏侯）以后，骄奢淫逸，滥杀功臣。当此之时，朝臣中有密谋废黜这位昏主的计划，方镇大员一次接一次举兵向阙，想用军事手段推翻他。然而，除了萧卫起义获得成功外，其他的尝试都以失败告终。

萧宝卷即位（498）之前，萧衍已出任雍州刺史。萧衍一到雍州，就开始秘密准备造反。永元二年（500）冬十月间，东昏侯杀害了萧衍的长兄、朝中担任尚书令的萧懿，并派出专使前往雍州收杀萧衍，没有得逞；继而调遣一支3000人的羽林军出发征讨，由刘山阳这位有作战经验的将领统率征讨军溯江西上，预定先至荆州，然后会同荆州兵一起北上，以彻底击溃萧衍拥兵反抗的企图。萧衍获悉这一情报后，立即派人赶往荆州游说，并玩弄种种花招，诱使荆州方面怀疑刘山阳所率官军西上的真实意图，以最终实现荆州与雍州联合，共同起义。

87.萧衍雍州起兵前后

【原文】 还是来年二月。

打援。

——摘自《毛泽东读文史古籍批语集》，第184~185页。

【品读解析】 毛泽东阅读有关萧衍于雍州起义前后的记载时，有两处批语。

第一处批语是就起义时间说的。当荆州方面决定与雍州方面联合之后，刘山阳所部才慢腾腾地进入江陵，他来迟了一步。荆州方面将刘山阳收杀，驰使往襄阳，时在本年十一月十八日。荆州派来的特使就两个问题提出建议：一是要以荆州为中心（即在起义的同时，宣布东昏侯之弟、时任荆州刺史的萧宝融于江陵另立朝廷），二是发兵东下的时间“当须来年二月”。对于这两项建议，雍州方面的将领们计较的是前者，而萧衍在意的是后者。他一方面劝说部下不要在“尊号之议”上纠缠，关键在日后的功业成败；另一方面向荆州方面强调：“今坐甲十万，粮用自竭，若顿兵十旬，必生悔吝。”主张尽快联兵东下。《南史》随后记载是：“（永元）三年二月……戊申，帝（萧衍）发襄阳。”毛泽东读至此，十分敏感地加了一个旁批：还是来年二月。

意思是说，萧衍坚持提前发兵的主张，他自己也没有能够贯彻，还是拖延到荆州一开始提出的“来年二月”才行动的。

其实，《南史》此处记载是不准确的。永元三年（501）二月里没有“戊申”这个日子。“戊申”日在正月，具体是正月十三日。这一天，萧衍亲率雍州兵由襄阳出发南下，屯兵于汉水中下游的竟陵（今湖北钟祥市）境内，不进入长江水域，以等待或逼迫荆州兵东下。荆州兵迟至二月下旬才从江陵动身。这中间牵涉荆、雍两州之间一些微妙的关系，不能细说。就萧衍来讲，他宣布起义后又过了50多天，才从襄阳发兵：中途于竟陵屯留一个多月，最后才慢条斯理地开入长江水域作战，已是二月底三月初的事了。因此，毛泽东发现发兵时间不是像当初萧衍期盼的那样，而是推迟了。这说明，荆州方面没有把萧衍的建议当回事，萧衍当时还受制于荆州。

第二处批语是就围攻郢城、鲁城（今武汉市隔江的蛇山、龟山分筑）期间分兵堵击西上增援官军而言的。荆、雍联军围攻忠于建康朝廷的郢城守军，屡攻不下，相持日久。萧卫本人停驻杨口（今湖北潜江市北、汉水之滨）不进，就是要拿捏荆州，不给他授予总统众军、便宜行事的名号和权限，他就决不亲临前线指挥作战。因为没有萧衍指挥，郢城攻不下，东进就得中止，后果不堪设想。江陵另立的小朝廷只得赶紧给萧衍授号授权，萧衍方才于四月间抵达郢城战线。此时，郢城守军死守不降，而建康派出的官军正在昼夜兼程西上。联军众将领亟主猛攻郢城，萧衍提出围而不攻、分兵击溃西上官军的方略。于是，萧衍指派他手下亲信大将王茂率兵“潜师袭加湖”，于今武汉市东北谌家矶一带摆开阵势。毛泽东在这里特旁批二字：打援。

结果，官军增援部队在这里被打得落荒而逃，“郢、鲁二城相视夺气”坚守200多日后，只得投降。这是一次关键性的战役。只有夺得郢城，联军才能长驱而下；只有先“打援”，郢城守军才会乖乖缴械。萧衍的决策是很正确的。

第八章

毛泽东品读《梁纪》

南梁（502—557 年），中国历史上南北朝时期南朝四个朝代中的第三个朝代，由南齐宗室萧衍取代齐朝称帝，都建康（今江苏南京）。国号梁，以萧衍封地在古梁郡，故国号为梁。因为皇帝姓萧，又称萧梁。梁朝后期国势败坏，北齐和西魏相继来攻，失去了大片土地，注定了北强南弱之势。萧方智在位时陈霸先废帝自立，改国号陈。另外萧衍的孙子萧詧曾在江陵建立西梁，传三帝，后亡于隋。至隋末大业十三年，萧铣在江南重建萧梁，历五年，为唐朝所灭。

88.运去英雄不自由的梁武帝

【原文】　时来天地皆同力，运去英雄不自由。

——摘自《毛泽东读文史古籍批语集》，第 185 页。

【原文】　萧衍善摄生，食不过量，中年以后不近女人。然予智自雄，小人日进，良佐自远，以至灭亡，不亦宜乎。

——摘自《毛泽东读文史古籍批语集》，第 207 页。

【品读解析】　《南史》的作者李延寿在《梁武帝本纪》末尾对梁武帝评论道："梁武帝时逢昏虐，家遭冤祸，既地居势胜，乘机而作，以斯文德，有此武功。始用汤、武之师，终济唐、虞之业，岂曰人谋，亦惟天命。及据图策，多历岁年，制造礼乐，敦崇儒雅。自江左以来，年逾二百，文物之盛，独美于兹。然先王文武递用，德刑备举，方之水火，取法阴阳。为国之道，不可独任，而帝留心俎豆，忘情干戚，溺于释教，弛于刑典。既而帝纪不立，悖逆萌生，反噬弯弧，皆自子弟，履霜弗戒，卒至乱亡。自古拨乱之君，固已多矣，其或树置失所，而以后嗣失之，未有自己而得、自己而丧。追踪徐偃之仁，以致穷门之酷，可为深痛、可为至戒者乎！"

李延寿的这个评价应该说是比较公允的。梁武帝不就是一味仿效西周时徐国国君徐偃王的那种仁义，"留心俎豆，忘情干戚，溺于释教，弛于刑典"，才造成自己得到天下、而天下又在自己手中丧失的吗？

毛泽东对于梁武帝这个前半生与后半生的作为和境况完全不同的封建帝王有着许多的感慨。他在《南史》卷五十五《曹景宗传》中批注道："此时梁武，犹知军机。"对梁武帝在天监五年以前的军事才能作了肯定，认为梁武帝还能称得上是一位英雄。但毛泽东对晚年的梁武帝则提出了更多的批评。如，毛泽东在《南史》卷六十二《贺琛传》上作了三条批注：“此等语，与孙权诘陆逊语同”，“‘专听生奸，独任成乱’，梁武有焉”，“萧衍善摄生，食不过量，中年以后不近女人。然予智自雄，小人日进，良佐自远，以至灭亡，不亦宜乎”。针对梁武帝对贺琛批评的狡辩，认为梁武帝的这些话与三国时吴国的皇帝孙权反驳名将陆逊意见的话如出一辙，因而对梁武帝的强词夺理提出了尖锐的批评。并认为梁武帝的自我表白，情况尽管属实，而且作为一个封建皇帝，也是难得的，但这些都是生活上的小节，无关于政治，而“予智自雄，小人日进，良佐自远”才是梁武帝所犯错误的要害。

毛泽东对梁武帝很感兴趣。他读《南史·梁高祖本纪》，不仅在“忘情干戚”、“弛于刑典”，“未有自己而得、自己而丧。追踪徐偃之仁，以致穷门之酷”等字句旁密密圈点，并画有着重线，而且还借用五代诗人罗隐所写的悼念三国诸葛亮的《筹笔驿》一诗中的诗句，在这段评论的天头上用红铅笔批注道：“时来天地皆同力，运去英雄不自由。”以表达自己对梁武帝的嗟叹之情。

89.曹景宗也是豪杰

【原文】 景宗亦豪杰哉！

——摘自《毛泽东读文史古籍批语集》，第197页。

【原文】 良将也，仅次于韦睿裴邃。

曹孟德、徐世绩、郭雀儿、赵立朗亦用此等人。使贪使诈，梁武有焉。

——摘自张贻玖《毛泽东批注历史人物》。

【品读解析】 曹景宗作战，敢于打硬仗，也善于打硬仗。钟离之战中，曹景宗与韦睿先逼近屯邵阳洲，抵近魏军城寨百余步建起堡垒，并与魏军连续交战，“杀伤者十之二三”，打出了军威，使魏军从此不敢再小看梁军，心有余悸。接着，曹景宗又招募一千余名勇士，再次推进到北魏骁将杨大眼的城寨南数里的地方筑城，并亲自参加筑城。杨大眼来攻，被曹景宗击败，从而建起了这座“赵草城”。第二年三月，趁春水泛起、淮水暴涨六七尺的有利时机，曹景宗与韦睿兵分两路，根据梁武帝的诏令，各攻一桥，用火攻的战术，将魏军架在淮水上的两座浮桥首先烧掉，把东西两岸的魏军分隔开来。接着，与韦睿共同作战，命令“众军复鼓噪，乱登诸城”。毛泽东读到此处，对曹景宗的勇猛剽悍的战斗作风十分赞赏，不禁批注道：“良将也，仅次于韦睿裴邃。”

曹景宗也颇有文才。钟离之战后，梁武帝在华光殿为曹景宗举行庆功宴会，叫左仆射沈约赋韵，让大家饮酒赋诗。沈约是当时的文豪，认为曹景宗只是一介武夫，便没有给曹景宗诗韵，曹景宗非常生气，乘着酒醉，便向梁武帝再三要求赋诗。梁武帝只好让沈约把剩下的“竞”、“病”两韵给了他。曹景宗提起笔，很快便写出了一首好诗：“去时儿女悲，归来笳鼓竞。借问行路人，何如霍去病？”霍去病是西汉抗击匈奴的名将。曹景宗在这里用霍去病作比，不仅显得很有气势，而且极为贴切。梁武帝赞叹不已，沈约和许多颇有才华的大臣也“惊嗟竟日”。结果，梁武帝还下令将曹景宗的这首诗录入国史。毛泽东对曹景宗的这首诗，逐字加了旁圈，对他的文采颇为赏识。在1959年的庐山会议上，毛泽东强调干部要善于学习，还特意将曹景宗的这段逸事来作号召，说：“南北朝时有个姓曹的将军打了仗回来作诗：‘去时儿女悲，归来笳鼓竞。借问行路人，何如霍去病’……要挤出时间，全党来个学习运动。”

曹景宗与韦睿近乎完人的“劳谦君子”的形象迥然不同，他身上有着许多令人不能接受的毛病。曹景宗为人争强好胜，除韦睿，他谁都瞧不上。然而，曹景宗为人不拘小节，对标志着权贵和地位的那些繁文缛节和虚伪的排场，极为厌恶。《南史·曹景宗传》记载：“出行常欲褰车帷幔，左右辄谏以位望隆重，人所具瞻，不宜然。景宗谓所亲曰：‘我昔在乡里，骑快马如龙，与年少辈数十骑，拓弓弦作霹雳声，箭如饿鸱叫，平泽中逐獐，数助射之，渴饮其血，饥食其脯，甜如甘露浆，觉耳后生风，鼻头出火。此乐使人忘死，不知老之将至。今来扬州作贵人，动转不得。路行开车幔，小人辄言不可。闲置车中，如三日新妇，此邑邑使人气尽。”毛泽东为人也十分慷慨豪迈，从来不愿事事循规蹈矩，让自己的性格受到束缚。因而，《南史·曹景宗传》所载的这段曹景宗的自白引起了毛泽东思想感情上的共鸣，令他非常感兴趣。他不仅在“作贵人，动转不得”等处逐字密密加了旁圈，还在这段记载的天头上批注道：“景宗亦豪杰哉！”毛泽东的这个批注与《南史·曹景宗传》的这段生动的文字相映生辉，活脱脱地烘托出了一个真实可信，对自由自在、无拘无束有着强烈向往的曹景宗的形象，令人回味无穷。

90.韦睿有刘秀、周瑜之风

【原文】 躬自调查研究。

以少击众。

敢以数万敌百万，有刘秀、周瑜之风。

仁者必有勇。

我党干部应学韦睿作风。

——摘自《毛泽东读文史古籍批语集》，第198~205页。

【品读解析】 毛泽东很爱读《南史·韦睿传》。因《韦睿传》与《裴邃传》一道，都列在《南史》卷五十八中，因而毛泽东在这一卷开始的天头，使用粗重的笔迹画了四个圈，并标写道：“梁将韦睿裴邃传。”在《韦睿传》文内，毛泽东更是密加圈点，并作了25处批注。

韦睿作战善于把握战机。例如，在天监五年的合肥之战中，韦睿派部将王超宗、冯道根率兵进攻北魏的小岘城，但王超宗、冯道根却未能攻下。于是，韦睿亲自前往小岘城指挥作战。当他率领部队抵近到城下勘察地形时，城中忽然冲出来几百名魏兵，在城外布列战阵，向梁军挑战。韦睿要乘机攻击他们，但部将们却都劝阻他说："我们是轻装前来，不便迎战。请让我们回去披上铠甲后，再来迎战。"韦睿说："城中的魏军有两千余人，如果闭门坚守，那完全有力量能守住城池。如今却无缘无故放出来几百人。这些人一定是魏军中骁勇善战之辈。我们如果能够挫败他们，那城中的魏军就会丧失斗志。这样一来，这座城自然也就能攻下了。"但部将们仍然迟疑不决。韦睿于是指着手中都督的节仗说："朝廷把这节仗授予我，不是用来作装饰的。韦睿的法度，不可违犯。"于是，梁军向魏军发动进攻，打败了出城挑战的魏军，并乘势猛攻小岘城，没用多少时间便攻克了。

毛泽东在《南史·韦睿传》的这段记叙旁批注道："躬自调查研究"、"以众击少"、"机不可失"、"决心"，对韦睿随机应变的能力作了有力的肯定。

韦睿攻克小岘城后，便率军进攻合肥。右军司马胡景略在韦睿之前便率部到了合肥，但多次进攻都未能奏效。韦睿对合肥周围的地形地貌进行仔细观察后，令梁军筑堰拦截淝水，把水灌到了合肥城下。韦睿决定先攻下合肥城东西两旁的两座小城，但这时北魏大将杨灵胤却率五万援兵突然来到了合肥。韦睿的部将请求等朝廷增兵以后再战，但韦睿不为所动，指挥部队很快就攻克了这两座小城，稳定了部队的情绪。魏军进行反扑，想要捣毁梁军修筑的堤堰。梁军的军监劝韦睿退守巢湖，大多数将领则劝韦睿退保三丈。韦睿大怒，说："作战失败，将军首先该死。如今是有前无退！"他将自己的旗帜竖立在堤堰下，以示无退兵之志，并亲自指挥作战，击退了前来凿堤的魏军。其后，他派出梁军的战舰，直抵合肥城下。因合肥城被水淹灌，梁军的战舰与城头的高度相等，因而梁军最终攻破了合肥。

毛泽东在这里有两处批注：一是"以少击众"，一是"将在前线"。这一方面表达了毛泽东对韦睿的赞许，另一方面也是毛泽东作战原则的表白。

天监五年，韦睿奉梁武帝之命，率军前往邵阳洲，与曹景宗会合，共同出兵援救钟离。韦睿之部从合肥穿过阴陵大泽，急速向钟离开进。当时，北魏中山王元英所率领的军队号称百万，连城四十余座。部将见魏军兵力强劲，感到害怕，便让人出面劝说韦睿缓慢推进。但韦睿却说："如今钟离上空箭如雨下，城里的守军只能是凿洞居住、背着门扇出来打水。我们即使是像车子一样奔跑还担心救援不及呢，更何况放慢进军速度呢!”结果，韦睿所部只用了十来天的时间便赶到了邵阳洲。其后，韦睿与曹景宗齐心协力，最终击败魏军，获得大胜。

毛泽东对韦睿敢于赴汤蹈火的勇气十分钦佩，在这一段上批注道：“敢以数万敌百万，有刘秀、周瑜之风。”

毛泽东不但赞赏韦睿的军事才能和英勇果敢的无畏精神，同时也嘉许韦睿仁厚的品德和作风。例如，韦睿善于团结部下和调解部下的矛盾。在合肥之战中，右军指挥官胡景略和前军指挥官赵祖悦在一起作战时发生了冲突，闹得关系十分紧张，彼此都想要找机会陷害对方。胡景略甚至在一怒之下因咬牙切齿而咬得满嘴流血。韦睿认为将帅不和将会给全军带来祸患，于是亲自出面调解。他知道问题的关键在胡景略，便首先做胡景略的工作，给胡景略斟上酒，向胡景略请求说：“我希望两位虎将不要再私斗。”最终调解了两人的矛盾，使整个战役进程没有受到影响，避免了恶性事件的发生。毛泽东对此很有感触，于是在这里批注道：“干部需和。”

作为主将，他日常工作相当繁忙，甚至连屯驻地的营房修建的标准等问题都在他的工作范围内。白天要接待各种客人，晚上则要考虑军事问题。常常是三更起床，一直工作到天明，而且，他待人接物，非常客气，因而想要报效国家和想要做出番事业的人士都争先恐后地前来投奔他。毛泽东对此进行了逐字旁圈，并批注道：“劳谦君子。”

韦睿有着过人的优秀品质。如《南史·韦睿传》记载：韦睿攻克合肥时，一切缴获都归公，“所获得军兵，无所私焉”。韦睿生性慈爱，抚养死去兄长的儿子比抚养自己的儿子还要周到。他当官所得的俸禄，都分发给亲戚朋友，而自己则是“家无余财”。毛泽东在此记述旁分别批注道：“不贪财”、“仁者必有勇”。

韦睿为人也很厚道。在救援钟离获胜后，被救的司州刺史昌义之连声呼喊：“我获得了再生、我获得了再生!”为了报答救命之恩，昌义之特意拿出 20 万钱设赌，让韦睿和曹景宗玩掷骰子赌输赢。韦睿赢了，却故意重掷一次，输给了曹景宗。当取得胜利后，曹景宗与其他将领都争先向梁武帝报捷，但韦睿总是在最后才向梁武帝报捷，从不与他们计较。韦睿由此而博得了世人的赞誉。毛泽东对此分别批注道：“使曹景宗胜”“曹景宗不如韦睿远矣”。任农夫、王道隆、沈攸之、张兴世等人，则是在征战中表现特别突出并立下大功的几位将领。刘彧即位之初所面临的绝对孤立的形势和弱小的军事力量，依靠一批足智多谋、英勇善战的将相，采用正确的政治、军事策略，终于讨平以刘子勋为首的各反叛势力，夺取了天下。毛泽东认为这次战争是“内线作战，以寡对众，以弱敌强”而终获全胜的战争奇例，所以他才十分认真地阅读了《通鉴纪事本末》中关于这次战争的全部记述，并对这次战争的发展变化、双方力量的对比、各主要人物的活动、刘彧采取的政策和策略等问题，都做了精辟的圈点和批注。

第九章

毛泽东品读《陈纪》

陈朝（557—589 年），是中国历史上南北朝时期南朝的最后一个朝代，陈霸先代梁所建立的，都建康（今南京），控制江陵以东、长江以南的地区。陈朝建立时已经出现南朝转弱，北朝转强的局面，陈朝刚建立时面临北方政权的入侵，形势十分危急。陈朝开国皇帝陈霸先带领军队一举击败敌军，形势有所好转。亡国君为陈后主陈叔宝，陈最后被隋文帝在 589 年所灭，结束自南北朝的分裂局面，南北重新统一。历五帝，共三十三年。由于陈朝王室及贵族赞助艺术创作，因此绘画、书法、音乐、诗作极为兴盛。

91.陈后主太没出息

【原文】 可不要看不起老粗。知识分子是比较最没有知识的。历史上当皇帝，有许多是知识分子，是没有出息的。隋炀帝就是一个会做文章、诗词的人。……一些老粗能办大事情，成吉思汗、刘邦、朱元璋。

——摘自毛泽东在1964年3月24日的一次谈话，见陈晋《毛泽东之魂》，第321页。

【品读解析】 陈叔宝在当太子时，就是一个纵情声色的人。继承父位当上陈国皇帝后，更是无所顾忌，整天沉迷于后宫美色，饮酒作乐。他经常让一些近臣文士陪着喝酒，让后宫嫔妃和这些人赋诗唱和，然后选一些文辞华丽的诗作谱上曲，选一千多宫女演唱。这些歌曲如《玉树后庭花》《金钗两鬓垂》《临春乐》等，大都是赞美各位嫔妃容貌如何如何美艳，被后世称为亡国之音。

在后宫佳丽中，陈叔宝最宠幸的嫔妃有三人：张贵妃、孔贵妃、龚贵妃。陈叔宝最烦处理政事，百官要想启奏事情，都要经过宦官通禀，而他则经常是把张丽华抱在膝上，让这位美人一起来决定国事。588年，隋文帝杨坚经过充分准备，周密部署，出动51万大军，分兵八路，在东起东海，西到巴蜀的数千里沿线上，对陈国发动了全面攻击。陈叔宝自知平时对臣下没什么恩情，恐怕没人肯给自己卖命，只好依赖施文庆、沈客卿这两个奸臣。而这两个奸臣为了自己的地位，唯恐其他人立战功受重用，于是千方百计阻挠别的大臣、将领献计献策，领兵迎敌，而且故意扣压前线送来的一道道紧急军情报告，使本来就昏暗的陈叔宝对隋军情况毫不知情。甚至隋朝大军已隔江可见时，陈叔宝仍不知大厦将倾，还在对臣下吹嘘说：“王家气运还在我这里。从前齐兵三次来犯，周军两次入侵，全都失败了。他隋国又能有什么作为呢?”当时都官尚书孔范马上大拍其马屁，声称陈国有长江天险，隋军肯定不会攻过来；而且即使隋军攻过长江，他孔范也要叫他们片甲不留。此言正中爱听好话的陈叔宝下怀，于是他照旧歌舞升平，纵酒赋诗，对隋军根本不怎么防备。

589 年春，隋军渡过长江，陈国全线溃败。当时建康（今南京）城还有十万精兵，但胆怯懦弱的陈叔宝只知道整天痛哭，毫无主张，把一切政务、军务都委托给施文庆处理。施文庆知道将领们都恨他，唯恐这些人立功，于是对陈叔宝说“这些人平时就不服管束，现在这种时候，更不能信赖他们!”从此，将领们的各种建议基本上没有批准过。后来，隋军大将贺若弼攻到钟山，陈叔宝不听大将任忠坚守不战的建议，坚持与隋军决一死战。结果陈军大败，任忠投降，并把隋军引入建康城。陈叔宝听说隋军已攻进城，怕得要死，想躲藏起来。当时有的大臣劝他拿出些一国之君的骨气来，他根本不听，下床就跑，说：“刀枪无眼，可不是好玩的。我自有主意。”带着十几个太监跑出后堂，穿过景阳殿，奔到一口井边就要往下跳。追随而来的大臣们怎么也劝不住。有一位大臣挡在井口，就是不让陈叔宝跳，陈叔宝和这个大臣争吵了好久，才跳了进去。不久，隋军到达，得知陈叔宝跳井后，扒着井沿喊他，见没有回声，士兵们便喊叫着要往井里投大石头。这时只听井里传出陈叔宝的叫声：“别投，别投，朕在里面。”士兵们放下绳索，打算把陈叔宝拉上来，没想到他竟然重得出奇。几个人合力好不容易把这个一国之君拉上来，这才闹明白，原来陈叔宝是和张贵妃、孔贵妃捆在一起。

陈叔宝被押解到隋朝后，隋文帝对他很客气，也很体谅，每当宴会时，只要有陈叔宝在场，怕他伤感，隋文帝便不让乐队演奏吴地乐曲。后来看守向隋文帝报告说：“陈叔宝想请隋朝给他个官号，以便朝会时有个位置。”隋文帝听后，轻蔑地说：“叔宝真是没心没肝。”陈叔宝在隋朝浑浑噩噩地过了几年，604 年，死于隋炀帝时代。隋炀帝给他加了个“大将军”、“长城县公”的封号，给他定谥号为“炀”，意思是评论他耽于声色，惰于国政。

第十章

毛泽东品读《隋纪》

隋朝与秦朝有着惊人的相似之处，都是一个完成了中国统一的王朝，但也是一个短命的王朝。隋朝历文帝杨坚、炀帝杨广共三十八年，如此短命的王朝，自然引起人们的思索并探究其中的原因。毛泽东在研究隋史时，想必也是带着这个问题的。人们通常都习惯性地把隋朝灭亡的原因归结于隋炀帝的暴政，但毛泽东却以敏锐的历史眼光，从隋文帝身上看到“蕴藏大乱”的因素，对后人学习隋史、研究隋亡的历史教训，有画龙点睛之效……

92.李延寿写史有统一的思想

【原文】《南史》、《北史》作者李延寿有倾向统一的思想，比《旧唐书》写得好一些。

——摘自张贻玖《毛泽东读史》，中国文史出版社2010年版，第28页。

【品读解析】南北朝是我国历史上大混乱的时期，也是人才辈出的时代。毛泽东读《南史》，主要对一些古代将领的才华表示欣赏，留下了不少批注。如韦睿、曹景宗、陈庆之等。对梁武帝萧衍也做了全面的评价，既欣赏他前期的军事才能，也批评他晚年的“专听生奸，独任成乱”。

毛泽东在书中引用了唐朝诗人罗隐《筹笔驿》的两句诗批注道：“时来天地皆同力，运去英雄不自由。”惋惜之情，流露笔端。

北朝是一个战乱频仍的时代，毛泽东读《北史》，对战争中必然会出现的战俘问题非常关注。他对《王建传》的批注，从政治的角度来看待战俘问题，显得凝练而深刻。

《南史》和《北史》的作者都是李延寿，毛泽东对这位史学家曾给予很高的评价，他曾说过：“《南史》、《北史》的作者李延寿有倾向统一的思想，比《旧唐书》写得好一些。”九品官人法，规定九品以上地方官吏均由中央任免，并确立三省制，简化地方行政机构，加强了中央集权统治。他继续推行均田制，轻徭薄赋，搜查隐漏户口，重编户籍，削弱了豪强势力，使封建国家管辖的人丁数字大增，保证了国家财政收入和社会经济的发展。

因而，《隋书·高祖本纪》对他的政治功绩作了充分的肯定，说他“自强不息，朝夕孜孜，人庶殷繁，帑藏充实。虽未能臻于至治，亦足称近代之良主”。但同时也对他的过错进行了批评，说他“然天性沉猜，素无学术，好为小数，不达大体，故忠臣义士，莫得尽心竭辞。其草创元勋及有功诸将，诛夷罪退，罕有存者。又不悦诗书，废除学校，唯妇言是用，废黜诸子。逮于暮年，持法尤峻，喜怒不常，过于杀戮”。

毛泽东读《隋书·高祖本纪》时，对这一评价部分中的“好为小数，不达大体”以及“素无学术”、“持法尤峻”等内容特别注意，批注了四个字：“蕴藏大乱。”

毛泽东读史很注意总结历史上的兴衰成败之道，而且对历史事件和人物的分析也很深刻。在中国历史上，一般都认为隋朝建于隋文帝而亡于隋炀帝，隋文帝是明君，而隋炀帝则是暴君。但毛泽东却认为隋朝的短命（581—618），并不能完全归结为隋炀帝的暴政，有许多亡国的因素都是在隋文帝时期积累下来的。因此，他在读史时，对隋文帝的言行十分留意。他在读《北史·隋本纪·高祖纪》时，也对隋文帝的错误举措作了批注。《北史·隋本纪·高祖纪》记载有隋文帝开皇十八年（598）的一道诏书：“吴、越之人，往承弊俗，所在之处，私造大船，因相聚结，致有侵害。江南诸州，人间有船长三丈以上，悉括入官。”毛泽东认为，吴、越之人私造大船，是商业发展的需要，而隋文帝下令把大船都收缴入官府，是“不可能”的事。隋文帝这个做法，无疑是阻碍民间经济商贸的蠢事。

93.隋炀帝也是个没有出息的人

【原文】 可不要看不起老粗。知识分子是比较最没有知识的。历史上当皇帝，有许多是知识分子，是没有出息的。隋炀帝就是一个会做文章、诗词的人。……一些老粗能办大事情，成吉思汗、刘邦、朱元璋。

——摘自毛泽东在1964年3月24日的一次谈话，见陈晋《毛泽东之魂》，第321页。

【品读解析】 隋炀帝是历史上有名的暴君，一生做了许多丑事。他先设计使文帝废掉太子杨勇，立自己做太子，又使心腹谋杀父亲，登上帝位。然而他并不缺乏本领和气魄，如建东部，开凿大运河，作用都不可否定。所以毛泽东把他归到只会作文吟诗的没出息的人里似乎不太准确。他的根本问题是：狂妄地认为天下人可以听凭一己指使，为了自己的贪欲，不惜使广大民众肝脑涂地，因此最后走上了灭亡的绝路，教训是深刻的。隋末农民大起义推动了社会生产力的发展。

94.隋末大起义促进社会发展

【原文】 地主阶级对于农民的残酷的经济剥削和政治压迫，迫使农民多次地举行起义，以反抗地主阶级的统治。从秦朝的陈胜、吴广、项羽、刘邦起，中经汉朝的新市、平林、赤眉、铜马和黄巾，隋朝的李密、窦建德，唐朝的王仙芝、黄巢，宋朝的宋江、方腊，元朝的朱元璋，明朝的李自成，直至清朝的太平天国，总计大小数百次的起义，都是农民的反抗运动，都是农民的革命战争。中国历史上的农民起义和农民战争的规模之大，是世界历史上所仅见的。在中国封建社会里，只有这种农民的阶级斗争、农民的起义和农民的战争，才是历史发展的真正动力。因为每一次较大的农民起义和农民战争的结果，都打击了当时的封建统治，因而也就多少推动了社会生产力的发展。只是由于当时还没有新的生产力和新的生产关系，没有新的阶级力量，没有先进的政党，因而这种农民起义和农民战争得不到如同现在所有的无产阶级和共产党的正确领导，这样，就使当时的农民革命总是陷于失败，总是在革命中和革命后被地主和贵族利用了去，当作他们改朝换代的工具。这样，就在每一次大规模的农民革命斗争停息以后，虽然社会多少有些进步，但是封建的经济关系和封建的政治制度，基本上依然继续下来。

——摘自《中国革命和中国共产党》，见《毛泽东选集》第2卷，第625页。

【品读解析】 隋末农民起义首先从山东拉开序幕。此后各地纷纷起义，起义军队伍数不胜数，有的发展到1万多人。尽管隋炀帝下令对起义军坚决镇压，格杀勿论，仍然不能扑灭农民起义的燎原之火。

大业九年（613），隋炀帝发动第二次对高丽的战争，进一步加重了全社会的苦难，农民暴动的燎原之火越烧越旺。起义军多者10余万人，少者数万人，他们攻城占邑，杀官夺粮，已初步构成对隋朝统治基础的直接威胁。

社会矛盾的激化，引发了隋朝统治集团内部的矛盾冲突。大业九年五月，杨素之子、礼部尚书杨玄感，在黎阳起兵反隋，渡黄河攻洛阳城，向隋炀帝的皇位直接发起冲击。隋炀帝得报，连夜从高丽退兵，击败杨玄感。虽然杨玄感起兵仅两个月就失败了，但这次起兵削弱了隋朝的统治力量，使农民起义进一步高涨起来；此后起义地区从以山东为主发展到黄河南北以及江南，岭南、关中、淮南等地，从局部发展到全国，有记载的起义队伍就有100多支，人数200万人。

大业十二年（616）以后，农民起义发展到高潮时期并逐渐会合成几支强大的势力，主要有翟让、李密领导的瓦岗军，窦建德领导的河北军，杜伏威领导的江淮军，林士弘领导的鄱阳军等。这几支农民军摆脱了以前小股乌合、打家劫舍的绿林寇盗形式，转入与隋朝政权正面大规模作战阶段，并连续取得多次大战役的胜利。

大业十二年，隋朝大贵族出身、曾参加杨玄感起兵反隋的李密加入了翟让为首的瓦岗（河南滑县南）军。李密长于谋划，文武双全，很快就得到翟让的信任。当年，翟让接受李密建议，攻破要塞金堤关（河南荥阳东北）和荥阳诸县。

为夺回荥阳这一兵家必争之地，隋炀帝派对镇压农民军有经验的勇将张须陀为荥阳通守前往镇压。翟让以前多次被张须陀战败，这次一听隋将是张须陀，非常恐惧，打算不战而逃。李密劝道："须陀勇而无谋。又接连打了几次胜仗，现在是又骄傲又狠毒，可以一战将其擒获，您只管出兵列阵，密保证为您击败他。”翟让不得已，只好领兵迎战。李密在大海寺北的树林中暗伏了一支1000多人的伏兵。张须陀本来就没把翟让放在眼里，见翟让竟敢列队迎战，马上让队伍列成方阵，直逼翟让军阵。双方交战，翟让不敌须陀，落荒而逃。须陀乘胜追出10多里。李密见时机已到，命令伏兵突然出击，张须陀兵败。

李密乘胜把隋军包围起来。张须陀杀出重围，见自己部下还有许多被围，又跃马冲入重围解救，往返数次，力尽战死。张须陀平日深得士卒爱戴，战死后，其部下为他昼夜啼哭，数日不止。

张须陀的战败，使河南诸郡县为之丧气。从此瓦岗军威震中原。617年，在李密的谋划下，瓦岗军攻占了隋朝最大的粮仓兴洛仓，开仓赈济贫民。这一年瓦岗军又击败了洛阳派来的讨伐军，获得了大批辎重武器。翟让自知才能远不如李密，于是主动把最高权力让给李密，并尊李密为魏公。李密拜翟让为上柱国、司徒、东郡公。李密执掌瓦岗军大权后，各小股农民军纷纷来归附，瓦岗军迅速增加到几十万人。河南郡县大部分被李密攻克，又招降了隋将裴仁基、秦叔宝、程咬金、罗士信，赵仁基也投奔瓦岗军，成为瓦岗军精锐部队的干将。接着，李密两取回洛仓，包围了洛阳城，发布声讨隋炀帝的檄文，痛斥隋炀帝的罪恶，“罄南山之竹，书罪无穷；决东海之波，流恶难尽”。瓦岗军达到了鼎盛时期。东至海、岱，南至江、淮，郡县纷纷派遣使者归附李密。

后来李密和翟让的关系出现裂痕，617年11月，李密设计杀死了翟让。虽然翟让性格残忍，不得军心，但毕竟是他把李密推上了瓦岗军最高统帅的地位。因而，翟让被杀，引起了瓦岗军的军心不稳，削弱了战斗力。

河北农民军的首领窦建德，是漳南（今山东武城县东北）人，勇敢有谋略。大业七年（611），因帮助孙安祖聚众起义，窦建德全家被隋朝残杀。窦建德投奔高士达农民军。616年，高士达战死。窦建德成为该农民军领袖，拥众十万人。617年，窦建德在乐寿（河北献县）称长乐王。

617年7月，李密进逼洛阳，隋炀帝调涿郡留守薛世雄率精兵三万赴洛阳解围。薛世雄率军行至河间县界，驻扎在七里井。窦建德故意让士卒做出惧怕薛世雄的样子，全都弃营南逃。薛世雄以为窦建德怕自己，便不加防备。农民军退到离隋军100多里的地方时，窦建德谋划了一次奇攻战。他亲自率领200多人的敢死队先行杀回，命令大队人马继后。窦建德和士卒们约定：如果夜里到达，就袭击敌营；如果到达时天已黎明，就投降。离隋营一里左右时，天将破晓，窦建德正和部下惶恐不安地讨论准备投降时，忽然下起了大雾，窦建德大喜，说："天助我也。"于是冲入隋军大营。薛世雄士卒乱成一团，薛世雄根本无法控制，只带着几十个随从亲信逃回涿郡。从此，窦建德领导的农民军日益壮大，基本上占领了河北地区。大业十四年（618）窦建德称夏王，建国号为"夏"，迁都洛州（河北永年），他劝课农桑，使得"境内无盗，商旅野宿"，在当时的社会环境下确属不易。

农民起义军势力的不断壮大，直接从内部瓦解了隋朝统治，隋朝的地方官僚将领纷纷在全国各地拥众割据，起兵叛隋。隋炀帝在江都终日惶惧不安。618年3月，隋右屯卫将军宇文化及，虎贲郎将司马德戡等人发动兵变，缢杀了隋炀帝，隋朝宣告结束。

隋炀帝被杀后，各部农民军首领有的投降了唐朝，有的被唐朝消灭。轰轰烈烈的隋末农民大起义以其胜利果实被李渊窃取而告终。

隋末农民大起义从大业七年（611）王薄吹响革命号角开始，整整经历了十四年。在地区上，西北至陕西边境，东北至河北北部，东至海滨，南至广东，其范围的广大，是以前的农民战争所没有达到过的。在人数上，一百多支的农民起义队伍，总人数在三百万左右，所谓举天下之人，十之八九为"盗贼"，绝大部分被剥削被压迫的群众都投入了反隋运动，表明了这次农民起义具有深厚而又广泛的社会基础。

隋末农民起义不仅摧毁了隋王朝，而且比两晋南北朝时期的农民起义以更宏大的规模、更深刻的程度，进一步扫荡了世家豪族及其赖以生存的庄园经济和门阀制度。

农民起义改造了封建统治，局部地调整了封建生产关系，一家一户的个体经济水平有了提高，租佃农民逐渐代替了依附农民，这就是唐王朝经济出现繁荣的根本原因。

隋末农民起义不能取得最后的胜利，它的教训是什么呢？

第一，隋末三支农民起义军，分别在三个地区打击隋王朝的统治，客观上是相互声援的。但三支强大的起义军始终没有联合起来，形成统一的队伍，这就大大削弱了起义军的战斗力量，结果数百万起义军，被地主阶级武装各个击破。

第二，由于隋炀帝横征暴敛，不但激化了农民与隋王朝的矛盾，也大大激化了统治集团内部的矛盾。当农民革命风起云涌的时候，许多地主阶级的政治力量纷纷倒戈，带着不同的政治目的投入了反隋的斗争洪流。他们或则独树一帜，或则混入农民义军，有的成为农民军的领导人物。这就使隋末农民战争形成了极为错综复杂的局面。如出身大官僚贵族的李密参加了瓦岗军，开始起了很大的积极作用，可是出于地主阶级的个人野心，终于杀害了农民领袖翟让，使威震中原的瓦岗军从此军心涣散，走向下坡路。而翟让为李密的才具所迷惑，缺乏警惕，拱手让出领导权，造成个人丧失性命，义军趋向瓦解的悲痛结局。隋末农民起义的领袖大多不能正确对待这种复杂的斗争，特别是当隋炀帝被杀以后，失去了斗争的目标。如窦建德由反隋斗士转成拥隋的“义臣”，而江淮的杜伏威则亲自跑到长安去乞求封赏，归顺了李唐集团。一场轰轰烈烈的农民革命终于失败了。这是小生产者出身的农民领袖不可避免的历史悲剧。

95.江南商业发展

【原文】 商业发展。

此不可能。

——摘自《毛泽东读文史古籍批语集》，第211页。

【品读解析】 隋文帝此次下诏，意在禁止民间私造大船。特别在江南，刚刚平定，民心尚有不稳，如果这种“弊俗”一任存在并发展下去，那就很容易导致乱党勾结，聚众闹事。这对隋王朝的统治是不利的。因此，隋文帝要下诏制止。但是，从另一方面来看，江南造船业的蓬勃发展，又反映出水上交通适应商业繁荣的需要这样一个基本事实。隋文帝当初是从政权角度考虑的，毛泽东如今是从经济方面着眼的。同样一件事，从同一材料里，能够发现新的线索，得出迥然不同的结论。毛泽东正是通过隋文帝堂而皇之的诏文，看出隋初江南“商业发展”的历史实际。他同时对隋文帝想把民间的船只统统“入官”，即采取强迫的方式，悉数收至官府，认为是做不到的。

96.隋初统治“蕴藏大乱”

【原文】 蕴藏大乱。

——摘自毛泽东读《隋书·高祖本纪》的批语，见《毛泽东读文史古籍批语集》，第179页。

【品读解析】 隋文帝杨坚在位24年（581—604）。他不是寿终正寝的，而是在仁寿四年（604）七月病重期间，被改立的太子杨广谋杀的。他听信谗言，废原太子杨勇，新立太子杨广。接班人选错了，大乱就从这件事上爆发出来了。其实，隋文帝并非昏庸之主。他勤政爱民，节俭自重，“薄赋敛，轻刑罚，内修制度，外抚戎夷”，致使境内“人庶殷繁，帑藏充实”。史家以为，隋文帝不失为“近代之良主”。但是，他作为帝王，个人身上固有的一些弱点限制了他。这些弱点是：“天性沉猜，素无学术，好为小数，不达大体。”具体表现在：诛杀功臣，废除学校，听信妇言，废黜诸子。

毛泽东的批语是针对隋文帝上述劣迹而发的。《隋书》紧承其后，还特别提到：“逮于暮年，持法尤峻，喜怒不常，过于杀戮。”这几乎是中国封建社会里有为之君的通病："靡不有初，鲜克有终。"（《诗经·大雅·荡》中的诗句）意思是，就一般人来讲，善始容易，善终很难。就帝王而言，即便是明君，晚年也会将原先不大显露的缺陷、弱点，膨胀到病态的程度，发展到极限，以致扭曲变形，导致误国误民的恶劣后果。所以，隋文帝统治期间，从一开始就"蕴藏大乱"；到暮年，可谓自铸大乱，已经不藏而显了。"唯妇言是用"，即重大的决策（如废立太子、亲疏重臣等），几乎是独孤皇后说了算，或者说是独孤皇后一出点子，不管隋文帝想到没想到，同意不同意，他都得照皇后的意思办，不信忠臣，唯听妇言；杀元勋义士于殿堂，惧妇容、顺妇意于后宫。如此行事，焉得不乱！

第十一章

毛泽东品读《唐纪》

唐代是中国历史上一个引人入胜的鼎盛时期，是中华民族发展的第二高潮。在发展经济、文化、密切民族关系和国际交往中，取得了光彩夺目的成就。毛泽东看唐史，既欣赏其人才辈出的盛况，对各种各样的人物表达了自己的臧否之意。同时，也从公认的盛世中发现其中存在的突出的各类政治问题，如立储、开元之治、藩镇割据，毛泽东都加以认证研究。他十分注意从纷繁的历史事件中总结唐朝的兴衰成败的经验教训……

97.兼听则明，偏信则暗

【原文】 唐朝人魏征说过："兼听则明，偏信则暗。"也懂得片面性不对。可是我们的同志看问题，往往带片面性，这样的人就往往碰钉子。

——摘自《矛盾论》(1937年8月)，《毛泽东选集》第1卷，人民出版社1991年6月版，第313页。

【品读解析】 "矛盾的特殊性"是毛泽东在《矛盾论》中重点论述的问题。他指出："一个大的事物，在其发展过程中，包含着许多的矛盾。……这些矛盾，不但各有其特殊性，不能一律看待，而且每一矛盾的两方面，又各有其特点，也是不能一律看待的。"因此，他要求各级领导干部，不仅要在各个矛盾的总体上，即矛盾的相互联结上了解其特殊性，还要从矛盾的各个方面着手研究，才能了解其总体。他进一步解释说："所谓了解矛盾的各个方面，就是了解它们每一方面各占何等特定的地位，各用何种具体形式和对方发生互相依存又互相矛盾的关系，在互相依存又互相矛盾中，以及依存破裂后，又各用何种具体的方法和对方作斗争。"

矛盾的特殊性，是区别这一事物不同于另一事物的根据，它对于我们全面把握和认识事物有着重大的参考价值。具体到实际工作中，就是要克服主观性、片面性和表面性。接下来，毛泽东对这三种教条主义者看问题的方法逐一作了阐释："主观性，就是不知道客观地看问题，也就是不知道用唯物的观点去看问题。""片面性，就是不知道全面地看问题。……或者叫做只看见局部，不看见全体，只看见树木，不看见森林。""表面性，是对矛盾总体和矛盾各方的特点都不去看，否认深入事物里面精细地研究矛盾特点的必要，仅仅站在那里远远地望一望，粗枝大叶地看到一点矛盾的形象，就想动手去解决矛盾（答复问题、解决纠纷、处理工作、指挥战争）。”

在谈到片面性问题时，毛泽东首先指出了片面看问题的危害：是不能找出解决矛盾的方法的，是不能完成革命任务的，是不能做好所任工作的，是不能正确地发展党内的思想斗争的。接下来，他摘用古代军事家孙武“知彼知己，百战不殆”的古语和唐朝著名谏臣魏征的名句“兼听则明，偏信则暗”，从正面来说明用片面观点看问题可能带来的后果。孙武是春秋时期杰出的军事家，善于兵略，后人尊称他为“武圣”。著有《孙子兵法》，这是中国乃至世界上流传下来的最古老、最完整的军事理论著作，被称为“兵家圣典”。他提出的“知彼知己，百战不殆”观点是具有普遍意义的战争指导规律，成为后世兵家克敌制胜所必须遵守的法则。孙武与人作战，在了解己方实力的同时，也必定要详细掌握敌方情况，做到全面看问题，所以能屡战屡胜。唐朝名臣魏征也主张看问题要全面，他多次劝谏唐太宗要多方听取意见，全面了解情况，为贞观盛世局面的开创立下了汗马功劳。随后，毛泽东又列举《水浒传》中宋江打祝家庄因前两次情况不明吃了败仗直到第三次探明情形才取得胜利的故事，对全面看问题的重要性作了佐证。在这个问题的最后，毛泽东以列宁的一句话作为结尾，对广大党员干部提出殷切要求，再次就这一问题唤起他们的重视。这句话是：“要真正地认识对象，就必须把握和研究它的一切方面、一切联系和‘媒介’。我们决不会完全地做到这一点，可是要求全面性，将使我们防止错误，防止僵化。”

98.古代用兵者没有超出李世民的

【原文】 李恪英物，李治朽物，知子莫若父。然卒听长孙无忌之言，可谓聪明一世，懵懂一时。

——摘自《毛泽东读文史古籍批语集》，中央文献出版社 1993 年 11 月版，第 233~234 页。

【原文】 所谓以弱当强，就是以少数兵力佯攻敌诸路大军。

所谓以强当弱，就是集中绝对优势兵力，以五六倍于敌一路之兵力，四面包围，聚而歼之。自古能军无出李世民之右者，其次则朱元璋耳。

——摘自《毛泽东读文史古籍批语集》，第 65~66 页。

【品读解析】 唐太宗李世民是毛泽东很欣赏的一代雄主。

《智囊》“孙膑”一条，叙孙膑到齐国住在田忌家里，在田忌同齐国公子比骑射时，他给田忌出主意，让他用最差的马与对方最好的马比赛，以最好的马同对方的中等的马比赛，以中等的马与对方最差的马比赛。结果田忌二胜一负赢了这场比赛。这种制胜之法被后人称为“驷马法”。

作者在说完这件事后，又引唐太宗李世民自述的“用兵之要”：“唐太宗尝言，自少经略四方，颇知用兵之要。每观敌阵，则知其强弱，常以吾弱当其强，强当其弱。彼乘吾弱，奔逐不过数百步；吾乘其弱，必出其阵后，反而击之，无不溃败。盖用孙子之术也。”

读至此，毛泽东十分有兴趣地做了前面的批注。

显然，毛泽东对李世民的用兵之道十分赞同，并对他的“以弱当强，以强当弱”之法，作了进一步的发挥，提出其要旨在以少数兵力佯攻敌大军，再以优势兵力聚敌兵围而歼之。这个观点，也是毛泽东从自己的军事指挥经验中总结出来的。

毛泽东对李世民、朱元璋的军事指挥才能做了高度评价。这二人都是横刀立马，南征北战，从战乱中打出一统天下的封建帝王。关于李世民军事指挥特征，毛泽东曾对身边工作人员说："打仗要像唐太宗那样，先守不攻，让敌人进攻，不准士兵谈论进攻的事，谈论者杀。待敌人屡攻不克，兵士气愤已极，才下令反攻，一攻即胜。这样一可练兵，二可练民。"

唐太宗李世民英雄一世，但他的儿子却大多不成器。因此，唐太宗在立太子的问题上感到格外苦恼。

唐太宗共有 14 个儿子：长孙皇后生了李承乾、李泰、李治，一位不知姓名的宫女生了李宽，杨妃生了李恪、李愔，阴妃生了李佑，王氏生了李恽，燕妃生了李贞、李嚣，韦妃生了李慎，另一位不知姓名的宫女生了李简，另一位杨妃生了李福，杨氏生了李明。

武德九年（626）十月，唐太宗刚一即位，便册立长子、年仅八岁的中山王李承乾为太子，并让大臣于志宁和杜正伦分别担任了左庶子和右庶子，以辅导太子。然而，聪明伶俐、心狠手辣的李承乾不仅是个跛子，而且荒淫无道。这使唐太宗大为伤心。

魏王李泰勤奋好学，但却野心勃勃。他见唐太宗对太子李承乾感到失望，便大肆拉拢朝臣，收买人心，攻击李承乾，觊觎太子之位。因而，李承乾和李泰势同水火。

唐太宗见李承乾不成器，便打算改立李泰为太子。李承乾听闻后，曾派遣刺客张师政、纥干承基等人去刺杀李泰。刺杀未遂，他又与汉王元昌，大将侯君集以及纥干承基等人结成死党，准备仿效唐太宗早年在玄武门发动政变、攻杀太子李建成的故事，起兵杀入西宫。

唐太宗贞观十七年（643），阴妃所生之子、齐王李佑在齐州发动叛乱失败，纥干承基因卷入这场叛乱而被逮捕，从而供出了太子李承乾的阴谋。唐太宗大怒，将李承乾废为庶人，流放到了黔州。参与李承乾的阴谋的侯君集等宿将都被处死。

唐太宗在暗中答应李泰，同意立他为太子。李泰的死党岑文本、刘洎等大臣也请求唐太宗早日立李泰为太子。而元老长孙无忌却不同意立李泰为太子，而主张立晋王李治为太子。唐太宗认为李泰有才，而李治为人柔弱，缺少英气，因此十分犹豫，举棋不定。他一方面觉得李治仁儒，难以治国；另一方面又考虑到李泰为人凶险，如果李泰即位，那李承乾、李治就有生命危险；而懦弱的李治即位，则李承乾、李泰都可获得保全。权衡再三，他最终还是听取了长孙无忌的意见，将李治立为太子。

李治被立为太子后，通过一段时间的观察，唐太宗又对李治的所作所为深感失望，于是又滋生了另立太子的念头。在12个儿子中，除李泰之外，唐太宗最钟爱的就是吴王李恪了。李恪“善骑射，有文武才”，他的母亲杨妃又是隋炀帝的女儿。因而李恪在当时的朝野内外有着很高的声望。然而，李治的舅舅长孙无忌却凭借自己唐朝元勋的地位，坚决反对改立李恪为太子，李世民迫于各方面的压力，最终听信了长孙无忌的话，放弃了改立李恪的念头。

立太子，在封建社会是一个重大的政治问题，而号称英主的唐太宗却在这件事情上屡屡失误，这不能不引起毛泽东的批评。因此，毛泽东在阅读《新唐书》卷八十《郁林王恪传》时，便在其开头上提笔批注道：“李恪英物，李治朽物，知子莫若父。然卒听长孙无忌之言，可谓聪明一世，懵懂一时。”替唐太宗感到惋惜。

99.魏征知道片面性不对

【原文】 唐朝人魏征说过：“兼听则明，偏信则暗。”也懂得片面性不对。

——摘自《矛盾论》（1937年8月），《毛泽东选集》第1卷，人民出版社1991年6月版，第313页。

【品读解析】　唐初名相魏征有胆有智，敢于犯颜直谏，面折廷诤。他曾说过："兼听则明，偏信则暗。"他认为，为人主者，要虚怀纳谏，广泛吸取不同意见，这样才能下情上通，政治清明，而如果偏听偏信，只爱听赞成的话，不爱听反对的话，就会阻塞言路，造成政治昏暗。毛泽东在《矛盾论》一文中，引用了他的这句话，并说他"也懂得片面性不对"，既是对魏征的赞扬，也是要人们懂得这个道理，克服片面性。

100.裴度事必躬亲

【原文】　调查研究，出以亲身。

——摘自《毛泽东读文史古籍批语集》，第 247 页。

【品读解析】　唐宪宗时，蔡州叛乱，朝廷派兵征讨，裴度受宪宗委派巡视各军，还朝后向宪宗汇报了军队情况，并提出攻取策略，深受宪宗叹赏。王承宗、李师道想缓解朝廷对蔡州的进攻，于是派刺客刺杀执政大臣，宰相武元衡被刺死，刺客又击刺裴度，连刺三下，砍断了靴子，砍伤了背部，又击伤了他的头部，幸亏他用毡子蒙住头，才没被刺死。侍从们都害怕得发抖，只有驺人王义抓住刺客大喊，刺客斩断了王义的手。裴度滚到沟里，刺客以为他死了，就逃走了。裴度亲自调查，弄清了刺客的底细，将王承宗、李师道的阴谋报告了宪宗，宪宗对他更加信任。

裴度注重亲身调查研究，这一点很值得后人学习。毛泽东读《裴度传》时，就着重指出了这一点，他批注道："调查研究，出以亲身。"毛泽东非常重视调查研究，他在《湖南农民运动考察报告》一文中详细论述了调查研究的重要性，并列举了调查的几种方法。只有深入调查，才能了解实际情况，制定出正确可行的方针政策。

101.惠能是中国佛教的始祖

【原文】 唐朝佛教《六祖坛经》记载，惠能和尚，河北人，不识字，很有学问，在广东传经，主张一切皆空。这是彻底的唯心论，但他突出了主观能动性，在中国哲学史上是一个大跃进。惠能敢于否定一切。有人问他：死后是否一定升天？他说不一定，都升西天，西方的人怎么办？他是唐太宗时的人，他的学说盛行于武则天时期，唐朝末年乱世，人民思想无所寄托，大为流行。

——摘自毛泽东 1958 年 8 月 21 日在中共中央政治局北戴河扩大会议上的讲话，见王兴国《毛泽东与佛教》，中国书籍出版社 1996 年版，第 112 页。

【原文】 惠能主张佛性人人皆有，创顿悟成佛说，一方面使繁琐的佛教简易化；一方面使印度传入的佛教中国化。因此，他被视为禅宗的真正创始人，也是真正的中国佛教的始祖。在他的影响下，印度佛教在中国至高无上的地位动摇了，甚至可以“喝祖骂佛”。

——摘自林克《毛泽东身边的岁月片断》，见《缅怀毛泽东》（下册），中央文献出版社 1993 年版，第 559~560 页。

【品读解析】 在中国佛教的几个宗派中，毛泽东比较熟悉的是禅宗，尤其是六祖惠能。毛泽东的秘书林克曾回忆道：“毛泽东很欣赏禅宗六祖惠能，《六祖坛经》一书，他经常带在身边。他多次给我讲六祖惠能的身世和学说，更为赞赏他对佛教的改革和创新精神。我对惠能及禅宗的一点微薄知识，多是得自毛泽东的讲授。毛泽东对我谈到惠能的身世。……为我背诵了这两首法偈：'身是菩提树，心如明镜台。时时勤拂拭，勿使惹尘埃。''菩提本无树，明镜亦非台。本来无一物，何处惹尘埃。'毛泽东跟我说，后一首是惠能所作，指出世间本无任何事物，故无尘埃可沾；佛性本来是清净的，怎么会染上尘埃？这与佛教大乘空宗一切皆空、万法皆空的宗旨最契合，胜神秀一筹。"

毛泽东还谈到了惠能学说在佛教史上的地位（见前引文第二段）。

在 1958 年 8 月 21 日中共中央政治局北戴河扩大会议上，毛泽东也讲到了惠能，认为他"主张一切皆空。这是彻底的唯心论，但他突出了主观能动性，在中国哲学史上是一个大跃进"，并赞扬惠能敢于否定一切。

从以上的回忆与讲话中，我们可以看到毛泽东对惠能在中国佛教史上的地位给予了充分的肯定。

毛泽东认为，惠能的思想使烦琐的佛教简易化，使得人人易懂，人人易学。这样就动摇了印度佛教在中国的地位。因为他使禅宗徒众敢于说佛不在外，只在我心中，甚至人人都可自称为佛了。这样，原来天竺各派所虚构的高不可攀的佛，变成了举目可见可为的平常人。另外，禅宗的人人心中有佛性，求佛只需直指人心等理论，也使佛教进一步中国化了。其实，佛教一传入中国，就面临着如何让中国人接受的问题。要使它中国化，就必须融进中国传统的思想。早在南朝梁武帝时期，鸠摩罗什的弟子竺道生，就开始用玄学来解释佛理，从而吸收了中国传统的道家思想。再后来，禅宗的一些僧徒所作的语录，除去一些必要的佛教门面话外，大量吸收了儒家的思想，特别是在宋代，佛教与儒家的一些思想，简直没有什么区别了。这就使佛教更加中国化了。

关于毛泽东讲惠能高扬主观能动性一点，可从惠能针对神秀的"身是菩提树，心如明镜台。时时勤拂拭，勿使惹尘埃"四句偈看出。

惠能针锋相对地提出的四句偈是：

菩提本无树，明镜亦非台。本来无一物，何处惹尘埃。

可见，惠能认为“佛性”是人心本有的，人们在选择“成佛”道路时，要有坚定的主观信仰，相信自己的内心，就可以解脱苦难。也就是说，人们要解脱苦难，不必向外面寻找原因，只需要内心用力即可。这正是毛泽东所说的，惠能“突出了主观能动性，在中国哲学史上是一个大跃进”。但惠能是从唯心主义的角度突出主观能动性的，因为他否认一切外界条件的制约，只讲内心解脱。所以他只强调“自性”、“身中净土”。

东方人造罪，念佛求生西方；西方人造罪，念佛求生何国？凡愚不了自性，不识身中净土，愿东愿西；悟人，在处一般。所以佛言随住处恒安乐。（《坛经·疑问品》）

这正是毛泽东说的“惠能敢于否定一切”，因为他实际上将西方净土也否定了。毛泽东讲惠能说人死后不一定升天，也是从这段话中引申出来的。

102.刘知几主张作史者要有才、学、识

【原文】 提高嗅觉，辨别风向。

才、学、识，这里讲的是识，刘知几，识的极端重要性。

——摘自1958年5月20日《在中共八大二次会议上的讲话提纲》，见《建国以来毛泽东文稿》第7册，中央文献出版社1992年8月第1版，第200页。

【原文】 唐朝有个刘知几，是个历史学家。他主张写历史的人要有三个条件：才、学、识。他说的识，就是辨别风向的问题。我现在特别提醒同志们注意的是，我们应该有识别风向的能力，这一点有极端的重要性。一个人尽管有才有学，如果不善于识别风向，那还是很迟钝的。

——摘自1958年5月20日《在中共八大二次会议上的讲话提纲》，见《建国

以来毛泽东文稿》第7册，中央文献出版社1992年8月第1版，第209页。

【品读解析】 刘知几认为史家应有“三长”，即才、识、学。《旧唐书》上对此写道：

子玄掌知国史，首尾二十余年，多所撰述，甚为当时所称。礼部尚书郑惟忠尝问予玄曰：“自古已来，文士多而史才少，何也？”刘知几答曰：史才须有三长，世无其人，故史才少也。三长：谓才也，学也，识也。夫有学而无才，亦犹有良田百顷，黄金满籝，而使愚者营生，终不能致于货殖者矣。如有才而无学，亦犹思兼匠石，巧若公输，而家无楩楠斧斤，终不果成其宫室者矣。犹须好是正直，善恶必书，使骄主贼臣所以知惧。此则为虎傅翼，善无可加，所向无敌者矣。脱苟非其才，不可叨居史任。自敻古已来，能应斯目者，罕见其人。

刘知几所说的史才，指考订史料、编纂史书的才能；他所说的史学，指对丰富史料的了解与掌握，对历史事件、历史人物及历史发展大势的通晓与熟悉；他所说的史识，指纂史者对历史的观点、见解，以及秉笔直书、忠于史实的品质。在才，学、识中，刘知几最看重识，认为要以识统领才与学，毛泽东显然很赞同刘知几的这一观点，因此写了“识的极端重要性”几个字。

但毛泽东讲“才、学、识”，特别是“识”，绝不仅限于史学或者是学术领域，作为政治家的毛泽东，自然地将它运用到了政治领域。将“识”解释为“辨别风向”。而这个风向主要是政治风向。这亦即我们今天讲的政治敏锐性、政治鉴别力。这是一切领导干部应该首先注重的大问题。

103.王勃高才博学

【原文】 是去交趾（安南）路上作的，地在淮南，或是寿州，或是江都。时在上元二年，勃年应有二十三四了。他到南昌作《滕王阁诗序》说，“等终军之弱冠”。弱冠，据《曲礼》，是二十岁。勃死于去交趾路上的海中，《旧唐书》说年二十八，《新唐书》说二十九，在淮南，南昌作序时，应是二十四、五、六。《王子安集》百分之九十的诗文，都是在北方——绛州、长安，四川之梓州一带，河南之号州作的。在南方作的只有少数几首，淮南、南昌、广州三地而已。广州较多，亦只数首。交趾一首也无，可见他并未到达交趾就翻船死在海里了。有人根据《唐摭言》《太平广记》二书断定：在南昌作序时年十三岁，或十四岁。据他作过沛王李贤的幕僚，官“修撰”，被高宗李治勒令驱逐，因为他为诸王斗鸡写了一篇檄英王鸡的文章。在虢州，因犯法，被判死，遇赦得免。这个人高才博学，为文光昌流丽，反映当时封建盛世的社会动态，很可以读。这个人一生倒霉，到处受惩，在虢州几乎死掉一条命。所以他的为文，光昌流丽之外，还有牢骚满腹一方。杜甫说：“王杨卢骆当时体……不废江河万古流”，是说得对的。为文尚骈，但是唐初王勃等人独创的新骈、活骈，同六朝的旧骈、死骈，相差十万八千里。他是七世纪的人物，千余年来，多数文人都是拥护初唐四杰的，反对的只有少数。以一个二十八岁的人，写了十六卷诗文作品，与王弼的哲学（主观唯心主义），贾谊的历史学和政治学，可以媲美。都是少年英发，贾谊死时三十几，王弼死时二十四。还有李贺死时二十七，夏完淳死时十七。都是英俊天才，惜乎死得太早了。

青年人比老年人强，贫人，贱人，被人们看不起的人，地位低的人，大部分发明创造，占百分之七十以上，都是他们干的。百分之三十的中老年而有干劲的，也有发明创造。这种三七开的比例，为什么如此，值得大家深深地想一想。结论就是因为他们贫贱低微，生力旺盛，迷信较少，顾虑少，天不怕，地不怕，敢想敢说敢干。如果党再对他们加以鼓励，不怕失败，不泼冷水，承认世界主要是他们的，那就会有很多的发明创造。我们近来全民性的四化运动（机械化、半机械化、自动化、半自动化），充分地证明我的这个论断。由王勃在南昌时年龄的争论，想及一大堆，实在是想把这一大堆吐出来。一九五八年党大会上我曾吐了一次，现在又想吐，将来还要吐。

——摘自《毛泽东读文史古籍批语集》，第 7~13 页。

【品读解析】　毛泽东的这个批语，是写在清项家达编的《初唐四杰集》里王勃的《秋日楚州郝司户宅饯崔使君序》一文的旁边，1000 多字。毛泽东还在该文的标题前画了一个大圈，以示重视。这条批注有考证、有评价、有议论。从内容看，大约写于 1958 年和 1959 年。

毛泽东读过《新唐书》和《旧唐书》中的《王勃传》。《新唐书·王勃传》中写道："勃属文初不精思，先磨墨数升，则酣饮，引被覆面卧。及寤，援笔成篇，不易一字。时人谓勃为腹稿。"毛泽东读这篇传记时，在这段记载下用红铅笔画着着重线。

毛泽东的这则批注，可分三部分：第一为考证，第二为评价，第三为议论。

毛泽东先考证了《秋日楚州郝司户宅饯崔使君序》和《滕王阁诗序》的写作时间和年龄。毛泽东认为"有人根据《唐摭言》、《太平广记》二书断定：在南昌作序时年十三岁，或十四岁"是不准确的，毛泽东通过多方面的查证认为王勃在淮南南昌作序时，应是二十四五六岁，这段考证文字是毛泽东读作品时兴之所至写的批注，足见其惊人的记忆和平时博读的功底。一路叙述，对王勃的行年踪迹和创作历程作了基本概括，精细严谨，一丝不苟，透露出一种近乎职业的研究精神。

第二部分是对王勃其人与文章的评价。王勃才华出众，有建功立业的壮志，却屡受打击和排斥。这使得他能够有机会比较广泛地接触社会各阶层，受到磨炼，在作品中反映一种积极进取的精神。在内容上，能自觉地"反映当时封建盛世的社会动态”，扩大了诗歌题材，具有一定的社会意义，在形式上，致力于改变齐、梁以来浮华绮丽的形式主义文风，反对宫廷诗人上官仪等人歌功颂德的浮词丽藻，崇尚清新流畅、朴实自然的文风，对唐朝的文学特别是诗歌的发展，起到承上启下的作用。毛泽东引杜甫赞扬王勃等人的诗“王杨卢骆当时体，轻薄为文哂未休。尔曹身与名俱灭，不废江河万古流”，同时，也表达了他自己的看法。毛泽东赞扬王勃“高才博学，为文光昌流丽，反映当时封建盛世的社会动态，很可以读”。另外毛泽东还联系作者的命运遭际，认为除了“光昌流丽”之外，由于王勃一生倒霉，到处受惩，他的文章还有“牢骚满腹”的一面，这确是知人之谈。毛泽东特别指出了王勃虽“为文尚骈”，但写的是“新骈、活骈”，与六朝之“旧骈、死骈，相差十万八千里”。其差别所在，既在于文风（“光昌流丽”），又在于内容（“反映当时封建盛世的社会动态”）。这个评价，是恰当的。

第三部分是毛泽东由感叹王勃等人年少有为而生的议论。毛泽东认为：青年人比老年人强，原因是因为他们贫贱低微、生力旺盛、迷信较少、顾虑少、天不怕、地不怕、敢想敢说敢干。这一番议论既是他一时即兴发挥，实际上也是他的一贯想法，即大胆地使用年轻人，相信年轻人。毛泽东说这种想法在 1958 年党大会上曾吐露了一次，是指 1958 年 5 月 8 日中共八大二次会议上的讲话。在这次会议上，他主要讲了“破除迷信”的问题，特别指出，自古以来，发明家创立新学派的，在开始时都是青年人，学问比较少的人，被人看不起的，被压迫的人，这些发明家在后来才变成壮年，老年，变成有学问的人。这是不是一个普遍的规律？不能完全肯定，还要调查研究。但是，可以说多数是如此。为什么？这是因为他们方向对，学问再多，方向不对，等于无用。

毛泽东从一篇文章评到文章的作者，进而引出青年人与老年人的议论，提出要放手任用新人的主张，这恐怕是政治家的毛泽东所独有的。

王勃的另一篇散文《秋日登洪府滕王阁饯别序》，毛泽东更加喜爱。

《秋日登洪府滕王阁饯别序》是王勃用骈体文写成的著名骈文。全文用严谨的对仗、和谐的声律、精练的语句，细致优美地描绘了湖光山色，委婉地表达了自己怀才不遇的心理，具有很高的文学性。前人评价王勃文是“篇篇结绿，语语连珠、胸无俭思、腕有余藻”（《铁立文起》）。如拿文章前部写景文字来说，是毫不过分的。韩愈一生中致力反对骈文，但他对王勃的这篇序却极为赞赏，并甘居王勃之后。这说明王勃虽然是用偶句双行的骈体文的形式，但却使本文的内容充实，富于真实的感情，词采又相当的绚丽自然，其严整的格式、叙事的清新生动、富有诗情画意的景物描写，这些都给骈体文注进了新的活力，成为流传千古的佳篇。毛泽东在“老当益壮，宁移白首之心；穷且益坚，不坠青云之志”等警策的句子后面画着圈，尤其对“落霞与孤鹜齐飞，秋水共长天一色”这一优美的句子，表示了由衷的喜爱。60年代初，他在和子女们的一次谈话中，一边背诵这篇诗序中的佳句，一边评论，谈兴正浓时，坐到桌前，悬肘挥毫，为他们书写下这一具有诗情画意的千古名句。

毛泽东还批注过王勃其他一些诗文。如《送杜少府之任蜀州》一诗。毛泽东在一本《注释唐诗三百首》的这首诗的天头上，简洁而有力地批注了一个字“好”。在凝聚着真挚友情的“海内存知己，天涯若比邻”诗句下，连画了3个大圈。

毛泽东对《秋日楚州郝司户宅饯崔使君序》的批注，已远远超过了对一篇文章的评价，也超过了对一个人的评价，而将视野投向世界是青年的，创造世界的是劳动人民的境地，毛泽东的思想感情和他们永远是相通的。

104.李白文采奇异，超然脱俗

【原文】 李白的诗，文采奇异，气势磅礴，有脱俗之气。

——摘自毛岸青、邵华《回忆爸爸勤奋读书和练书法》。

【原文】 我喜欢李白。但李白有道士气，杜甫是站在小地主的立场。

——摘自何其芳《毛泽东之歌》，见《时代的报告》1978 年第 2 期。

【原文】 李白的《蜀道难》写得很好。有人从思想性方面作各种猜测，以便提高评价，其实不必。不要管那些纷纭聚讼，这首诗主要是艺术性很高，谁能写得有他那样淋漓尽致呀，它把人带进祖国壮丽险峻的山川之中，把人们带进神奇优美的神话世界，使人仿佛到了“难于上青天”的蜀道上面了。

——摘自杨建业《在毛泽东身边读书》。

【品读解析】 毛泽东爱读李白的诗。1942 年的一天，毛泽东约见何其芳、严文井、周立波等交换文艺工作的意见时，有人问他，您是喜欢李白，还是杜甫？毛泽东回答说：“我喜欢李白。但李白有道士气。”他还赞扬李白的诗“文采奇异，气势磅礴，有脱俗之气”。

“诗言志。”李白洒脱豪放的艺术气质及其背后传达出的追求个性解放、反抗各种世俗规范的人生价值观，是毛泽东喜欢李白的主要原因。毛泽东说李白有道士气，是否与李白笔下总是充满笑傲王侯、讽刺权贵、超脱世俗、不满现实、指斥人生、饮酒赋诗、纵情欢乐的浓烈感情与精神状态有关？龚自珍说：“庄、屈实二，不可以并，并之以为心，自白始。”（《最录李白集》）李白的艺术，融合了道家的洒脱飘逸与屈骚的奇逸瑰丽，超越有限的现世人生，以无穷无尽的宇宙自然为人生精神的栖息地，向传统的儒家的社会理性发出坚决的挑战。毛泽东作为一个伟大的革命家，作为中国革命史上最伟大的思想家，作为中国历史和文化传统的挑战者，从李白诗歌中获得思想和感情的共鸣是可想而知的，也是可以理解的。千古诗人心相通。

《将进酒》一诗，是李白于天宝十一年（752）在嵩山友人元丹丘处作的。诗人自长安放还以后，天涯漂泊，南北漫游。仕途失意，理想幻灭，年过半百，功业无成，精神上十分痛苦。他在《书怀赠南陵常赞府》中说：“自顾无所用，辞家方来归，霜惊壮士发，泪满逐臣衣。以此不安席，蹉跎身世违。”在《赠宣城宇文太守兼呈崔侍御》中也感叹道岁月蹉跎，壮志未酬，看来只有以酒浇愁了。因此，诗人在这首诗中，以豪放的笔力、傲岸不羁的情怀，狂歌高唱，抒发内心的抑郁和苦闷，表现了一位希望有所作为而又大失所望的志士的愤懑与抗争。同时，诗中流露出来的诗人对于人生的深刻的忧患意识，也是它给人以深沉的感染力的原因。诗人将这一忧患意识表述为“万古愁”，即古往今来无人能回避的永恒的悲剧：宇宙的无限与个体生命的有涯。

这首诗气势奔放，语言豪迈，它以高度的夸张、明快的节奏和参差不齐的句式以及跳跃性的韵律，把诗人的感情，如“黄河之水天上来”一样倾泻而出，酣畅淋漓。赵翼在《瓯北诗话》中称赞道：“才气豪迈，全以神运，自不屑束缚于格律对偶，与雕绘者争长。”

毛泽东在一本《注释唐诗三百首》中，在《将进酒》的标题前，画着一个大圈，标题后连着画了三个小圈，天头上批注：“好诗。”毛泽东之所以称此诗为好诗，除了以上分析的，恐怕还在于这首诗虽然流露了诗人人生短促，及时行乐的情绪，更主要的还是“天生我材必有用”的对自我的绝对自信以及充分表达出来的李白鼓舞了古今几多慷慨志士面对人生积极抗争与热烈追求的精神。

除了《将进酒》之外，《梁甫吟》也是毛泽东反复阅读、多次圈画的一首诗。《梁甫吟》是李白初入长安寻求政治出路失败后抒怀言志之作。全诗气势磅礴，极富浪漫主义色彩。诗中大量引用历史故事、神话传说中有为之士遭受的挫折，比拟自己的怀才不遇，表达自己报国无门、壮志难酬的境遇和心情。诗中写道：“吾欲攀龙见明主，雷公砰訇震天鼓。帝旁投壶多玉女，三时大笑开电光，倏烁晦冥起风雨。阊阖九门不可通，以额扣关阍者怒。”毛泽东喜爱这首诗，早在60年代，他就曾在五页红格信纸上，凭记忆手书过全诗。在毛泽东故居藏书里，有一份《梁甫吟》的手抄本，这是毛泽东晚年，由于视力减退，特意让人用大字抄写的。右上角，有毛泽东用铅笔画着读过两遍的圈记。在另一本70年代出版的大字本《唐诗别裁集》的这首诗里，他在“君不见高阳酒徒起草中”、“指挥楚汉如旋蓬”两句旁，用红铅笔画着直线，在函套上也画着读过两遍的大圈。这些印记告诉人们，毛泽东晚年对李白这首政治上失意后的悲愤之作，从感情、思想和艺术等方面都有着更深的理解和同情，表露出特殊的倾心。

毛泽东圈阅过的李白的诗还有不畏权贵、不崇拜偶像的《庐山谣寄卢侍御虚舟》（“我本楚狂人，凤歌笑孔丘”）；表现诗人一身傲骨的《梦游天姥吟留别》（“安能摧眉折腰事权贵，使我不得开心颜”）；反映诗人怀才不遇、极端沉重而又不甘消沉的苦闷心情的《宣州谢朓楼饯别校书叔云》（“弃我去者，昨日之日不可留。乱我心者，今日之日多烦忧，长风万里送秋雁，对此可以酣高楼”，“抽刀断水水更流，举杯消愁愁更愁”），语言明快爽朗，形象生动感人，情感真切质朴，具有民族乐府风韵的《赠汪伦》（“李白乘舟将欲行，忽闻江上踏歌声。桃花潭水深千尺，不及汪伦送我情”），《黄鹤楼送孟浩然之广陵》（“故人西辞黄鹤楼，烟花三月下扬州。孤帆远影碧空尽，唯见长江天际流”）、《子夜吴歌》（“长安一片月，万户捣衣声。秋风吹不尽，总是玉关情。何日平胡虏，良人罢远征”）。

关于《蜀道难》这首诗，《本事诗·高逸第三》中，有这样一段记载：“李太白初自蜀至京师，舍于逆旅。贺监知章闻其名，首访之。既奇其姿，复请所为文。出《蜀道难》以示之。读未竟，称叹者数四，号为谪仙，解金龟换酒，与倾尽醉。期不间日，由是称誉光赫。”由这段话可知，这首诗是天宝元年以前，李白在长安送友入蜀时所作。

李白在这首诗中，根据他在蜀地丰富的生活经验，驰骋其丰富的想象，以生动的语言、夸张的手法、惊异的形象，极力描绘出了一幅蜀地山川奇险图，展现了祖国大自然壮丽多姿的风貌。

在一本《注释唐诗三百首》中，毛泽东在李白的《蜀道难》这首诗的开头上画着一个大圈，批道：“此篇有些意思。”

1975年，他在同芦荻的谈话中又赞扬“《蜀道难》写得很好”，并进而分析道：“这首诗主要是艺术性很高，谁能写得有他那样淋漓尽致呀，它把人带进祖国壮丽险峻的山川之中，把人们带进神奇优美的神话世界，使人仿佛到了‘难于上青天’的蜀道上面了。”看来，毛泽东赞扬这首诗，看重的是它高超的艺术性。这种艺术性就体现在淋漓尽致的描画、想象与夸张，将蜀道之难写至极境。殷璠在《河岳英灵集》中，也盛赞这首诗“奇之又奇”，“骚人以还，鲜有此体调”。沈德潜在《唐诗别裁集》中也说此诗“笔阵纵横，如虬飞蠖动，起雷霆于指顾之间”。

毛泽东肯定此诗的艺术性，但并不同意任意拔高。他说：“有人从思想性方面作各种猜测，以便提高评价，其实不必。”的确，关于此诗的主题思想，研究者众说纷纭。有断定为某人某事而作者，有以为讽刺时政者，如萧士赟《分类补注李太白诗》说，这首诗是安史之乱后，讽刺玄宗逃难入蜀之作，初版于1963年，由朱东润主编的《中国历代文学作品选》中编第一册，在该诗前面的“题解”中说：“唐时，蜀中商业经济极为发达，入蜀的人们乐不思返，而没有意识到这一地区，形势险要，自古为封建割据之地，随时有发生变乱的可能。诗中强调‘所守或匪亲，化为狼与豺’，就是指此而言的。”还有称它为“失声横泣之什”者，当然也有以为“自为蜀咏”，“即事成篇，别无寓意”者。毛泽东不全同意这些内容分析，提出“不要管那些纷纭聚讼”，认为主要是艺术性高。艺术性高，他同样给予高度评价。

毛泽东不光喜欢《蜀道难》，还善于把它用到工作之中。

据作家杜鹏程回忆说，1956年2月4日晚上，在中南海怀仁堂，毛泽东、周恩来、陈毅等接见出席关于知识分子问题会议的文学艺术界的代表。当毛泽东走到作家杜鹏程面前和他握手时，问他现在在哪里工作，沈雁冰介绍说在西北的铁路建设工地工作。周恩来走过来说：就是宝成铁路工地。陈毅也说：往我的家乡修铁路啊！毛泽东望着杜鹏程说：李白的《蜀道难》就是写的你们现在工作的那些地方的艰险情景。不过“蜀道”很快就不“难”啰！说罢，就随意而动情地吟诵那诗篇中的一些句子。

当然，毛泽东对李白的某些诗也有一些微词。李白志在“申管晏之谈，谋帝王之术，奋起智能，愿为辅弼，使寰区大定，海县清一”，故而他在《古风》第三首中赞美秦始皇的功业。毛泽东曾从这首诗中引申出这样的看法：这首诗大段是讲秦始皇了不起，“秦王扫六合，虎视何雄哉！挥剑决浮云，诸侯尽西来”。只是屁股后头搞了两句：“但见三泉下，金棺葬寒灰。”就是说他还是死了。你李白呢？尽想做官！结果充军贵州。白帝城遇赦，于是乎“朝辞白帝彩云间”。《梁甫吟》说现在不行，将来有希望，“君不见高阳酒徒起草中”，“指挥楚汉如旋蓬”。那时是神气十足。我加上几句，比较完全：“不料韩信不听话，十万大军下历城。齐王火冒三千丈，抓了酒徒付鼎烹……把他下油锅了。”

在这段富有情趣的调侃议论中，毛泽东不无挑剔地指出李白在自己诗歌中抒发的傲视一切的勃勃雄心，与他在现实生活中想当官而不得的尴尬处境之间的深刻矛盾。

105.杜甫写的是政治诗

【原文】 杜甫的诗有好的，大多数并不怎么样。杜甫的诗是政治诗。

——摘自张贻玖《毛泽东批注历史人物》，鹭江出版社 1993 年 4 月版，第 261 页。

【原文】 杜甫的诗哭哭啼啼，不甚喜爱。

——摘自陈晋主编《毛泽东读书笔记解析》，广东人民出版社 1996 年 7 月版，第 1276 页。

【原文】 杜甫是站在小地主的立场。

——摘自何其芳《毛泽东之歌》，见《时代的报告》1978 年第 2 期。

【原文】 作诗要用形象思维，不能如散文那样直说，所以比、兴两法是不能不用的。赋也可以用，如杜甫之《北征》，可谓“敷陈其事而直言之也”，然其中亦有比、兴。

——摘自毛泽东 1965 年 7 月 21 日致陈毅信，见《毛泽东书信选集》，第 608 页。

【品读解析】 毛泽东读过不少杜诗。从他故居的藏书中看，仅圈画过的杜诗就有 67 首。1958 年 3 月，成都会议期间，毛泽东游览了杜甫草堂，并从中借阅过各种版本的杜甫诗集有 12 部 108 本。1964 年毛泽东从湖南返回北京，火车经过岳阳地区时，手书了杜甫的《登岳阳楼》："昔闻洞庭水，今上岳阳楼。吴楚东南坼，乾坤日夜浮。亲朋无一字，老病有孤舟。戎马关山北，凭轩涕泗流。"这一墨宝，如今由老工人刻制，装嵌在新修整的岳阳楼三楼上。

周世钊日记记载，1971 年九一三事件之后，毛泽东改写过李攀龙的一首七绝："豫章西望彩云间，九派长江九叠山。高卧不须窥石镜，秋风怒在侍臣颜。"有人曾问过周世钊，"侍臣"指的是谁？周世钊说，毛主席把这两个字改成了"叛徒"。这自然是指林彪。周世钊还说，毛主席在吟诵这首诗时，还戏改了杜甫的《咏怀古迹五首》之三"明妃村"的诗句。这首杜诗原是七律，前四句是："群山万壑赴荆门，生长明妃尚有村。一去紫台连朔漠，独留青冢向黄昏。"毛泽东将诗中的"明妃"二字戏改为"林彪"后，则为："群山万壑赴荆门，生长林彪尚有村。一去紫台连朔漠，独留青冢向黄昏。"这四句诗便变成对林彪讥嘲的诗了。

虽然毛泽东读过不少杜诗，但评价却不太高。1942 年 4 月，约见何其芳、严文井等作家时，毛泽东直言："我喜欢李白。但李白有道士气，杜甫是站在小地主的立场。"1957 年在同臧克家等人的谈话中，毛泽东毫不掩饰地表示对杜甫的诗"不甚喜爱"，说："杜甫的诗有好的，大多数并不怎么样。"1958 年 3 月，在成都会议期间的谈话中，毛泽东坦率地说他不喜欢杜甫的诗，"哭哭啼啼"，又说，杜诗是"政治诗"。

对《北征》这首诗，毛泽东是肯定的。他曾从书架上取出《唐诗别裁集》，翻到这首诗，推荐给别人读。在给陈毅的信中谈到写诗要用赋、比、兴的手法时，曾举这首诗为例。他说："杜甫之《北征》，可谓'敷陈其事而直言之也'，然其中亦有比、兴。"

《北征》全诗计七十韵，一百四十句，七百字。分别叙述诗人回家探亲时忧国忧民的情怀，旅途见到的战争创伤：久别还家时家人的凄惨境况，切望以官兵为主力收复两京，对借兵回纥怀有的隐忧，最后对唐朝中兴，寄予希望。全诗从命题到写作手法都是以赋为主，"敷陈其事"，所谓"书一代之事，与国风雅颂相为表里”。

《赠卫八处士》一诗，是杜甫于乾元二年（759）春由故乡洛阳返华州途中所作。此前不久，唐朝军队与安、史的叛乱军队在相州大战，洛阳潼关一线陷于兵荒马乱之中。杜甫一路目睹战乱景象之后，来到卫八处士的家里，度过了一个相对平静的夜晚。

诗中描写了诗人和知交卫八在春天的夜晚久别重逢，畅饮话别的生动景象和感人情谊。诗的开始即感叹亲朋之间别易会难，接着细致地叙写和老朋友见面的心理活动以及主宾间的问答情况。乍一相见，彼此都感到已然苍老，问到一些老友，也大都离开人间，这更加深了动乱岁月中人生无常的感慨。接着诗人笔锋一转，着力描写在老友家中所受到的极亲切热情的招待场面：夜雨春韭，新炊黄粱，罗酒浆，累十觞，开怀畅饮，情深意长。最后诗人在感人肺腑的氛围中，发出了人生无常、世事无常的沉重感叹。《杜诗镜铨》中引张上若语，称此诗“情景逼真，兼极顿挫之妙”。

毛泽东喜欢唐诗。在他的晚年，唐诗、宋词依然是他主要的精神食粮。他床头的书柜上，总放着唐诗和宋词，他自己读累了，有时便让工作人员给他读。有一天，毛泽东又提出让工作人员给他读唐诗，他的护士孟锦云在读过几首之后，又读起了杜甫的这首《赠卫八处士》。这首诗，小孟已多次给毛泽东读过，因为小孟觉得毛泽东特别喜欢这首诗，毛泽东曾说：“全诗以口语写心中之事，毫无雕琢之工。”

毛泽东对此诗的评价，确实抓住了它的特点。这首诗有接近汉魏古诗和陶渊明诗歌的那种古朴自然的一面。诗人只是随其所触所感，顺手写出，像毛泽东评的，以口语写心中之事，却造成很浓的气氛，把那一夕生活和心底卷起的层层波澜一一展现在读者面前，“毫无雕琢之工”，却结构严密，浑然一体。另外，诗中透露出的质朴无华与深情而苍凉的境界恐怕与毛泽东晚年的心境和思绪有某种对应。这可能是毛泽东喜爱此诗的又一原因吧。

106.韩愈不可轻视

【原文】 我同意你对韩愈的意见，一分为二为宜。

——摘自毛泽东1976年2月12日致刘大杰信，见《毛泽东论文艺》(增订本)，第172页。

【原文】 韩愈的古文对后世很有影响，写文学史不可轻视他。

——摘自刘大杰《一次不平常的会见》，见《毛泽东在上海》，中共党史出版社1993年版，第143页。

【原文】 韩愈的《师说》是有真知灼见的。

——摘自韩世福《毛主席到马列学院作报告》。

【品读解析】 毛泽东早年读书上学的时候，在他的国文老师袁仲谦的教导下，认真学习韩愈的文章，改变了文风。后来他在与斯诺谈话时还说："多亏袁大胡子，今天我如果需要的话，仍然能够写出一篇过得去的古文。"

60年代中期，他在阅读《唐书·李汉列传》时批注道："韩愈文集，为李汉编辑得全，欧阳修得之于隋县，固以流传，厥功伟哉。"毛泽东把韩愈文集得以保存下来，传之后世，看作一件功德无量的大好事，足见毛泽东对韩愈文章的喜好和重视。

1973年国内开展评法批儒运动，一些报刊基本否定韩愈。1975年8月2日，文学史家刘大杰为修改自己的著作给毛泽东写信，不同意全部否定韩愈。毛泽东于1976年2月12日回信说："我同意你对韩愈的意见，一分为二为宜。”这就进一步表明毛泽东赞同和肯定韩愈反对骈文，革新文体，词必己出、文从字顺、陈言务去等方面的思想。即使在否定他维护孔孟儒家道统思想方面，也要把他思想的另一面，诸如关心民生疾苦，反对横征暴敛，反对藩镇割据、排斥佛道等思想进步的方面区分开来。

韩愈的卓越贡献是他和柳宗元共同倡导的古文运动，反对六朝以来形式主义的骈体文。提倡不拘形式、写作内容充实的散体文，主张文以载道，文道合一，并身体力行，在继承秦汉古文的基础上创新和发展，写出了许多优秀的散文作品，《师说》是其中最著名的散文之一。毛泽东对此评价很高，并说：“韩愈的《师说》是有真知灼见的。”他之所以推崇《师说》，是因为此文章不仅在文风上而且在内容上都是出类拔萃、有独到的见解。《师说》这篇文章文笔酣畅流利，说理透彻，逻辑性强。在内容上文章提出：“师者，传道、授业、解惑也。……圣人无常师……是故弟子不必不如师，师不必贤于弟子。闻道有先后，术业有专攻，如是而已。”毛泽东非常赞同文中观点。

1940年秋，毛泽东在延安的时候到马列学院去作报告，马列学院的教育处长邓力群等一行四人去接毛泽东，刚走了一半路，就遇上了毛泽东。毛泽东对他们说：“韩愈的《师说》是有真知灼见的，‘生乎吾前，其闻道也，固先乎吾，吾从而师之；生乎吾后，其闻道也，亦先乎吾，吾从而师之’。一路上，你们给我介绍了很好的情况，真是‘亦先乎吾，吾从而师之’，谢谢你们！”毛泽东借用《师说》里的句子表达的意思是，生于我之前的人，所得到的学问和知识肯定先于我，所以我必须向他们学习，而生于我之后的人，如果得到的学问和知识也比我多的话，我也必须向他们学习。因此师无先后之分，老师不一定贤于弟子，弟子也不一定不如老师。这次他去马列学院作报告，了解了许多情况，所以他说“吾从而师之”，对大家表示感谢。

107.白居易贵在平等性

【原文】 江州司马，青衫泪湿，同在天涯。作者与琵琶演奏者有平等心情。白诗高处在此，不在他处。其然岂其然乎?

——摘自毛泽东读白居易《琵琶行》的批语，见《毛泽东读文史古籍批语集》，第 21 页。

【品读解析】 从现有的材料看，毛泽东没有对白居易其人其诗作过全面的评论，只批注过他的一首《琵琶行》，另引用过他的《放言五首》中的一首诗。

白居易作《琵琶行》时，正值他因做谏官触犯了皇帝，被贬为江州司马，反映了他政治上遭受迫害、体会到朝政黑暗的悲愤心情。诗中借一个沦落天涯弹琵琶女子的一生，抒发自己政治上的坎坷遭遇，以及与之共鸣的思想感情。“同是天涯沦落人，相逢何必曾相识”，表达出白居易对弹琵琶女子的深刻理解与同情，使白居易这首诗成为传世之作。毛泽东评价“白诗高处”在于作者与弹琵琶女子“有平等心情”，可谓一语点破这首诗的精髓。诗人白居易是弹琵琶女子的知音，毛泽东更是白居易的知音。

白居易的诗大都构思曲折起伏，感情刻画细腻真切，语言朴实优美，并且通俗易懂，朗朗上口。除《琵琶行》之外，还有一首《长恨歌》，是描写唐明皇与杨贵妃的爱情故事的，毛泽东也很爱读。据有毛泽东批画手迹可查的，他每篇最少读过五遍。另外，白居易 16 岁时写的一首《赋得古原草送别》“离离原上草，一岁一枯荣。野火烧不尽，春风吹又生。远芳侵古道，晴翠接荒城。又送王孙去，萋萋满别情”。毛泽东对这首诗也很喜欢，在四五本诗集中都做了圈画。

毛泽东与人民群众平等相待，他也喜欢与人民群众有平等思想的白居易的诗。

《放言五首》之一的“赠君一法决狐疑，不用钻龟与祝蓍。试玉要烧三日满，辨材需待七年期。周公恐惧流言日，王莽谦恭下士时。倘使当年身便死，一生真伪有谁知”一诗，是白居易在元和十年（815）被贬，在去江州途中写的。这首诗虽是议论诗，但不呆板枯燥。诗中作者宽慰自己遭贬一事，出语婉曲含而不露。结构曲折，论人论事兼备。正反论证透彻，抽象的哲理寓形象事例之中，极富理趣。

这首诗的中心思想是要阐述这样一条真理，识人论事需长久全面考察方能判断正确。时间的考验将给予公正的裁决。

毛泽东 1939 年 5 月 30 日在延安庆贺模范青年大会上题为《永久奋斗》的演讲中，谈到了这首诗。把这首诗讲的道理概括为“盖棺论定”，并鼓励人们要奋斗到底，奋斗到死，因为“没有死就还没有达到永久奋斗的目标”。

在毛泽东的故居里有一本平装的《白香山集》，对这首诗毛泽东用红笔画满了着重线。毛泽东喜欢这首诗，是因为它道出了识别一个人真伪的道理。1972 年，在批判林彪阳奉阴违，最终原形毕露的丑恶面目时，毛泽东又引用这首诗的后四句用以说明，一个人错误的发展是有一定过程的，认识一个人是真革命还是假革命也是有一定过程的。

108.李商隐的无题诗要相对来看

【原文】（李商隐）无题诗要一分为二，不要一概而论。

——摘自孙琴安《毛泽东与刘大杰谈古典文学》，见《文艺报》1991 年

12 月 28 日。

【原文】 李义山无题诗现在难下断语，暂时存疑可也。奉复久羁，深以为歉。诗词与论，拜读欣然，不胜感谢。

——摘自毛泽东 1976 年 2 月 12 日致刘大杰信，见《毛泽东论文艺》(增订本)，第 172 页。

【品读解析】 新中国成立后，一次，毛泽东请周谷城到中南海书房谈古论今。谈到兴头之际，周谷城随口背诵起李商隐的《马嵬》，这是一首写安史之乱唐明皇赐死杨贵妃的诗。“海外徒闻更九州……”背着背着，周突然忘了最后两句，正在尴尬之际，毛泽东顺口接着背诵道：“如何四纪为天子，不及卢家有莫愁。”

李商隐是晚唐诗人，他的许多咏史诗，笔触含蓄，寓意深刻。毛泽东十分喜欢李商隐的《贾生》、《北齐二首》、《隋宫》、《韩碑》等诗，他就曾不止一遍地圈画过。《锦瑟》、《无题》诗，是李商隐的独特诗篇，大多描述的是爱情生活，但又蕴含一些政治内容，极尽缠绵悱恻之情。毛泽东也十分喜欢李商隐诗中含义隽永的名句，如“相见时难别亦难”、“身无彩凤双飞翼，心有灵犀一点通”等句，并做过大量圈画。他早年写给杨开慧的《贺新郎·挥手从兹去》可以说与李商隐的《锦瑟》诗有异曲同工之妙。

20 世纪六七十年代，毛泽东同上海复旦大学中文系教授刘大杰两次谈过对李商隐和韩愈的评价。毛泽东非常喜欢李商隐的诗，尤其是他的《无题》诗。对韩愈的诗毛泽东也非常熟悉，而且有自己的见解和评价。

刘大杰所著的《中国文学发展史》是一部较有影响的著作，毛泽东翻阅过这本书，直到逝世，还摆放在书架上。在“评法批儒”的政治形势下，刘大杰决定再次修改《中国文学发展史》。1975 年 8 月 2 日，他给毛泽东写了一封信，就如何评价韩愈和李商隐的诗，谈了自己的看法。信中谈道：“关于李义山的无题诗，说有一部分是政治诗，也有少数是恋爱诗，这样妥当吗？”“如果能得到主席的指教，解此疑难，那真是莫大的光荣和幸福。”于是，毛泽东于 1976 年 2 月 12 日回信中，发表了“现在难下断语，暂时存疑可也”的意见。这个意见是遵循学术研究规律的。其实，早在1965年6月20日，毛泽东在上海接见刘大杰时，谈到李商隐的《无题》诗，毛泽东就说过：“无题诗要一分为二，不要一概而论。”

毛泽东一生酷爱中国古典文学，在病魔缠身和右眼患严重白内障的情况下，他还仔细阅读了刘大杰的来信和作品，还在思考古典文学研究问题，并复了信。这是毛泽东的最后一篇论文艺的文稿。

还有一点需要说明的是，在以前的有关内部材料中，把毛泽东这封复信的时间确定为（1975年）“八月十二日”。经有关同志鉴定手迹，时间应为“二月十二日”。从手迹上看，尽管毛泽东重病在身，“二月”之“二”写得不标准，但绝对不是“八”，另外，刘大杰的信是1975年8月写的，如果毛泽东是在该月12日复的信，那么，毛泽东说“奉复久羁，深以为歉”就不合乎情理了。据此判定，这封信的时间为1976年2月12日。

毛泽东特别喜欢李商隐的咏史诗和无题诗。李商隐的咏史诗，笔触含蓄，寓意深刻，像《贾生》、《北齐二首》、《隋宫》、《韩碑》等诗，毛泽东就曾不止一遍地圈画过。

如《贾生》：“宣室求贤访逐臣，贾生才调更无伦。可怜夜半虚前席，不问苍生问鬼神。”汉文帝召见贾谊这样有才能的人，不向他征询国家大事，却问鬼神之道，足见其昏庸。诗人不明说，却用“可怜”二字，讽喻是很深的。这首诗，毛泽东有六处圈画。《北齐二首》写北周大军出征灭齐，齐后主高纬仍在醉生梦死地过着腐朽享乐的生活；《隋宫》写隋炀帝淫游无度，不听谏言，等等。这些诗和七言古诗《韩碑》，毛泽东都分别圈画三至五遍之多。

李商隐的无题诗，大部分是写爱情的。辞藻朴实自然，情致缠绵高雅，生动感人。像《无题》：“相见时难别亦难，东风无力百花残。春蚕到死丝方尽，蜡炬成灰泪始干。晓镜但愁云鬓改，夜吟应觉月光寒。蓬山此去无多路，青鸟殷勤为探看。”毛泽东在这首诗的标题上连画三个圈，圈画过五遍。对含有“身无彩凤双飞翼，心有灵犀一点通”、“春心莫共花争发，一寸相思一寸灰”等著名诗句的无题诗，毛泽东画着大圈小圈，流露出极为赞赏的心情。另外如《锦瑟》、《夜雨寄北》等诗，毛泽东都是多次圈画。

109.柳宗元讲究唯物主义

【原文】 我国历史上的哲学家如柳宗元，他是文学家，也是唯物论者。他的哲学观点是在现实生活中同不同观点进行辩论和斗争中形成的。他在任永州司马的十年间，接触贫苦人民并为他们办了许多好事。正是在此期间，他写了《山水游记》等许多文学作品，同时又写了《天说》、《天对》等哲学著作，这是针对韩愈的唯心观点而写的。

——摘自毛泽东1963年在杭州一次会议上的讲话，见陶鲁笳《毛主席教我们当省委书记》，中央文献出版社1996年版，第124页。

【原文】 屈原写过《天问》，过了一千年才有柳宗元写《天对》，胆子很大。

——摘自毛泽东同刘大杰的谈话，见《毛泽东在上海》，中共党史出版社1993年版，第143页。

【原文】 柳子厚出入佛老，唯物主义。他的《天对》，从屈原的《天问》以来，几千年只有这个人做了这么一篇。

——摘自毛泽东1964年8月在北戴河同哲学工作者的谈话，见张贻玖《毛泽东批注历史人物》，鹭江出版社1993年4月版，第268页。

【品读解析】 毛泽东对柳宗元无论是政治思想，还是哲学观念和文学创作都是肯定的，其重要原因是柳宗元是一位具有朴素唯物主义思想的文人。他在读章士钊写的《柳文指要》后，认为该书中“大抵扬柳抑韩，翻二王、八司马之冤案，这是不错的”。柳宗元是八司马之一，毛泽东肯定了章士钊为柳宗元翻案，即是肯定了柳宗元的政治作为。毛泽东喜爱柳文。他在为《柳文指要》跋修改加写的一段话中，对柳宗元与韩愈共同发动的古文运动给予了高度评价，他说：“这一‘新兴文运’使大言小言，各适其域。工也，农也，商也，学也，兵也，其中多数人，皆能参与文事之列。经济有变化，反映经济政教亦将有变化，文事亦将有变化。一成不变之事，将不可能!”

对柳宗元的哲学思想，毛泽东也大加肯定。认为柳宗元是一位唯物主义哲学家。前面引的毛泽东 1963 年在杭州一次会议上的讲话，就明确指出柳宗元“是文学家，也是唯物论者”，并告诉人们他的哲学观点是在现实生活中同不同观点进行辩论和斗争中形成的。对柳宗元的哲学名著《天对》，毛泽东十分欣赏。1965 年 6 月 20 日，毛泽东在上海与古典文学史专家刘大杰谈文论史时就说过：“屈原写过《天问》，过了一千年才有柳宗元写《天对》，胆子很大。”同样的意思，毛泽东 1964 年 8 月在北戴河同哲学工作者谈话时也讲过：“……《天对》，从屈原的《天问》以来，几千年只有这个人做了这么一篇。”

毛泽东对柳宗元的喜爱，到他的晚年还依然如故。此时，他尤其赞赏柳宗元的《封建论》一文，到了 1974 年开始的“评法批儒”运动，在全国更发展到了无以复加的地步。这时，毛泽东之喜爱柳宗元，已不纯粹是从文学的角度或古代哲学史的角度了，而是结合当时的政治形势，用作宣传反对“复辟”、提倡“法治”思想的工具。由文化意义上的评判而发展为政治意义上的“批判”，这是毛泽东晚年谈论文史的一个重要特点。

110.刘禹锡是柳宗元的追随者

【原文】 柳宗元是一位唯物主义哲学家，见之于他的《天对》，这篇哲学论著提出了“天与人交相胜”的论点，反对天命论。刘禹锡发展了这种唯物主义，而这篇文章无一语谈到这一大问题，是个缺点。

——摘自林克《毛泽东身边的岁月片断》，见《缅怀毛泽东》，中央文献出版社 1993 年版，第 566 页。

【品读解析】 1959 年《光明日报》“文学遗产”专栏中，刊登了一位文学史家写的《柳宗元的诗》一文，毛泽东读后，对这篇文章的某些观点有不同看法，对身边的工作人员说：柳宗元是一位唯物主义哲学家，见之于他的《天论》，这篇哲学论著提出了“天与人交相胜”的论点，反对天命论。刘禹锡发展了这种唯物主义，而这篇文章无一语谈到这一大问题，是个缺点。毛泽东在这里既指出柳宗元是唯物论者，他的《天对》反映了他的唯物主义观点，又说到“刘禹锡发展了这种唯物主义”，这种发展，见之于他的著名的《天论》。

《天论》是刘禹锡哲学思想的代表作。主要论述了天的物质性、天与人的关系、产生天命论根源的三大问题。

《天论》起因于柳宗元的《天说》。刘禹锡写《天论》是要欲毕《天说》未究之言。《天说》是柳宗元在永州时同韩愈就天有无意志问题进行论战的短文。韩愈认为天是能赏功罚恶的人格神。柳宗元在这篇文章中说天地、元气、阴阳都是物质，没有意志，人类社会是“功者自功，祸者自祸”。毛泽东对这篇文章很熟悉。1963 年 5 月在杭州中央工作会议期间的一次谈话中说：“柳宗元 30 岁到 40 岁有 10 年都在永州，他的山水散文，与韩愈论辩的文章，就是在永州写的。”

刘禹锡的《天论》是对柳宗元的《天说》的重要补充和发挥。后人重辑《柳河东集》时，把刘禹锡的《天论》附在柳宗元的《天说》之后，也是用来表明《天论》与《天说》之间有着直接的密切关系。刘禹锡在《天论》中曾明确交代了他的创作意图。他说：“余之友人河东解人柳子厚作《天说》以折韩退之之言，文信美矣，盖有激而云，非所以尽天人之际。故余作《天论》以极其辩。”就是说，他写《天论》的目的，在于彻底辩明天人关系的问题。柳宗元在《答刘禹锡天论书》中说：“其归要曰：非天预乎人也。凡子之论，乃吾《天说》传疏耳。无异道焉。”意思是说，刘禹锡的《天论》的要点是讲天不能干预人的事，这是对他的《天说》的解释和补充。

的确，《天论》继承了荀子以来的唯物主义传统，补充了柳宗元《天对》中理论上的不足和欠缺，在探讨天人关系问题的深度上超过了柳宗元，并进一步发展了柳宗元的唯物主义无神论思想，对唯心主义的“天人感应论”进行了批判。正像毛泽东所说的那样，既坚持继承了柳宗元的唯物主义，又从多方面发展了唯物主义，特别是“天人相交胜”的观点，使对天人关系这个中国哲学的基本问题认识达到了划时代的新水平。毛泽东对刘禹锡的评价是切实的。

在一本《唐诗别裁集》中，毛泽东在诗人刘禹锡这个名字上面，用红铅笔画着大的圈记，旁边用黑铅笔画着一条粗重的着重线。在《酬乐天扬州初逢席上见赠》一诗中，毛泽东用红铅笔在标题前面画着圈，用黑铅笔在第一句诗前画着圈，每句诗后做了圈点。其中“沉舟侧畔千帆过，病树前头万木春”两句诗旁，用红铅笔画着重线。

《酬乐天扬州初逢席上见赠》一诗，作于唐敬宗宝历二年（826）。诗中作者首先慨叹自己谪居巴山楚水荒僻之地，不受重用，仕途坎坷。然后表达了对亡友的怀念，并以王质自比，说自己结束外放，此番返京已有隔世之感。闻笛赋，是指晋向秀在友人嵇康、吕安被害后，途经他们的旧居，闻邻人笛声凄切，乃作《思旧赋》。烂柯人，据载晋人王质入山砍柴，见二童子下棋，观看至棋局终了时，发觉手中的斧柄已烂了，回到家中才知已过了百年。历经多年的坎坷，饱尝世态的炎凉，作者重返故地发现人事皆非，倍感惆怅。然而诗人并没有一味地消极悲叹，而是表现出了达观通脱、豪迈激越的气概：“沉舟侧畔千帆过，病树前头万木春。”

编者在该诗的注解中写道：“沉舟二语，见人事不齐，造化亦无如之何。悟得此旨，终身无不平之心矣。”毛泽东对此作了断句，在“造化亦无如之何”下画着着重线，批注：“此种解释是错误的。”诗中虽自比为“沉舟”、“病树”，但指出个人的沉滞算不了什么，世界还是要向前发展的，这种看法无疑是符合客观发展规律的，有积极的一面。编者把它理解为消极的，在命运面前无能为力的人生哲学，显然是对诗人的一种歪曲。毛泽东不同意这种解释，指出它“是错误的”（参见张贻玖《毛泽东评点、圈阅的中国古典诗词》）。

毛泽东很喜爱刘禹锡的诗。像讽刺新的权贵的《玄都观桃花》：“紫陌红尘拂面来，无人不道看花回。玄都观里桃千树，尽是刘郎去后栽。”表现出不畏强暴的硬骨头精神的《再游玄都观绝句》：“百亩庭中半是苔，桃花净尽菜花开。种桃道士归何处？前度刘郎今又来。”这两首诗毛泽东都曾背诵并挥毫手书过。

刘禹锡的一些咏史诗毛泽东也很喜爱。《蜀先主庙》一诗，毛泽东阅后批道：“略好。”《乌衣巷》一诗，圈画过6次。《西塞山怀古》一诗，也圈画过6次。另外像《竹枝词》、《杨柳枝词》等具有民歌清新爽朗的情调和响亮和谐的音韵节奏，表露的情感真挚、细腻、含蓄的诗，毛泽东也都有圈画。

111.李贺的诗非常好

【原文】 贾谊死时三十几，王弼死时二十四。还有李贺死时二十七，夏完淳死时十七。都是英俊天才，惜乎死得太早了。

——摘自《毛泽东读文史古籍批语集》，中央文献出版社1993年11月版，第11页。

【原文】 李贺诗很值得一读。

——摘自毛泽东1965年7月21日致陈毅的信，见《毛泽东书信选集》，第606页。

【品读解析】 毛泽东在他读过的《新唐书》第二三〇卷《李贺传》的天头上标写着“李贺”两个醒目的大字，在记载李贺写诗“未始先立题然后为诗，如他人牵合程课者”等处，逐句加了旁圈。

1965年7月，毛泽东曾向陈毅推荐李贺的诗，说：“李贺诗很值得一读。”在有关王勃的批注中，毛泽东亦曾提及李贺，赞扬他是“英俊之才”，惋惜他的早殇。在中南海毛泽东故居书房里收藏有多种版本的李贺诗集，如《李长吉歌诗叙》《李长吉集》《李昌谷诗集》《李昌谷诗注》等等。翻开这些书，每本都有毛泽东的圈画。在李贺流传于世的240首诗中，经他亲笔圈画的计有83首，部分作品甚至圈画多至四五遍。他还圈画过《新唐书·李贺传》及《李长吉歌诗叙·杜牧序》。

李贺的诗富于想象，这与毛泽东浪漫主义的气质正好吻合。这也是毛泽东喜欢李贺的诗的重要原因。李贺写诗呕心沥血，创作态度极为严肃，他广泛吸取前代诗人的艺术传统，另辟新路，独树一帜，形成自己奇峭瑰丽的诗歌风格。他敢于把犀利的笔锋，直指中唐时代腐朽社会的代表藩镇和宦官，敢于撕开其阴暗帷幕，有较高的思想性。

他的作品主要有神怪、讽喻、抒情三大类。神怪诗虽只有十来首，但却占李贺名作的一半以上，因而李贺有“诗鬼”之称。毛泽东很喜爱李贺的这类作品。黄陶庵评本《李长吉集》中《梦天》一首天头上的编者评语说：“论长吉每道是鬼才，而其为仙语，乃李白所不及。”毛泽东读至此，每句都圈点断句，很重视这一评语。对李贺的《金铜仙人辞汉歌》、《老夫采玉歌》、《李凭箜篌引》、《巫山高》、《湘妃》、《天上谣》、《梦天》、《官街鼓》等，毛泽东圈画较多。李贺的名句“天若有情天亦老”，“雄鸡一唱天下白”等，他都化用入自己的创作之中。

毛泽东读李贺的诗，不仅数量多，而且读得非常精细，有一个例子可以说明。1959年3月，文物出版社刻印了一册线装本的《鲁迅诗集》。其中有一首《湘灵歌》，是鲁迅于1931年3月5日写赠给日本友人松元郎的。全诗为：“昔闻湘水碧如染，今闻湘水胭脂痕。湘灵妆成照湘水，皎如皓月窥彤云。高丘寂寞竦中夜，芳荃零落无余春。鼓完瑶瑟人不闻，太平成象盈秋门。”毛泽东在该诗末句旁边批注道：“从李长吉来。”李贺在《自昌谷到洛后门》一诗中有“九月大野白，苍岑竦秋门”之句，足见毛泽东对李贺诗的熟悉程度。

112.黄巢起义动摇了封建统治

【原文】“天津桥上无人识，闲倚栏杆看落晖”，得毋像黄巢吗？

——摘自《毛泽东读文史古籍批语集》，第334页。

【原文】 黄巢山东人，当时科举不第，气愤而起，由山东至福建广东、湖南、湖北、河南、山西，这是农民暴动的一个很明显的例子。他完全代表农民利益的，其所以失败者，以始终暴动所致也。

唐末黄巢起兵，所向皆克，由于不代表地主阶级利益，被地主所宣传为强盗，无恶不作，所以失败了。

——摘自陈晋主编《毛泽东读书笔记解析》，广东人民出版社1996年版，第1121页。

【原文】 应当认识，历史上黄巢、李闯式的流寇主义，已为今日的环境所不许可。

——摘自毛泽东《关于纠正党内的错误思想》，见《毛泽东著作选读》(上册)，第35页。

【品读解析】 黄巢领导的唐末农民战争，英勇奋战了十年，转战数万里，席卷大半个中国，战斗的足迹踏遍今山东、河南、安徽、江西、江苏、福建、广东、广西、湖南、湖北、陕西等十一个省。其规模不仅是中国农民战争史上的一次伟大创举，也是世界农民反封建斗争史上所少见的。其原因是唐后期封建土地占有形态发生了变化。唐前期均田制的实施给自耕农经济的发展留下了一点活动的余地，到实行两税法时，均田制完全被破坏，大土地所有制发展为主要的土地占有形态，地主庄田迅速扩展，广大农民群众则沦为“佣力客作”的佃农和半自耕农。佃农和半自耕农有不同程度的个体经济，人身依附关系相对地减轻，失去土地后渴望土地的要求表现得更加强烈。农民阶级反封建的斗争已由要求减轻人身依附关系开始深入到土地所有制这个核心问题。随之，农民战争也就进入了新阶段，表现得空前激烈。

黄巢领导的农民革命军，发挥了空前的威力，北自黄河流域，南至珠江流域广大地区的地主都受到了严重的打击。经过这次农民起义以后，南北朝以来在社会上起着支配作用的门阀制度和观念被基本清除了。最突出的表现是从五代开始，“取士不问家世，婚姻不问阀阅”，这就是唐末农民战争的伟大功绩。唐末农民大起义，还使旧的藩镇势力在大起义以后，逐渐衰弱，以至消灭，而唐王朝本身则也名存实亡了。

唐末农民起义，由于历史条件的限制，在唐王朝和藩镇割据势力、沙陀军事贵族的反动联合下而被镇压下去，它留下了极为深刻的历史教训。

黄巢领导的农民起义军在前期执行了比较正确的战略和战术。但是，在占领长安以后，他们没有乘胜追歼以唐僖宗为首的地方统治集团的残余力量，没有及时组织军事力量向藩镇割据势力进攻，而是坐失时机，使唐王朝得以重新纠集各种反动势力，卷土重来，从而导致政权的丧失。另一方面，起义军在进军的过程中，采取流动作战的方法，打垮了不少顽敌，驰骋在祖国南北各地，然而在所到之处都未能重视根据地的建设，以支持仍在进行中的革命战争和巩固已经取得的胜利。尤其是起义军进入长安建立政权以后，仍然只停留在长安周围的狭小地区内，致使唐王朝能在全国各地纠集各种反动势力，重新造成军事力量的优势，从而集中兵力，围攻起义军，而起义军则陷于被动应付，终于避免不了失败。黄巢农民军的失败，又是与朱温之流叛变革命，从内部分裂起义军的力量分不开的。堡垒是最容易从内部攻破的。朱温叛变降唐的事实也充分说明了这一点。这些用鲜血换来的教训，是农民革命留下的宝贵财富。

113.《六祖坛经》属于广大劳动人民

【原文】 从前释迦牟尼是个王子，他王子不做，就去出家，和老百姓混在一块，作了群众领袖。东晋时西域龟兹国的鸠摩罗什，来到西安，住了十二年，死在西安。中国大乘佛教的传播，他有功劳。汉译本《金刚经》就是他译的。我不大懂佛经，但觉佛经也是有区别的。有上层的佛经，也有劳动人民的佛经，如唐朝时六祖（般能）的佛经《法宝坛经》（即《六祖坛经》——引者注）就是劳动人民的。

——摘自甄不贯《毛泽东谈佛论禅》，见《希望》1992年新总第2期。

【原文】 唐朝佛教《六祖坛经》记载，惠能和尚，河北人，不识字，很有学问，在广东传经，主张一切皆空。这是彻底的唯心论，但他突出了主观能动性，在中国哲学史上是一个大跃进。惠能敢于否定一切。有人问他：死后是否一定升天？他说不一定，都升西天，西方的人怎么办？他是唐太宗时的人，他的学说盛行于武则天时期，唐朝末年乱世，人民思想无所寄托，大为流行。

——摘自毛泽东1958年8月21日在中共中央政治局北戴河扩大会议上的讲话，见王兴国《毛泽东与佛教》，中国书籍出版社1996年版，第112页。

【品读解析】 毛泽东1959年10月22日在接见班禅额尔德尼·确吉坚赞的谈话时认为，《六祖坛经》是劳动人民的，这应该算是他立足于一个无产阶级革命家的情感立场的一家之言。据专家分析，毛泽东这一说法的根据之一，可能就是因为惠能是劳动人民出身。

惠能少时家贫，曾卖柴为生。《坛经》记载，他自己说过：“惠能幼小，父又早亡，老母孤遗，移来南海，艰辛贫乏，于市卖柴。”惠能是通过卖柴了解弘忍说法，因而往黄梅冯墓山参拜弘忍和尚。惠能见弘忍大师之后，“忍大师山中门徒至多，顾眄左右，悉皆龙象，逐令能人厨中供养，经八个月。能不避艰苦，忽同伴戏调，嶷然不以为意。忘身为道，仍踏碓，自嫌身轻，乃系大石著腰，坠碓令重，遂损腰脚，忍大师因行至碓米所，问曰：‘汝为供养，损腰脚，所痛如何?’能答曰：‘不见有身，谁言之痛。’”（《曹溪大师别传》）惠能碓米时因身体太轻，于是在腰上系一大石以增加重量，遂导致腰脚损伤。郭朋则指出，在佛教各宗的创始者当中，家境贫苦、出身寒微的，也只有惠能一人。大概正是因为惠能出身的这种“与众不同”，所以毛泽东把《坛经》称为“劳动人民的”。

毛泽东说《坛经》是“劳动人民的佛经”的另一根据，可能就是肯定惠能佛性论中的平等思想。

所谓佛性论，就是认为，“一切众生，皆有佛性”，一切众生，都能成佛。本来，中国佛教除三论宗和唯识宗外，其他各宗都讲“一切众生，皆有佛性”，但“顿悟”成佛却是惠能的独创。惠能不仅强调“直指人心”、“见性成佛”，而且突出强调下层人民成佛的可能性。

《坛经》记载，当惠能第一次去参拜弘忍时，弘忍问他：“汝何方人?来此山礼拜吾，汝今向吾边复求何物?”惠能答：“弟子是岭南人，新州百姓，今故远来礼拜和尚。不求余物，唯求作佛。”弘忍责惠能：“汝是岭南人，又是獠，若为堪作佛!”惠能答曰：“人即有南北，佛性即无南北，獠身与和尚不同，佛性有何差别!”“獠”是当时人对南方少数民族的侮称。惠能的回答表明，他认为“佛性”是不分地域、不分民族，均等地存在于一切人身上的。又如惠昕本《坛经》在记述惠能请“别驾”为他写“菩提本无树，明镜亦非台，佛性常清净，何处有尘埃”的偈时，别驾对他说：“獠!汝亦作偈，其希有!”惠能答曰：“若学无上菩提，不得轻于初学。俗谚云：下下人有上上智，上上人有没意智。若轻人，即有无量无边罪。”惠能这种“下下人有上上智”的观点，在一定程度上反映了对劳动人民的重视和替劳动人民在文化领域争地位的思想，因而受到了毛泽东的重视。

114.《奏疏》可与《治安策》相媲美

【原文】（马周给唐太宗的奏疏是）贾生《治安策》以后第一奇文，宋人万言书，如苏轼之流所为者，纸上空谈耳。

——摘自《毛泽东读文史古籍批语集》，中央文献出版社1993年版，第235~256页。

【品读解析】毛泽东在《新唐书》卷98《马周传》所载录的马周在贞观十一年（637）向唐太宗所上的奏疏的天头上批注道："贾生《治安策》以后第一奇文，宋人万言书，如苏轼之流所为者，纸上空谈耳。"

毛泽东最推重西汉贾谊的《治安策》，认为《治安策》"切中当时事理"，"有一种颇好的气象""是西汉一代最好的政论"。因而，"贾生《治安策》以后第一奇文"是毛泽东对马周这篇奏疏所作的高度评价。这个深受毛泽东赞赏的奏疏的大体内容及毛泽东的评价据张贻玖介绍是：

第一，建议唐太宗节俭治国，力戒奢侈，关心百姓的疾苦。他从历史上夏、商、周至魏、晋、隋统治天下的时间长短，总结经验教训说："自古明王圣主，虽因人设教，宽猛随时，而大要节俭于身，恩加于人，二者是务。故其下爱之如父母，仰之如日月，敬之如神明，畏之如雷霆，此其所以卜祚遐长而祸乱不作也。"毛泽东在《旧唐书》、《新唐书》的这一部分密加圈点，在"节俭于身，恩加于人"处，逐字加了套圈，天头上连画三个大圈。马周列举尧、禹、汉文帝、汉景帝节俭的事例，尖锐地指出："今京师及益州诸处，营造供奉器物，并诸王妃主服饰，皆过靡丽。"老百姓所服的徭役太重，"颇嗟叹"。他说："陛下少处人间，知百姓辛苦，前代成败，目所亲见，尚犹如此，而皇太子生长深宫，不更外事，即万岁后，圣虑之所当忧也。”毛泽东在“陛下少处人间……目所亲见”处，字字都加了旁圈，在开头上画了三个大圈，他对马周从国家前途着想，敢于尖锐地反映政治中的敏感问题，不粉饰太平，很为赞赏。

第二，建议唐太宗重视人民群众的作用。他说：“自古以来，国之兴亡，不由积蓄多少，在百姓苦乐也。”毛泽东在此处天头上画了三个圈，逐字加了旁圈。马周举例说：隋虽有洛口仓贮米，东都积布帛，西京金银库，当李密（隋末农民起义瓦岗军的领袖）、王世充（本为隋朝将领，后反叛）起来造反，这些都成了帮助造反者的财物。而且，“但贮积者，固有国之常，要当人有余力而后收之，岂人劳而强敛之以资寇邪?”毛泽东对这段引文逐字加了旁圈。马周指出，而今百姓有怨言，“以为陛下不忧怜之”，这是由于“今营为者，多不急之务故也”，“若人既劳，而用之不息，万一中国水旱，而边方有风尘之警，狂狡窃发，非徒旰食晏寝而已”。马周这种以“百姓苦乐”决定“国之兴亡”的观点，很受毛泽东的重视。

第三，建议唐太宗分封诸王、功臣要得当，要加强郡县基层的人选。马周非常同意贾谊《治安策》中有关分封诸侯的意见。他认为对诸王和功臣，不可“树置失宜，不预为节制”。他还举曹操宠爱曹植，曹丕即帝位后，曹植备受猜忌，郁郁而死为例，说明“先帝加恩太多，故嗣王疑而畏之也”。毛泽东对这一句加了旁圈。马周希望唐太宗不要“前车既覆，而后车，不改辙也”。毛泽东对这一句又加了旁圈，在天头上画了三个圈。马周建议加强郡县的人选，强调说：“臣闻天下者，以人为本。必也使百姓安乐，在刺史、县令耳，县令既众，不可皆贤，但州得良刺史可矣。”毛泽东从“必也使百姓安乐”一句下，逐字加了旁圈。马周批评“今独重内官。县令、刺史颇轻其选。又刺史多武夫勋人，或京官不称职始出补外”，“所以百姓未安，殆在于此”。唐朝的官制，地方设州县两级，州设刺史，县设县令。马周这种加强基层政权的主张十分英明，也是毛泽东赏识之处。贾谊的《治安策》曾被毛泽东誉为“全文切中当时事理，有一种颇好的气氛”，“是西汉一代最好的政论”。毛泽东把马周的奏折，上比《治安策》，下比“万言书”，这“一”和“奇”的评价是多么不凡！

享有贞观之治美誉之称的唐太宗执政时期，是唐朝的鼎盛期，但马周却如汉代的贾谊一样，居安思危，于繁华中看出政治等方面存在的弊端及隐患。他在上唐太宗的奏疏中提出的问题，切中时弊，说理透彻，提出的建议，具有敏锐的洞察力和卓越的政治家远见。更可贵的是他先天下之忧而忧，将个人得失置之不顾，以国家利益为重，敢于直言的勇气，这些也许正是毛泽东对这篇奏疏高度赞赏的原因。

115.马周才德，迥乎远矣

【原文】 傅说、吕望，何足道哉，马周才德，迥乎远矣。

——摘自《毛泽东读文史古籍批语集》，第 235~236 页。

【品读解析】 在《旧唐书·马周列传》的开头上，毛泽东写道：“马周年四十八。”欧阳修、宋祁在《新唐书·马周传》卷后赞语中写道：“(马)周之遇太宗，顾不异哉！由一介草莽言天下事，若素宦于朝、明习宪章者，非王佐才，畴以及兹？其自视与筑岩、钓渭亦何以异！迹夫帝锐于立事，而周所建皆切一时，以明佐圣，故君宰间不胶漆而固，恨相得晚，宜矣。然周才不逮傅说、吕望，使后世未有述焉，惜乎！”马周有王佐之才，是时唐太宗锐意创建，而马周的意见都切合当时实际，可以称为“以明佐圣”，所以“君宰间不胶漆而固，恨相得晚”，是很自然的。

赞语以为唐太宗发现和任用马周，与商王武丁访得版筑于傅岩之野的傅说，任以为相，致使殷商中兴，以及周文王遇垂钓渭滨的吕望，号之为太公，后辅佐武王灭商，并没有什么不同。遗憾的是马周才具不及傅说、吕尚，以致后世少有称颂。毛泽东不同意这种评价，他在这段赞语的天头批注：“傅说、吕望，何足道哉，马周才德，迥乎远矣。”

116.《旧唐书》比新的写得好

【原文】《旧唐书》比《新唐书》写得好。

——摘自张贻玖《毛泽东读史》，见《光明日报》1991年9月9日。

【品读解析】《新唐书》和《旧唐书》都是毛泽东多次阅读的史书，相比较而言，毛泽东对《旧唐书》更有兴趣。他认为《旧唐书》比《新唐书》好，《旧唐书》简单而材料多确切。

这可能是由于后晋政府组织人力编修《旧唐书》时，距唐朝灭亡的时间仅有30多年，因而搜集到了大量唐朝现成的国史和实录之类的史料，所以如毛泽东说的："材料多确切。"而历史真实是第一位的。

在阅读《旧唐书》时，毛泽东还有许多具体的评价。如：《旧唐书·高祖纪》在记述李渊为人的优点时说："倜傥豁达，任性率真，宽仁容众，无贵贱咸得其欢心。"毛泽东在这里批注道："遇事无断制。"对李渊在这种"宽仁容众"的表面现象背后所表现出来的优柔寡断提出了批评。

毛泽东对朱敬则的评价极高。他在《旧唐书·朱敬则传》开篇的天头上批注道："朱敬则政治家、历史家，年七十五。"并在"朱敬则"三字旁用黑铅笔画了三条粗重的黑线，以表示强调。

毛泽东对《旧唐书·朱敬则传》中所引录的《上武则天疏》极为重视。他之所以把朱敬则誉为政治家、历史家，在很大程度上都是从这篇奏疏中得出的结论。

此外，毛泽东对《盛彦师传》《李百药传》《李义府传》《刘幽求传》等都有批注，这些本书另有专述，这里就不详谈了。

毛泽东读《新唐书》，写了不少的批注，对唐代的立储、开元之治、藩镇割据等问题尤为注意，旗帜鲜明地表达了自己的看法。

唐太宗李世民是毛泽东十分欣赏的人物，但毛泽东对李世民的失误也时有批评。如在《新唐书·郁林王恪传》上，毛泽东就批注道：“李恪英物，李治朽物，知子莫若父。然卒听长孙无忌之言，可谓聪明一世，懵懂一时。”

毛泽东对《新唐书·徐有功传》读得很仔细，加了许多旁圈、三角、叉、套圈等标记，可见毛泽东对这个封建时代的执法楷模是赞许的。但他对徐有功的一段言论也提出了批评。毛泽东对姚崇十分赞赏，因此在《新唐书·姚崇传》的天头上用粗重的黑铅笔写下了“光崇”两字，并在这两字之前批注道：“大政治家、唯物论者。”

毛泽东读《新唐书》，对唐代的藩镇割据问题也很注意。他在《新唐书·田弘正传》和《新唐书·王承元传》上所作的两条批注：“田弘正，奸将军”和“青年将军王承元”即是专门针对藩镇割据问题而作出的评论。

毛泽东虽然认为《旧唐书》比《新唐书》写得好，但对于《新唐书》的一些篇章毛泽东也还是很欣赏的。如在《新唐书》的《窦参传》《吴通玄传》两篇内，毛泽东分别批注道：“此篇写得不错”，“这一篇写得好”。

117.《柳文指要》是解柳全书

【原文】 颇有新义……大抵扬柳抑韩，翻二王、八司马之冤案，这是不错的。又辟桐城而颂阳湖，讥帖括而尊古义，亦有可取之处。惟作者不懂唯物史观，于文史哲诸方面仍止于以作者观点解柳（此书可谓解柳全书），他日可能引起历史学家用唯物史观对此书作批判。

——摘自毛泽东 1965 年致康生信，见《毛泽东书信选集》，第 603 页。

【原文】

行严先生：

各信及指要下部，都已收到，已经读过一遍，还想读一遍。上部也还想再读一遍。另有友人也想读。问题是唯物史观问题，即主要是阶级斗争问题。但此事不能求之于世界观已经固定之老先生们，故不必改动。嗣后历史学者可能批评你这一点，请你要有精神准备，不怕人家批评。……柳文上部，盼即寄来。

敬颂

康吉！

毛泽东

1965年7月18日

——摘自《毛泽东书信选集》，人民出版社1983年版，第602页。

【原文】 大言小言，各适其域。工也，农也，商也，学也，兵也，其中多数人，皆能参与文事之列。经济有变化，反映经济之政教亦将有变化，文事亦将有变化。一成不变之事将不可能。

——摘自毛泽东1965年8月读章士钊《柳文指要·跋》手稿的批改，见乔东光《毛泽东与〈逻辑指要〉、〈柳文指要〉》。

【品读解析】 文学史上，韩柳并称，但毛泽东更推崇柳宗元，这不光因为他是历代诗文作家中不多见的具有唯物主义思想和进步的历史理论建树的人，恐怕还与他是中唐掀动政坛风波的王叔文政治集团中的重要人物有关。当毛泽东知道章士钊在撰写《柳文指要》后，便说自己也爱柳文，要章士钊将书稿送他先读。1965年6月，章士钊先后把100万字的初稿给毛泽东送去，毛收到后，派人给章士钊送去桃、杏各五斤，并附上一信：

行严先生：

大作收到，义正词严，敬服之至。古人云：投我以木桃，报之以琼瑶。今奉上桃杏各五斤，哂纳为分！投报相反，尚乞谅解。含之同志身体如何？

附此向她问好，望她努力奋斗，有所益进。

毛泽东

一九六五年六月二十六日

毛泽东不仅读了《柳文指要》，还逐字逐句研究，提出修改意见，并亲自改了若干处。“义正词严，敬服之至”，这是毛泽东读该书的初步印象。

1965年下半年，毛主席已看完上、下两部并同意出版。为这部著作，章士钊同毛主席有过多次切磋。7月18日，毛泽东读了书稿下部之后给章士钊写信，谈及《柳文指要》的事，即前面所列的信。

信中的“指要下部”，“柳文上部”，均指《柳文指要》一书。“友人”指的是康生。康生当时是分管意识形态工作的中共中央书记处书记。

8月5日，毛泽东给康生写了一封信，并附上《柳文指要》全书。信中肯定了该书的优点。12月，康生读完书稿后，给毛泽东写信说：“……85岁的老先生有精力作此百万巨著，实非易事。我读完之后，觉得主席8月5日信中对此书的评价是十分中肯完全正确的。此书翻永贞政变之案，申二王八司马之冤，扬柳子厚‘以民为牢’的思想，斥韩退之‘以民为仇’的谬论，确有新鲜引人入胜之处。此书也有缺点，如著者不能用辩证唯物主义的观点去解释柳文，对柳宗元这个历史人物缺乏阶级分析，对社会进化，以为‘承新仍返诸旧’，‘新旧如环，因成进化必然之理’等等。”信中还说：“对于一个没有研究马列主义的人，这是可以理解的。”毛泽东接到康生的这封信后，于1966年1月12日给章士钊回信，并把书稿退还。信中说：“大著《柳文指要》，康生同志已读完交来，兹送上。有若干字句方面的意见，是否妥当，请酌定。”在信尾，毛泽东又加一个附注说：“附件两纸，另康生同志来信一件，均附上，又及。”毛泽东把康生的信原封不动连带信封一起转给章士钊，信封原是康生写给毛泽东的，上书：“请交主席康生寄。”毛泽东把“主席”二字勾去，亲笔在旁边写上“章行严先生阅”。

本来，到此一切问题算解决了，《柳文指要》终于可以问世了。但刚刚送到中华书局，“文化大革命”就开始了。在那摧毁一切旧文化的混乱年月中，章士钊感到《柳文指要》的出版恐难实现了。1966年5月10日他给毛泽东写信，流露出对书的命运的担心，并对自己的《柳文指要》做了检讨。

毛泽东当时支持的是意识形态领域的大批判，带有浓厚的政治色彩，对《柳文指要》这类学术问题及作者的党外人士身份，毛泽东的态度还是比较冷静的。但由于各种原因，这本书还是搁置下来了。直到1970年，当“文化大革命”的狂暴逐渐减弱的时候，章士钊又重新提起《柳文指要》的出版问题。本来毛泽东已批准同意出版，中华书局也已排版，但此时的康生已居中央要位，见《柳文指要》最后要出版了，他提出要作者改变观点，将全书用马列主义、毛泽东思想重新修改一遍，方能出版。章士钊得知此事后，极为愤怒，写了一封措辞激烈的信给毛泽东并康生，对康生的意见断然拒绝。

毛泽东接到这封信后，又转给康生研究处理，康生只得同意。终于，1971年9月《柳文指要》一书由中华书局正式出版了。章士钊十分高兴。他自己花钱买上上百册《柳文指要》，叫秘书买来红纸，裁成小条，他亲笔题字，送给他的朋友们。当然首先是送给毛泽东。

毛泽东对这部鸿篇巨制，兴趣甚大，阅读精细，评论中肯。从一般文学史研究角度来看，毛泽东认为该书“颇有新义”，“义正词严”，“可谓解柳全书”。对作者的“扬柳抑韩、翻二王八司马之冤案”加以肯定，对“辟桐城而颂阳湖，讥帖括而尊古义”，亦觉得“有可取之处”。但毛泽东认为“作者不懂唯物史观，于文史哲诸方面仍止于以作者观点解柳”，因此，该书的大问题就是唯物史观问题。也就是如何运用马克思主义的观点方法去研究、分析、评判古人的问题，这个问题确实是从旧社会过来的没有学习过马克思主义的老知识分子值得注意的问题。但解决这个问题并不是一朝一夕的，所以毛泽东并不企望章士钊立刻转变他的世界观，改变他的方法，只是提醒他：“嗣后历史学者可能批评你这一点，请你要有精神准备，不怕人家批评。”毛泽东既指出书中存在的问题，又十分尊重作者的精神人格，这应该是真正的百花齐放、百家争鸣吧。

118.唐太宗“工作四法”

【原文】 李世民的工作方法有四。

——摘自《毛泽东读文史古籍批语集》，中央文献出版社 1993 年版，第 222 页。

【品读解析】 唐太宗李世民是中国历史上的一位杰出的封建帝王。毛泽东对李世民颇有研究。早在 1926 年，毛泽东在广州农民运动讲习所讲课时就曾讲道：“唐太宗、李密皆当时草泽英雄。”他在读《智囊》一书时也对唐太宗的军事才能赞叹不已，认为：“自古能军无出李世民之右者。”

李世民有过人的政治手段。贞观二年（628），时任礼部将郎的李百药撰写了《封建论》一篇。其中，他对李世民的为政之道做了一个总结。

毛泽东对《旧唐书》卷 72《李百药传》中所记载的这一段文字很感兴趣。他不仅逐一加以圈点，还批注道：“李世民的工作方法有四。”

李百药所谓的“四道”与毛泽东批注的“工作方法有四”在本质上有所不同。李百药是从儒家政治的角度，用“大舜之孝”和“文王之德”来谈李世民的“孝”、用“大禹之泣辜”来谈李世民的“慈”、用“帝尧之求谏”来谈李世民的“谦”、用“圣人之誉诱”来谈李世民的“明”的，注重论证儒家的治国原则。而毛泽东则是从李世民的具体政治事例来归纳出“李世民的工作方法有四”的，即不建“小阁”，生活节俭，亲口吃野菜、不听音乐，以体恤灾民；不好虚名，不贪边功，以爱惜国力；勤于事，喜好与人讨论问题。而且，在实际工作中，毛泽东的工作方法也体现了这些特色。可见毛泽东是非常注意借鉴历史人物优秀品质的。

119.“少小离家”不说明不让带家属

【原文】 前读笔记小说或别的诗话，有说贺知章事者。今日偶翻《全唐诗话》，说贺事较详，可供一阅。他从长安辞归会稽（绍兴），年已八十六岁，可能妻已早死。其子被命为会稽司马，也可能六七十了。“儿童相见不相识”，此儿童我认为不是他自己的儿女，而是他的孙儿女或曾孙儿女，或第四代儿女，也当有别户人家的小孩子。贺知章在长安做了数十年太子宾客等官，同明皇有君臣而兼友好之遇。他曾推荐李白于明皇，可见彼此惬洽。在长安几十年，不会没有眷属。这是我的看法。他的夫人中年逝世，他就变成独处，也未可知。他是信道教的，也有可能屏弃眷属。但一个 90 多岁像齐白石这样高年的人，没有亲属共处，是不可想象的。他是诗人，又是书家（他的草书《孝经》，至今犹存）。他是一个胸襟洒脱的人，不是一个清教徒式的人物。唐朝未闻官吏禁带眷属事，整个历史也未闻此事。所以不可以“少小离家”一诗便作为断定古代官吏禁带眷属的充分证明。自从听了那次你谈到此事以后，总觉不甚妥当。请你再考一考，可能你是对的，我的想法不对。睡不着觉，偶触及此事，故写了这些，以供参考。

——摘自《毛泽东书信文集》，中央文献出版社 2003 年 11 月版，第 493 页。

【原文】 近年文学选本注家，有说“儿童”是贺之儿女者，纯是臆测，毫无确据。

——摘自毛泽东 1958 年 2 月 10 日致刘少奇的信，见张贻玖《毛泽东评点、圈阅的中国古典诗词》，中国工人出版社 1992 年版，第 61~62 页。

【品读解析】 贺知章流传下来最有名的诗当数《回乡偶书》，全诗只有四句："少小离家老大回，乡音无改鬓毛衰。儿童相见不相识，笑问客从何处来。"1958年初，刘少奇在一次谈话中，说到古代官吏禁带家属，引了贺知章《回乡偶书》为例证。

毛泽东听了，"总觉不甚妥当"。为了弄清贺知章诗中"儿童相见不相识"一句中的"儿童"是否为贺的后代，贺知章在外居官，中年丧妻后有否再娶，以及当时官吏可否带家眷，毛泽东专门花工夫翻阅了《全唐诗话》等书，还找出引《旧唐书》列传中的贺知章传进行查对，发现均无不带家属的记载。于是，他特意给刘少奇写了上边的信。

这篇文字，毛泽东从贺知章的官职及其与君王的关系，从他的性格特点及作者所处的时代的一般惯例，在翻阅了有关的史料如《全唐诗话》、《新唐书》、《旧唐书》后，细心考据，以近乎一个职业文学史家的治学方式，层层分析、推论，有理有据，令人叫绝。所论证的虽是理解一处诗句、一项古代官制的小事，但其批评态度之严谨、批评方法之严密，令后人可从多方面加以学习、体会。

跟毛泽东读资治通鉴

第十二章

毛泽东品读《后梁纪》

朱温东下之时，唐王朝的统治已经摇摇欲坠，名存实亡。自“安史之乱”开始的藩镇割据，此时达到了无以复加的程度，全国绝大部分地区都处于割据势力控制之下。这些割据势力自行其是，为所欲为，互相攻击，根本不受唐王朝的约束。整个中国处于战乱之中。开封处于战乱的中心地带，四周都是强敌。从陕西退入河南的黄巢起义军余部的力量仍很强大，汴州周围的许多割据势力，实力也都超过朱温，如占据山西地区的沙陀族割据者李克用，割据蔡州（今河南汝南）的秦宗权等，实力也都超过朱温；至于实力与朱温相仿的割据者，更是数不胜数。然而，朱温的凶狠狡诈，他的野心勃勃，都胜过当时其他割据者一筹。十几年下来，他非但没有被其他割据者吞噬掉，反而在兼并过程中，不断使自己的实力壮大，并最终取得了胜利……

120.朱温太狡猾

【原文】 才数百人。

——摘自毛泽东读《旧五代史》卷一《梁书·太祖本纪》，第1~2页。

【原文】 唐宗失计平蔡州。

——摘自毛泽东读《旧五代史》卷一《梁书·太祖本纪》，第8~9页。

【原文】 朱温处四战之地与曹操略同，而狡猾过之。

——摘自毛泽东读《旧五代史》卷一《梁书·太祖本纪》，第10页。

【原文】 不书死而书葬，盖阙文也。

万骑不实。

又是万骑。

——摘自毛泽东读《旧五代史》卷一《梁书·太祖本纪》，第11~13页。

【原文】 以为任子。

——摘自毛泽东读《旧五代史》卷三《梁书·太祖本纪》，第9页。

【品读解析】 朱温的发迹，从他东下汴州就任宣武军节度使开始。《旧五代史》卷一《梁书·太祖本纪》载，唐僖宗中和三年（883）“四月，巢军自蓝关南走，帝与诸侯之师俱收长安。乃率部下一旅之众，仗节东下。七月丁卯，入于梁苑。是时帝年三十有二”。这里，未提“一旅之众”的具体人数，《资治通鉴》里记此事时则明确说朱温所部有数百人。毛泽东在读

《梁书·太祖本纪》前，很可能读了《资治通鉴》，因此他在《旧五代史》有关朱温东下这一段文字下批道：

才数百人。

朱温东下之时，唐王朝的统治已经摇摇欲坠，名存实亡。自“安史之乱”开始的藩镇割据，此时达到了无以复加的程度，全国绝大部分地区都处于割据势力控制之下。这些割据势力自行其是，为所欲为，互相攻击，根本不受唐王朝的约束，整个中国处于战乱之中。开封处于战乱的中心地带，四周都是强敌。从陕西退入河南的黄巢起义军余部的力量仍很强大，汴州周围的许多割据势力，实力也都超过朱温，如占据山西地区的沙陀族割据者李克用，割据蔡州（今河南汝南）的秦宗权等，实力也都超过朱温；至于实力与朱温相仿的割据者，更是数不胜数。开封此时的情况很糟，“连年阻饥，公私俱困，帑廪皆虚，外为大敌所攻，内则骄军难制，交锋按战，日甚一日”（《旧五代史》卷一《梁书·太祖本纪》）。在这种情况下，朱温以数百人进驻开封，稍有不慎，随时随地都有被其他割据者吞噬掉的可能。

然而，朱温的凶狠狡诈，他的野心勃勃，都胜过当时其他割据者一筹。十几年下来，他非但没有被其他割据者吞噬掉，反而在兼并过程中，不断使自己的实力壮大，并最终取得了胜利。因此，毛泽东在读《旧五代史》的《梁书·太祖本纪》时，批道：朱温处四战之地与曹操略同，而狡猾过之。

跟曹操比较，朱温当然逊色远矣。但是，朱温的狡猾，又是曹操比不上的。通过下面几个事例，可以窥见一斑。

1.利用李克用镇压黄巢起义军后，便与李克用反目成仇。

黄巢起义军败退至今河南境内后，前锋大将孟楷攻陈州（今河南淮阳）不利，战败被杀。黄巢大怒，集众猛攻陈州城。陈州城守将只得向忠武镇节度使周岌、感化镇节度使时溥以及朱温所部求救。然而几处合在一起，仍抵挡不住黄巢军的攻势。在这种情况下，朱温等人请李克用前来助战。李克用击破黄巢军，杀万余人。黄巢军溃散，其大将尚让率所部投降时溥，葛从周等多人率所部投降朱温。李克用继续追击黄巢，黄巢逃入泰山，被外甥杀害。黄巢起义彻底失败。

镇压了黄巢起义军后，朱温在汴州上源驿宴请李克用。李克用酒后言语不当，引起朱温不满，朱温与手下将领杨彦密谋，发兵围攻上源驿。李克用所带 300 人皆被朱温所杀，李克用突围逃走。从此，两人结下深仇。在这场围杀中，杨彦对朱温说："胡人急则乘马，见乘马则射之。"不知是黑暗中误认，还是另有其他原因，这天晚上，朱温却射死了骑在马上的杨彦。杨彦出的主意，自己却成了牺牲品。

2.利用征讨蔡州割据者秦宗权，扩大自己实力。

蔡州节度使秦宗权是一个极为残暴的家伙。他派手下将领四处攻略，所到之处大烧大杀，千里无炊烟，鸡犬声不闻，居民几乎被灭绝；队伍出行不带粮食，只用车载盐渍人尸当作军粮。《旧五代史》卷十五《梁书·李罕之传》载："蔡贼据京城月余，焚烧宫阙，剽剥居民。贼既退去，鞠为灰烬，寂无鸡犬之音。"毛泽东读到《旧五代史》这段文字，将其与秦末项羽引兵西入关中屠咸阳、杀秦王子婴、烧阿房宫火三月不熄一事联想到一起，批道：此等做法项羽有之。

朱温与秦宗权之间连续打了好几年，最后，蔡州将领囚禁了秦宗权，举州投降了朱温。在此期间，朱温的官越升越高。887 年，唐僖宗任命朱温兼领淮南节度使、东南面招讨使；次年，又任命朱温为蔡州四面行营都统，统率诸镇兵，在名号上，朱温成了关东最高的统帅。平定蔡州后，作为奖赏，朱温又被加检校太尉，兼中书令，晋封东平王。

从唐王朝角度讲，平定蔡州，名义上消灭了一个割据者，实际上从中得到好处的是朱温。他不但得到了对蔡州的实际控制权，而且频频升官后，有了参与朝政的权力。最后，直接结束唐王朝统治的，正是这个朱温。毛泽东认为，平定蔡州对唐王朝来说，是一个失策。他在《旧五代史》卷一《梁书·太祖本纪》的有关文字下批道：唐宗失计平蔡州。

3.利用其他割据者间的矛盾，各个击破，达到自己的目的。

朱温与秦宗权作战，危难之际曾向割据郓州的朱瑄、割据兖州的朱瑾求救。朱瑄和朱瑾兄弟两人出兵帮助朱温，使朱温渡过了难关。为此，朱温"深德朱瑄，兄事之"。然朱温是个流氓无赖，所谓"深德朱瑄"，只是一时策略。后来，秦宗权在经受多次打击后，力量大为削弱，已经构不成对朱温的威胁，朱温的本性便暴露出来。《资治通鉴》卷二百五十七载：“朱全忠欲兼兖、郓，而以朱瑄兄弟有功于己，攻之无名，乃诬瑄招诱宣武军士，移书诮让。”这样横加指责，朱瑄当然也不买账。于是双方便打起来了。

就双方兵力而言，此时朱温显然占有优势。双方开战后，朱瑄等向李克用求救。李克用派兵假道于魏博镇前来增援。以往，朱温一方与魏博镇关系较为密切；此时，朱温正忙于在东面用兵，当然不愿意同时在北方与李克用开战。于是朱温派人对魏博镇节度使罗弘信说，李克用有心吞并河朔，等到他回师之日，魏博镇就危险了。受到这样的挑唆，加之李克用部将李存信统兵不严，军纪很差，罗弘信被激怒了，于是，他发兵夜袭，大败李克用军。

罗弘信与李克用作战，使朱温得到双重好处。一方面，李克用的军队被挡在北方，朱温便可以一心一意对付朱瑄等人；另一方面，为了对付李克用，魏博镇也只好更多地依赖朱温，从而使朱温加强了对魏博镇的控制，消除了北面受敌的威胁。为了确保魏博镇同自己站在一边，朱温还作出很多假象。例如，每当罗弘信有东西送给他，他都要当着使者的面“北向拜受之”，说：“六兄于予，倍年以长，固非诸邻之比。”朱温这样说，当然是一种策略。这种表面上的尊重，实际上正说明他内心里对魏博镇不放心。但罗弘信却信以为真。结果，在朱温对朱瑄等人用兵时，李克用的军队绝大部分被魏博镇阻在河北。朱温的策略取得了成功。

随后几年，朱温连续攻击朱瑄、朱瑾。虽然双方互有胜负，但最后获胜的是朱温。897 年，朱温杀朱瑄，先后取得天平镇、泰宁镇，朱瑾南下，投奔淮南割据者杨行密。

4.挟天子以令诸侯。

唐朝后期，朝廷南司（朝官）北衙（宦官）之争愈演愈烈，关中地区的割据者，在一定程度上也介入到这种争斗之中，唐王朝混乱不堪，危机四伏。在这种情况下，朱温意识到，如果以勤王名义进入关中地区，既可以扩大地盘，又可使自己在政治上处于主动。于是 907 年，他率兵入关，击败了关中割据者李茂贞，消灭了宦官势力，将唐昭宗迁往东都洛阳。从此，唐朝皇帝便成了朱温控制的一个工具。

5.用残酷、狡诈之术统驭部下。

唐末五代的割据者，为了使部下为自己卖命，实行了很多残酷办法：朱温也不例外。他曾下令，如果将校在作战中死亡，全队士兵一律处斩。实行这一办法后，军士大量逃亡，他又下令在军士面上刺字，以利于军士逃跑后识别和追捕。对于握有军队、占据一方的部下，朱温则实行将其亲属作为人质押在京城的办法。《旧五代史》卷三《梁太祖本纪》载："魏博罗绍威二男廷望、廷矩，年在幼稚，皆有材器，帝以其藩屏勋臣之胄，宜受非次之用，皆擢为郎。恩命既行之后，二子亦就班列。绍威乃上章，以卤幼未任公事，乞免主印、宿值。从之。"这段文字的大意是说，朱温将魏博罗绍威两个年龄尚幼的儿子用为郎官，同其他官员一样上朝。罗绍威认为儿子年少，不能办理公务，请求不让他们担任职务，不参与朝廷内事务。朱温同意了。从形式上看，任罗绍威二子为官，似乎是一种善意行为。然而，朱温这样做的真实含义，乃是将其二子作为人质扣押在京城，以使罗绍威不敢反叛。扣押下属儿子的办法，汉代曾实行过，称为"任子"。因此，毛泽东读到《旧五代史》这一节文字时批道：以为任子。

朱温在唐末天下大乱局面下，纵横捭阖，力胜群雄，最后终于登上了皇帝宝座。907 年，朱温称帝，改名朱晃。依靠狡猾手法夺得的天下，是不能指望长久保持下去的。朱温称帝后六年，后梁便发生了政变。政变的发起者是朱温的第三个儿子朱友珪，他在争夺皇位继承权的斗争中，带兵进宫，杀死朱温，宣布自己做大梁皇帝，后梁群臣不服。第二年，第四子朱友贞又杀朱友珪，登上帝位，是为后梁末帝。此后，后梁连遭李克用之子李存勖的军事打击，内部分裂日甚一日。923 年后梁灭亡，存在了 17 年。

《旧五代史》为宋代薛居正等人所撰。后来，由于欧阳修的《新五代史》受到推崇，到了元代，《旧五代史》逐渐不行于世。清乾隆中开四库馆时，未能找到《旧五代史》原本，馆臣从《永乐大典》中重新辑出，又用《册府元龟》、《资治通鉴考异》等书引录的《旧五代史》材料作补充，大致恢复了原来面貌的十分之七八。毛泽东所读《旧五代史》系同治八年岭南舴古堂据乾隆十二年武英殿本的重刻本，亦属内容不全的版本。因此，该《梁书·太祖本纪》未提朱温之死，便记："友珪葬朱温于伊阙县，号宣陵。"从中国历代修史的惯例看，在这段文字前，原书显然还有关于朱温之死的记载。毛泽东读的《旧五代史》之所以没有这样的记载，显然是失传了。因此毛泽东读到这里，批道：不书死而书葬，盖阙文也。

最后补充一点。《旧五代史》中记载当时的战争规模，很多地方提到的骑兵都达万人。毛泽东不相信这种夸饰之词。如《梁书·太祖本纪》载："（乾宁）二年（895）正月癸亥，遣朱友恭帅师复伐兖，遂堑而围之。……四月……太原遣将史俨儿、李承嗣以万骑驰入于郓。"毛泽东于此批道：万骑不实。

同卷又载："（乾宁）三年（896）正月，河东（今山西）李克用既破邠（旧读音为 bīn 宾）州，欲谋争霸，乃遣番将张污落以万骑寨于河北之莘县，声言欲救兖、郓。"毛泽东又批道：又是万骑。

五代十国时期，骑兵在战争中的重要性，不亚于今日的坦克。因此各割据者对骑兵都较重视。有的割据者，损失数千乃至数万步兵，似乎并不太在意，而损失数百骑兵，则痛惜不已。这与当时骑兵较少有很大关系。大量文献记载表明，当时的割据者，骑兵能够达到一万以上的很少。从这一角度看，《旧五代史》中很多地方提到的"万骑"，都是不实之词。不过，李克用为沙陀族人，长期割据北方，有较多骑兵也是可能的，但毛泽东也不相信。

121.罗隐有军谋

【原文】 十上不中第。

——摘自《毛泽东读文史古籍批语集》，中央文献出版社 1993 年 11 月版，第 222 页。

【原文】　昭谏亦有军谋。

——摘自《毛泽东读文史古籍批语集》，中央文献出版社1993年11月版，第222页。

【品读解析】　毛泽东读文史古籍，比较注重历史上那些怀才不遇的人，所写批语常寄予极大的同情。毛泽东称赞唐末五代文学家罗隐，即属于这种情形。

罗隐（833—910），原名横，字昭谏，号江东生，杭州新城（今浙江桐庐）人。他生于官宦之家，天资聪明，少负诗名。因为时常讥讽权贵，十举进士不第，于是改名为隐。唐咸通十一年（870）入湖南幕府，次年任衡阳主簿，不久，遭权贵打击，愤而辞归。后游大梁、淮、润等地；晚年入钱镠（音liú）幕府，曾任钱唐令、节度使判官、司勋郎中等职。唐亡，后梁以谏议大夫征隐入朝，不就。罗隐一生坎坷，又适逢乱世，笔下多愤世嫉俗之作。他的诗文俱佳，收入《甲乙集》、《罗昭谏集》。

如同《旧五代史》卷二十四《罗隐传》所载，罗隐“诗名于天下，尤长于咏史”。如《西施》：“家国兴亡自有时，吴人何苦怨西施。西施若解倾吴国，越国亡来又是谁。”这首诗，不把国家兴亡的责任归之于个人的作用，在当时的历史条件下，有这样的认识，确属难得。再如《秦纪》：“长策东鞭及海隅，鼋鼍奔走鬼神趋。怜君未到沙丘日，肯信人间有死无。”是讽刺秦始皇寻求长生不老之术的。又如《董仲舒》：“灾变儒生不合闻，谩将刀笔指乾坤。偶然留得阴阳术，闭却南门又北门。”对一代大儒董仲舒的评价，颇为大胆。

罗隐的咏史诗，很多都饱含着他对自己一生怀才不遇的感慨。如他在《筹笔驿》诗中有句：“时来天地皆同力，运去英雄不自由。”《王濬墓》有句：“男儿未必尽英雄，但到时来即命通。”筹笔驿位于四川境内，曾为诸葛亮出师驻军筹策之处。王濬是西晋大将，大练水师，破吴有功。这两首诗，都写了一个人所处环境与取得事业成功的关系，与其说是写诸葛亮和王濬未竟大业之恨，毋宁说是罗隐为自己未能得到施展才能的机会而进行自我安慰。

罗隐的写景诗，有些写得别致新颖，与众不同。如《七夕》：“月帐星房次第开，两情惟恐曙光催。时人不用穿针待，没得心情送巧来。”对神话中牛郎织女久别重逢的情景，描写细致入微。

罗隐的诗，也有消极低沉的一面。如他的《自遣》：“得即高歌失即休，多愁多恨亦悠悠。今朝有酒今朝醉，明日愁来明日愁。”

据说罗隐首次应考的时候，在一次酒宴上遇见歌妓云英。11年后，罗隐还没有考中，又与云英相见。云英笑他仍是个酸秀才。罗隐为此写下了《赠妓云英》（一作《偶题》）一诗：“钟陵醉别十余春，重见云英掌上身。我未成名卿未嫁，可能俱是不如人。”这首诗，名为赠妓云英，实则是含有苦味的自嘲。毛泽东读《甲乙集》时，在这首《偶题》诗旁批道：十上不中第。

罗隐不仅是一个文学家，而且在其他方面也显示出具有一定的实际才干。《通鉴纪事本末》卷二百二十《钱氏据吴越》载：当初钱镠筑杭州内城时，对部下说：“十步一楼，可以为固矣。”罗隐说：“楼不若皆内向。”后来，即902年，当钱镠的部将徐绾和许再思发动叛乱时，按照罗隐主张建造的内城果然在防御中起了很大作用。对此，毛泽东批道：昭谏亦有军谋。这一批语，反映出毛泽东批注历史人物时的一种倾向：对那些有才能但受到压抑的人，总是尽力指出他们的长处。这种倾向，跟毛泽东早年曾受到过排挤、打击的经历，或许不无关系。

跟毛泽东读资治通鉴

第十三章

毛泽东品读《后唐纪》

李克用优宠军人，对军人的违法违纪行为管制不严，所部亲军都是沙陀等部游牧人，“多不法，或陵侮官吏，豪夺士民，白昼剽攘，酒博喧竞”，老百姓深受其害。其子李存勖曾劝他整顿纪律，李克用不听，却说，现在四方诸侯都在出重赏招募勇士，我要是治军太严，他们离我而去，我独自一人怎能保住现在的基业？然而，李克用又绝非一个没头脑的人。他占有河东后，曾几次出兵关中，帮助唐朝廷对付关中地区的割据者，做出一副拥唐的姿态。李克用这样做，是想控制唐朝廷，在政治上争得主动。朱温灭唐之后，李克用也始终不放弃拥唐的名义。这说明，李克用是有谋略的……

122.李克用坚守太原

【原文】 沙陀最危急之秋，亦即转守为攻之会。世态每每如此，不可不察也。

——摘自《毛泽东读文史古籍批语集》，中央文献出版社 1993 年 11 月版，第 257 页。

【品读解析】 在唐朝末年至五代初期的众多军阀中，实力仅次于朱温的为占据河东（今山西）的李克用。

李克用，“其先本号朱邪，盖出于西突厥，至其后世，别自号曰沙陀，而以朱邪为姓”。唐德宗时，沙陀内附，居定襄神武川的新城（今山西大同市西南），“其部落万骑，皆骁勇善骑射，号沙陀军”（《新五代史》卷四《唐庄宗本纪》）。唐懿宗咸通九年（868），庞勋据徐州，唐发十路大军攻庞勋，酋长朱邪赤心率领沙陀军，在义成节度使康承训部下充先锋，作战有功，被任为大同军节度使，赐姓名为李国昌。878 年，李国昌子李克用杀唐大同防御使，占据云州（治云中，今山西大同市），攻夺州县。880 年，唐军击败沙陀军，李国昌、李克用率亲属逃到阴山一带。黄巢起义军进入长安后，河东监军使陈景思请朝廷招李国昌父子，唐僖宗任命李克用为代州刺史、雁门以北行营节度使。后李克用同其他唐朝军队一道，将黄巢起义军逐出关中，李克用被任为河东节度使。从此，李克用据有河东，以太原为基地，积极参加割据战争。

李克用优宠军人，对军人的违法违纪行为管制不严，所部亲军都是沙陀等部游牧人，“多不法，或陵侮官吏，豪夺士民，白昼剽攘，酒博喧竞”，老百姓深受其害。其子李存勖曾劝他整顿纪律，李克用不听，却说，现在四方诸侯都在出重赏招募勇士，我要是治军太严，他们离我而去，我独自一人怎能保住现在的基业？

然而，李克用又绝非一个没头脑的人。他占有河东后，曾几次出兵关中，帮助唐朝廷对付关中地区的割据者，做出一副拥唐的姿态。李克用这样做，是想控制唐朝廷，在政治上争得主动。朱温灭唐之后，李克用也始终不放弃拥唐的名义。这说明，李克用是有谋略的。

黄巢起义军被镇压后，李克用与朱温结下深仇，双方发生了一连串恶战。交战的结果是：朱温一方控制了整个河北及山西西南部地区，李克用的势力基本被限制在河东范围内。

随后，朱温又试图一鼓作气攻占河东，彻底消灭李克用势力。唐昭宗天复元年（901）春，朱温派大将贺德伦、氏叔琮领六路大军合击太原，氏叔琮自太行路入，张文恭自磁州新口入，葛从周自土门入，张归厚自马岭入，王处直自飞狐入，侯言自阴地入。交战初期，李克用一方十分被动，许多将领投降，原来控制的很多地方被朱温的军队占领；朱温军一路进攻，逼至太原城下。太原城危在旦夕，李克用已经作了全线撤退的打算。《旧五代史》卷二《梁太祖本纪二》称李克用“虽时出精骑来战，然危蹙已甚，将谋遁矣”。此时，后梁军遇到了许多难以克服的困难：连旬淫雨，粮草供应不济，士卒多患疾病，加之李克用的将领李嗣昭、李嗣源每夜率精兵强将出城突袭掩杀，使朱温的军队十分恐慌。于是，朱温不得不下令撤军。李克用一方经过坚守，终于扭转了被动局面，随后派精兵追击，杀获甚众。取得了此次战役的最后胜利。

对于李克用此次经过艰苦守城最后转守为攻大获全胜的经历，毛泽东感慨颇深。他读《旧五代史》卷二十六《唐书·武皇纪下》记载此次交战过程的文字，写了如下批语：沙陀最危急之秋，亦即转守为攻之会。世态每每如此，不可不察也。

毛泽东批语中所谓“最危急之秋，亦即转守为攻之会”，在战争中是个并不少见的现象，无须赘述。值得注意的为以下两方面：其一，批语针对李克用坚守太原这次战斗，强调其中所具有的普遍性含义“世态每每如此”；其二，毛泽东在这一批语中所抒发的感慨，其中应当也含有他自己的切身体会。毛泽东领导的革命战争，很多时候都可以称得上是“最危急之秋”，如“四一二”事变之后，反“围剿”时期，长征过程中和初到延安之时。然而无论在什么样的困难情况下，毛泽东始终都能够保持镇定，相信最后的胜利一定会到来。毛泽东的这种自信、乐观的精神状态，无疑对夺得革命战争的胜利产生着积极影响。

123.生子当如李亚子

【原文】 生子当如李亚子。

——摘自《毛泽东读文史古籍批语集》，中央文献出版社 1993 年 11 月版，第 307~311 页。

【原文】 田家英同志：

近读五代史后唐庄宗传三垂冈战役，记起了年轻时曾读过一首咏史诗，忘记了是何代何人所作。请你一查，告我为盼！

毛泽东

十二月二十九日

三垂冈诗一首：

英雄立马起沙陀，奈此朱梁跋扈何。只手难扶唐社稷，连城犹拥晋山河。风云帐下奇儿在，鼓角灯前老泪多。萧瑟三垂冈下路，至今人唱百年歌。

诗歌颂李克用父子。

【品读解析】 毛泽东对后唐的两个开国皇帝李克用、李存勖父子很赏识。对李存勖在其父李克用死后，一举灭梁的战斗，毛泽东赞之“审机独断”。对历史上的这一战役，毛泽东说：“康延孝之谋，李存勖之断，郭崇韬之助，此三人者可谓识时务之俊杰。”《通鉴纪事本末》中记载：李存勖取大梁之前，帝遣魏国夫人刘氏，皇子继岌归兴唐，与之诀曰：事之成败，在此一举，若其不济，当聚吾家于魏宫而焚之。这种破釜沉舟的壮气，毛泽东很赞赏，曾对这一段字加了旁圈，天头上批注：“生子当如李亚子。”亚子，是李存勖的小名。可见毛泽东对李存勖评价很高。

《三垂冈》一诗系清朝诗人严遂成所作。严遂成，字崧瞻，又字海珊，浙江乌程（今吴兴）人。雍正年间进士，他的咏史诗非常有名。有《海珊诗钞》传世。

《三垂冈》一诗是诗人路过三垂冈（今属山西省）时，有感于李克用当年用事而作的一首怀古诗。

三垂冈战役，是后唐庄宗李存勖在其父李克用病死后嗣位晋王之初发生的一场战役。唐天祐五年（908），李存勖率军埋伏在山西上党附近的三垂冈下，乘天有大雾，攻破后梁拥占的夹城，斩万余人，俘获对方将领数百人。

诗的头两句是说李克用是沙陀族的英雄，他极力维护唐王朝的统治，反对朱温的篡唐夺权，但却无奈于朱温势力浩大，无奈于朱温的专横。李克用虽对唐王朝忠心耿耿，他却无力挽回其灭亡的命运。“只手难扶唐社稷，连城犹拥晋山河。”这两句紧接上句“奈此朱梁跋扈何”，是写李克用自己虽无力扶持唐王朝的统治，无力抑制朱温夺取帝位，但他还尚且能维持着自己的驻地。“风云帐下奇儿在，鼓角灯前老泪多。”“帐下”，这里特指军营。在那动荡的战争年代，许多战将的后代从小就跟随父辈生活在军营，有不少孩儿从小就显出他们的才能，这里专指李存勖而言。“老泪多”，是指李克用悲伤自己已老，而感叹人生的兴衰。《新五代史·唐庄宗纪》：“初，克用破孟方立于邢州，还军上党，置酒三垂冈，伶人奏《百年歌》，至于衰老之际，声辞甚悲，坐上皆凄怆。时存勖在侧，方五岁，克用慨然捋须，指而笑曰：吾行老矣，此奇儿也，后二十年，其能代我战于此乎？”克用死后，李存勖继立为王。907 年，又败梁军于上党，过三垂冈，感叹说：“此先王置酒处也。”“萧瑟三垂冈下路，至今人唱百年歌。”当诗人路过三垂冈时，秋风萧瑟，一派凄凉景色，诗人与李克用一样对人生的兴衰有着同样感受。“至今人唱百年歌”，抒发出诗人自己对人生兴衰的感叹。李克用父子可称为一代英雄，虽然李克用曾镇压过农民起义，李存勗在历史上也以杀戮与贪财著名，但他们的有些作为毕竟是为了王朝的统一，或许正是因为如此，诗人才借诗歌颂李克用父子。1964 年 12 月 29 日，毛泽东给田家英写了前面的信。据专家分析，按照现存的《海珊诗钞》查对，毛泽东凭记忆写下的《三垂冈》与《海珊诗钞》中的《三垂冈》有两字不同，即第四句“连城犹拥晋山河”中的“犹”字在《海珊诗钞》中为“且”字；第七句“萧瑟三垂冈下路”中的“下”字在《海珊诗钞》中为“畔”字。但是，在清人袁枚的《随园诗话》卷二第六十二则中，袁枚所引的这首《三垂冈》诗，恰好与毛泽东记忆中的一样，即将“且”字写作“犹”字，将“畔”字写作“下”字。有两种可能：一种可能是，毛泽东是从《随园诗话》中读到并记下这首《三垂冈》的：另一种可能是，毛泽东和袁枚所见到的是同一种版本的《海珊诗钞》或收录了严遂成《三垂冈》诗的某种书。

124.后唐灭梁胜在审机独断

【原文】 已成摧枯之势，犹献退兵之谋，世局往往有如此者。此时审机独断，往往成功。

——摘自《毛泽东读文史古籍批语集》，中央文献出版社 1993 年 11 月版，第 309~310 页。

【品读解析】 《通鉴纪事本末》中《后唐灭梁》一节，记述了五代时期后梁与后唐两个封建政权相互争斗，长期攻战，直至后唐灭掉后梁的历史过程。毛泽东认真阅读了这一节的内容之后，在“后唐灭梁”四个字的标题旁逐字加了旁圈，以示重视，并对书中记述的几次重大战役作了许多圈点和批注，加以评论。

后梁末帝贞明四年（918）年底，李存勖出兵进攻后梁。由于轻敌冒进，在一次战斗中，其部下大将周德威父子双双战死，梁军乘机四面蚁集，并占据一座土山的制高点，晋军的形势十分严峻。但是，李存勖不气馁，又重新聚集起溃兵散卒，大举反攻，再次夺回了这座土山。傍晚，梁军又发动进攻，“晋兵望之有惧色，诸将以为诸军未尽集，不若敛兵还营，诘朝复战”。毛泽东在这句话的旁边画了一串叉，显然是不同意这种态度。李存勖召集部下诸将商议对策时，天平节度使、东南面招讨使阎宝说：“王彦章骑兵已入濮阳，山下惟步卒，向晚皆有归志，我乘高趣下击之，破之必矣。今王深入敌境，偏师不利，若复引退，必为所乘。诸军未集者闻梁再克，必不战自溃。凡决胜料敌，惟观情势，情势已得，断在不疑。王之成败，在此一战。若不决力取胜，纵收余众北归，河朔非王有也。”昭义节度使李嗣昭说：“贼无营垒，日晚思归，但以精骑扰之，使不得夕食，俟其引退，追击可破也。我若敛兵还营，彼归整众复来，胜负未可知也。”银枪大将李建及说：“贼大将已遁，王之骑军一无所失，今击此疲乏之众，如拉朽耳。王但登山，观臣为王破贼。”毛泽东对这三段引文逐字加了旁圈，表示认同三位将军的意见，并在天头上批注道：“此战必不可少。”李存勖采纳了这三个人的意见，并动情地说：“非公等言，吾几误计。”于是，李嗣昭、李建及“以骑兵大呼陷阵，诸军继之，梁兵大败”，“自相腾藉，弃甲山积，死亡者几三万人”。毛泽东对这几句引文也逐字加了旁圈，以表示很满意这一战役的结果。

后梁遭到后唐的不断打击之后，大势已去，然犹作垂死挣扎。后唐庄宗同光元年（923），李存勖屯兵于朝城，准备与梁军展开决战。这时，梁军右先锋指挥使康延孝率领百余骑兵来降，李存勖礼贤下士，当即脱下自己的锦袍、玉带赠送给康延孝，并封他为南面招讨都指挥使，领博州刺史。然后向他询问有关后梁的军情。康延孝以实相告说：梁末帝既懦弱又糊涂，只宠信赵岩及张汉鼎、张汉杰兄弟，这些人便恃宠弄权，卖官鬻爵，胡作非为，民怨极大，而梁军主帅段凝又“智勇俱无”，“终必败亡”。为了报答知遇之恩，康延孝又出谋献策说：“臣窃观梁兵，聚则不少，分则不多。愿陛下养勇蓄力以待其分兵，帅精骑五千自郓州直抵大梁，擒其伪主，旬月之间，天下定矣。”李存勗听后很高兴，采纳了他的意见，依计夺取了郓州。毛泽东对康延孝的这番分析献策逐字加了旁圈，以示重视。

正当李存勗准备乘梁军势衰发动总攻的时候，由于李继韬举潞州投降后梁，后唐也就立即陷入内忧外扰的严峻形势：正面，梁军主帅段凝分兵数路前来争夺郓州；北边，契丹要在“草枯冰合”之时乘机进犯，唐军背后，李继韬配合后梁援军攻取了泽州，又分兵进攻晋阳和成德，断绝了唐军归路；而后唐境内又因连年的战乱破坏，军需粮草十分匮乏。因此，李存勗“深以为忧”，遂召集众将领商量对策。宣徽吏李绍宏等人认为：“郓州城门之外，皆为寇境，孤远难守，有之不如无之，清以易卫州及黎阳于梁，与之约和，以河为境，休兵息民，俟财力稍集，更图后举。”毛泽东对这种畏缩妥协的主张，又一次逐字画了一串叉，并在天头上批注道：“已成摧枯之势，犹献退兵之谋，世局往往有如此者。此时审机独断，往往成功。”李存勗听了李绍宏等人的妥协退兵之策，很不高兴地说：“如此，吾无葬地矣。”他让诸将散去，独自征求枢密使郭崇韬的意见。郭崇韬说：陛下不洗浴，不解盔，日征夜战十五年，方才登上帝位。老百姓都盼望国家太平，安居乐业。现在刚夺取郓州就守不住，陛下怎能安定中原呢？如果依照李绍宏的意见行事，恐怕将士都会“食翠众散”，虽划地为界，可谁为陛下守卫呢？我曾询问过康延孝，详细打听了后梁的实情。“段凝本非将材，不能临机决策，无足可畏。降者皆言大梁无兵，陛下若留兵守魏，固保杨刘，自以精兵与郓州合势，长驱入汴，彼城中既空虚，必望风自溃。苟伪主授首，则请将自降矣。”毛泽东对郭崇韬这段分析献策逐字加了旁圈，表示赞同，并认为郭崇韬的意见与康延孝的计策基本一致，所以又在天头上批注道：“仍康延孝之意。”

郭崇韬的一番话，更坚定了李存勗进取的决心。于是，他先以优势兵力挫败了进攻郓州的梁军，“大喜，谓郭崇韬曰：郓州告捷，足壮吾气”。毛泽东对这句引文也逐字加了旁圈，以肯定李存勗其军事行动。接着，李存勖挥师直取汴梁，迫使梁末帝自杀，后梁灭亡。至此，李存勖因为在关键时刻能够“审机独断”，所以终于灭梁“成功”。毛泽东对这次后唐灭梁的决定性战役，进行了高度的概括，他在批注中评论说：康延孝之谋，李存勖之断，郭崇韬之助，此三人者可谓识时务之俊杰。

李存勖有超凡出众的军事才能，关键时刻能够“审机独断”，一举而灭梁，堪称五代时期一位杰出的军事家。因此，毛泽东对于李存勖的事迹，也有多处圈点和批注。当李存勖的父亲李克用惨败于朱全忠之后，李克用很担心后梁的威胁，李存勖“慰以尊养待时，勿轻沮丧”，还说“夫为天下者，不顾小怨”。对此，明末史学家张溥便在《通鉴纪事本末·后唐灭梁》的篇末史论中评价说：“晋王志气远大。”李存勖登上帝位后，立即挥师南下，终于灭梁成功。对此，张溥又评论说：“兵败而复胜，师正而出奇，询谋良将，决断胸中，履险若夷，及锋既用。”毛泽东对张溥的这些评论逐字加了旁圈，有的还在天头上画着三个圈，以示赞同。

125.兵书少读点好

【原文】 兵书多坏事，少读为佳。

——摘自毛泽东读《新五代史·刘鄩传》的批语。

【原文】 （兵书）略通可以，多则有害无益。

——摘自毛泽东读《新五代史·刘仁赡传》的批语。

【品读解析】 毛泽东一生喜爱读书，古今中外各种书籍涉猎甚广，其中也包括很多兵书。但是从他读文史古籍所作的批语看，他并不提倡军队将士读兵书。

例如，《新五代史·刘鄩传》记载了916年初后梁将领刘鄩与李存勗之间的一次战役：“是时，庄宗在魏，数以劲兵压鄩营，郭不肯出，而末帝又数促鄩，使出战。庄宗与诸将谋曰：‘刘鄩学《六韬》，喜以机变用兵，本欲示弱以袭我，今其见迫，必求速战。’乃声言归太原，命符存审守魏，阳为西归，潜兵贝州。鄩果报末帝曰：‘晋王西归，魏无备，可击。’乃以兵万人攻魏城东。庄宗自贝州返趋击之。鄩忽见晋军，惊曰：‘晋王在此邪！’兵稍却，追至故元城，庄宗与符存审为两方阵夹之。那为圆阵以御晋人。兵再合，那大败，南奔，自黎阳济河，保滑州。”毛泽东读至此，批道：兵书多坏事，少读为佳。

再如，《新五代史·刘仁赡传》载：“仁赡为将，轻财重士，法令严肃，少略通兵书，事南唐，为左监门卫将军、黄袁二州刺史，所至称治。”毛泽东批道：略通可以，多则无益有害。

毛泽东批语中流露出的这种对读兵书不以为然的态度，并非读史时偶发的感慨，而是他指导革命战争实践经验的一种自然引申。毛泽东常说：红军、八路军、人民解放军的将领，绝大多数没有上过什么学校，没读过多少深奥的兵书，但仍然是经常打胜仗，最后打败了蒋介石的庞大军队。1961年3月23日，在广州召开的中央工作会议上的讲话中，毛泽东曾这样说他过去打仗的体会：“那时打仗，形势那么紧张，谁还管得什么《孙子兵法》，什么战斗条令，统统都忘记了的。打仗的时候要估计敌我形势，很快作出决策，哪个还去记起那些书呢？你们有些人不是学过四大教程吗？每次打仗都是用四大教程吗？如果那样就完全是教条主义嘛！我不是反对理论，马克思主义的原理原则非有不可……”

1965年12月21日，在杭州的一次谈话中，毛泽东说：国民党的军官，陆军大学毕业的，都不能打仗。黄埔军校只学几个月，出来的人就能打仗。我们的元帅、将军，没有几个大学毕业的。我本来也没有读过军事书。读过《左传》、《资治通鉴》，还有《三国演义》。这些书上都讲过打仗；可是打起仗来，一点印象也没有了。我们打仗，一本书也不带，只是分析敌我斗争形势，分析具体情况。

有趣的是，毛泽东说是“少读”兵书，而当环境条件允许时，他自己却读了不少兵书。1936 年 10 月 22 日，他在给叶剑英、刘鼎的信中，曾请两人买有关战役指挥与战略的军事书，并指明要买一部《孙子兵法》。1960 年 5 月 27 日，毛泽东同英国元帅蒙哥马利谈话时说："你没有看过两千年以前我国的《孙子兵法》吧？里面很有些好东西。"蒙哥马利问《孙子兵法》中是不是提到了更多的军事原则。毛泽东说："一些很好的军事原则，一共有十三篇。"1960 年 12 月 25 日，毛泽东同部分亲属和身边工作人员谈话，说道："后来到陕北，我看了八本书，看了《孙子兵法》，克劳塞维茨的书看了，日本人写的军事操典也看了，还看了苏联人写的论战略、几种兵种配合作战的书等等。那时看这些，是为写论革命战争的战略问题，是为了总结革命战争的经验。"

可见，对于毛泽东的批注，并不能简单地理解为读一切兵书都无益有害，而应看到毛泽东的本意在于强调军事实践的重要性，在于反对教条主义、食古不化的读兵书。如历史上赵括之流，自然无益有害，少读为佳；而对于那些注重实践，并能真正理解、消化兵书内容的人来说，兵书自然还是可读的，而且是有益的。

126.要学游泳

【原文】 此人能泳。

此人必略知水性。

——摘自《毛泽东读文史古籍批语集》，中央文献出版社 1993 年 11 月版，第 267~273 页。

【原文】 水军应学游泳。

要学游泳。

——摘自《毛泽东读文史古籍批语集》，中央文献出版社 1993 年 11 月版，第 347 页。

【品读解析】 毛泽东在阅读文史古籍时，对于其中有关游泳的记载，给予了较多注意。

《新唐书》和新、旧《五代史》皆有《雷满传》。雷满是湖南武陵的少数民族，为人勇悍，文身断发。唐末大乱，他在当地建立土团军，先是投入荆南节度使高骈麾下，后自己占据朗州，被唐昭宗封为朗州节度使。雷蛮喜欢向人炫耀自己的游泳本领。《旧五代史·雷满传》载："雷满，武陵洞蛮也。……又尝于府署浚一深潭，构大亭于其上。每邻道使车经由，必召筵于中，且言：'此水府也，中有蛟龙，奇怪万态，惟余能游焉。'或酒酣对客，即取筵中宝器乱掷于潭中。因自褫其衣，裸露其文身，遽跃入水底，遍取所掷宝器，戏弄于水面，久之方出，复整衣就座，其诡诞如此。"毛泽东读至此，批道：此人习水是好事。

《新五代史·雷满传》与《旧五代史·雷满传》关于此事的记载基本相同，只是文字略有出入。对此，毛泽东也做了批语：此人能泳。

类似的批语还有一些。如《新五代史·华温琪传》记载，华温琪早年曾参加黄巢农民起义军，起义军攻陷长安后，为供奉官都知。黄巢起义失败后，他逃往滑州。由于状貌魁伟，华温琪担心自己无法藏身，"乃投白马河，流数十里不死，河上人援而出之"。对此，毛泽东批道：此人必略知水性。

再如，《旧五代史·李袭吉传》载，李袭吉有一次随李克用出征，返回太原时，在一处叫夏阳渡的地方过浮桥，"笮断航破，武皇（按：后唐李克用）仅免，袭吉坠河，得大冰承足，沿流七八里，还岸而止，救之获免"。读到这里，毛泽东批道：不学游水，此人几死。

以上这些批语，除了说明毛泽东对游泳有着浓厚的兴趣和丰富的经验外，应当说并不含有什么重要思想。至少，从这些批语本身看，我们尚看不出有这方面的内容。但是，毛泽东读《湘军志》六《水师篇》时作的批语，就有所不同了。《湘军志》为清末民初人王闿运所著。王闿运，初名开运，字壬秋，又字壬父，号湘绮，湖南湘潭人。太平天国时期，王闿运曾入曾国藩湘军幕府，了解当时战争情况。他在《湘军志》六《水师篇》中，记载了咸丰五年（1855）石达开率领的太平军同曾国藩的湘军在九江、湖口进行的一场激战，其中写道："湘军水师名天下。……言船炮者，莫能及湖南焉，然太锋锐，深入要利，卒以至败。寇距九江城，于湖口梅家洲作坚屯二，与城相鼎峙，北屯小池，拒陆军。辛酉，李孟群等攻城，城北洲垒大，设炮，旁维大舟，小艇环卫之。孟群先攻其大舟，战不利，苏胜、郑沐中炮死，李金梁船沉溺于江。寇既见官军水战法，亦并力于水战，多造小艇，依大舟以出。……十二月辛丑，彭玉麟等攻湖口寇筏，破之，士死伤相积，寇亦殊死斗，其筏上作木楼，凭楼发炮，楼倾，或飞投江中，泅而走，其坚悍若此。"《湘军志》还提到，在这次激战中，有的湘国将领因船沉"溺于江"，有的太平军将士在危急时"泅而走"。大概是这些文字触发了毛泽东的某种感慨，因此他批道：水军应学游泳。要学游泳。

毛泽东在这里谈游泳，是强调"水军"学会游泳是很重要的。毛泽东其他一些谈话，也表达了同样的思想。例如，1964 年 6 月中旬，他检阅北京军区、南京军区的比武汇报表演，说："部队是不是可以大规模的游泳训练？游泳训练夏天完全可以搞。部队要学游泳。单靠游泳池不行。要学会在江海里游。不经过大风大浪不行。"半个月后，他听取周恩来等汇报工作，又谈到这件事，说："部队要学游泳，所有部队都要学会。学游泳有个规律，摸着了规律就容易学会。整营、整团要学会全副武装泅渡。"

毛泽东学游泳，大约始于 1925 年。他在批注自己当时作的《沁园春·长沙》时说："那时初学，盛夏水涨，几死者数，一群人终于坚持，直到隆冬，犹在江中。当时有一篇诗，都忘记了，只记得两句：自信人生二百年，会当水击三千里。"此后一生，毛泽东都酷爱游泳。1956 年，毛泽东到武汉视察工作，三次横渡长江，并写下了《水调歌头·游泳》一词。1966 年，毛泽东已是 73 岁高龄，仍然在长江中畅游了一小时零五分钟，游程 30 华里。这最后一次，在"文化大革命"中被作为毛泽东的大无畏精神和在阶级斗争大风大浪中要压倒一切敌人的英雄气概的象征，在全国进行了广泛宣传，无人不知，无人不晓。今天，这一切都已成为历史。而毛泽东留下的与游泳有关的诗句，则仍在广为流传。透过这些诗句，我们仍可感受到毛泽东的自信和气概。这些诗句是："曾记否，到中流击水，浪遏飞舟。"（《沁园春·长沙》）

"万里长江横渡，极目楚天舒。不管风吹浪打，胜似闲庭
信步，今日得宽余。"（《水调歌头·游泳》）

第十四章

毛泽东品读《后晋纪》

五代十国时期，乱世枭雄层出不穷，称帝称王者比比皆是。从这一角度讲，石敬瑭称帝不过是在众多的称帝者中又增加了一个，本不值得特别注意。但是，石敬瑭的称帝又与其他人的称帝有所不同，他为了得到契丹人的支持，不惜向契丹称臣当儿皇帝，割让大片领土。石敬瑭这样做，使北方大片土地长期处于异族统治之下，为后世投降卖国者开了先河。后世人对此事的印象极为深刻……

127.石敬瑭卖国求荣

【品读原文】 如不力言，则下第单子耳。

——摘自《毛泽东读文史古籍批语集》，中央文献出版社 1993 年 11 月版，第 257~262 页。

【原文】 注意此等事。

——摘自《毛泽东读文史古籍批语集》，第 267~273 页。

【品读解析】 936 年，石敬瑭灭后唐称帝，都于汴，国号晋，史称后晋。

五代十国时期，乱世枭雄层出不穷，称帝称王者比比皆是。从这一角度讲，石敬瑭称帝不过是在众多的称帝者中又增加了一个，本不值得特别注意。但是，石敬瑭的称帝又与其他人的称帝有所不同，他为了得到契丹人的支持，不惜向契丹称臣当儿皇帝，割让大片领土。石敬瑭这样做，使北方大片土地长期处于异族统治之下，为后世投降卖国者开了先河。后世人对此事的印象极为深刻。

石敬瑭向契丹人许下的条件是：向契丹称臣，拜契丹主为父，割让幽州之地及雁门关以北诸州，另加岁贡帛 30 万匹。这样的条件，连赞同他反叛后唐的刘知远都觉得有些过分。刘知远说："称臣可矣，以父事之太过，厚以金帛赂之，自足致其兵，不必许以土田，恐异日大为中国之患，悔之无及。"但石敬瑭一心想做皇帝，不听刘知远劝告，将幽蓟十六州（后又称燕云十六州），即今山西雁门关以北、河北北部、京津一带全部割让给了契丹。这是人们很熟悉的。

然而石敬瑭卖国，帮其策划、执行的桑维翰，人们不一定都熟知。桑维翰是后唐同光年间（923—926）进士。石敬瑭反叛时，桑维翰在其手下任掌书记，“首预其谋”。石敬瑭向契丹人割地求救的表文，就是桑维翰起草的。后来，由于另一个卖国者赵德钧的竞争，石敬瑭害怕契丹人转而支持赵德钧，派桑维翰见契丹主，桑维翰“跪于帐前，自旦之暮，涕泣争之”，终于使得契丹主下了支持石敬瑭的决心。后来，后晋的一些将领提出讨伐契丹，桑维翰又力劝石敬瑭不可。

石敬瑭与桑维翰这两个卖国贼，对契丹奴颜婢膝，无耻至极。石敬瑭靠契丹得帝位，奉事辽主（937年，契丹改国号为辽），极为恭敬，上表称辽主为“父皇帝”，除岁贡帛30万匹以外，加送辽主及述律太后以至辽相韩延徽、枢密使赵延寿等人大批贿赂。有时，辽方感到不如意，派人来责备，他总卑词谢罪，请求原谅。桑维翰也一再强调“契丹之功”，提醒石敬瑭“不可负之”。但是，石敬瑭的部属中，不愿降辽者仍占多数。对石敬瑭的做法，“朝野咸以为耻”。比如，成德节度使安重荣就指斥石敬瑭“父事契丹，竭中国以媚无厌之虏”。941年，游牧在雁门以北的吐谷浑部，不愿降附辽国，酋长白承福率众逃回河东，河东节度使刘知远使亲将郭威劝说白承福归附于河东镇。次年，辽主使人来问招纳吐谷浑的罪名。石敬瑭既不敢得罪刘知远，更不敢得罪“父皇帝”，无路可走，忧郁成病，不久死去，结束了可耻的一生。桑维翰则在后晋末年，被另一个卖国者杀死。

毛泽东引《旧五代史》卷八十九《桑维翰传》，注意到其中的一个注。这个注的大概内容是，桑维翰应试前，其父引他去见齐王张全义，张全义“力言于当时儒臣，由是擢上第”。对此，毛泽东批道：如不力言，则下第单子耳。

从这条批语中，可看到毛泽东对桑维翰其人的不屑与蔑视。

最后补充说明一点，后晋时期的卖国投降者不只石敬瑭、桑维翰两人。除这两人之外，较为有名的卖国投降者还有赵德钧、赵延寿父子，以及我们后面将要提到的杜威、张彦泽等人。这些人投靠辽国，目的是在辽的羽翼下当皇帝。辽国则利用这一点，声称让他们做皇帝，鼓励他们做辽的鹰犬，在对后晋作战中充当前锋。辽国的这一策略，在分化后晋上层人物上收到了明显效果，因此，这一时期出现的卖国投降者特别多。

毛泽东读《新五代史》卷七十二《四夷附录》，针对辽国曾答应灭后晋后立赵延寿为皇帝一事，批道：注意此等事。

外部势力干涉中国政治事务最常见的手法，就是扶持汉奸，在内部进行捣乱。“此等事”历来都有，自然值得注意。

128.石重贵之父的“书法”

【原文】 此等书法，不经说明，谁能知之？

——摘自《毛泽东读文史古籍批语集》，中央文献出版社 1993 年 11 月版，第 267~273 页。

【品读解析】 石敬瑭临死前，让儿子石重睿拜见冯道，又让宦官将石重睿抱到冯道怀中，其意是让冯道辅佐石重睿继位。石敬瑭死后，冯道并未按石敬瑭的意愿去做。冯道与天平节度使、侍卫马步都虞候景延广商议，“以国家多难，宜立长君”，改立石敬瑭之兄石敬儒的儿子石重贵做了皇帝。是为晋出帝。

《新五代史》卷八载，天福三年（938）“十二月丙子，封子重贵为郑王”。卷九载，天福八年（943）五月“追封皇伯敬儒为宋王”。不熟悉这一段历史的人，仅凭这两条记载，很难看出晋出帝与石敬儒之间的真实关系，很可能会得出晋出帝石重贵是石敬瑭儿子的印象。那么，《新五代史》为什么要这样记呢？对此，欧阳修本人在《新五代史》卷九的最后做了一个说明，译成现代汉语，主要意思为：按照礼的规定，可以视兄弟的儿子为自己的儿子，但如果自己有亲生儿子，兄弟的儿子便不能为继承人。石敬儒其实是晋出帝的父亲，为什么写成“皇伯”呢？因为石敬瑭有亲生儿子，石重贵继承皇位名不正言不顺，后晋的大臣立石重贵做了皇帝，违反了礼的规定，因此讳言晋出帝的父亲是谁，以此欺骗天下人，让世人觉得晋出帝好像真是石敬瑭的儿子似的。如果石敬瑭没有亲生儿子的话，石重贵以侄子身份继承帝位，就不用这样遮掩。写“追封皇伯敬儒为宋王”的用意，就是让世人看到晋出帝不是正统的继承人。

毛泽东读《新五代史》，对于欧阳修的这段说明性文字，旁批道：此等书法，不经说明，谁能知之？

由于史书编写者的“春秋笔法”，把本来并不复杂的事情弄得叫人难以理解。在中国古代史籍中，类似的情形还有不少。幸亏欧阳修还特意加了一段说明，我们才了解到真相，否则，“不经说明，谁能知之”？

129.后晋与契丹的战争

【原文】 晋时事。

——摘自《毛泽东读文史古籍批语集》，中央文献出版社 1993 年 11 月版，第 267~273 页。

【原文】 事有如此之怪。

——摘自《毛泽东读文史古籍批语集》，中央文献出版社 1993 年 11 月版，第 257~262 页。

【品读解析】 石重贵即位后，任用景延广为相。景延广以反辽自任，经他坚持，晋出帝向辽主告丧时，自称孙而不称臣。辽主大怒，遣使来责问。景延广说，晋有横磨大剑十万口，要战则来，他日打了败仗，贻笑天下，不要后悔。辽主更怒。赵延寿想代晋称帝，劝辽击晋。后晋的平卢节度使（驻青州，今山东益都）杨光远遣使密告辽主，说晋主负德背盟，境内大饥，公私困竭，趁此机攻之，一举可取。辽主集诸州兵合 5 万人，使赵延寿统率，对他说，如果得了中国，应当立你为帝。同时，辽主还经常指着赵延寿对后晋降人说，这是你们的主子。赵延寿信以为真，竭力为辽效劳。

944年，赵延寿率兵南下，前锋到了黎阳（今河南浚县），辽主屯兵元城（河北大名县），以为后盾。后晋军沿黄河设防，交战中辽兵屡败。辽主听从赵延寿建议，自率兵十余万，至澶州（今河南濮阳）城北列阵，想一战取胜。晋将高行周率前军与辽军战，互有胜败。辽主见晋军不弱，对左右说，杨光远说晋兵已饿死一半，为什么还这样多。晋、辽两军苦战至傍晚，死伤都很重。入夜后，辽军后退30里，随后，辽兵分两路回国，一路经沧州、德州，一路经深州、冀州，沿路烧杀抢掠，方圆一千里内几乎什么也没剩下。

第二年，辽兵再次大举南侵。辽主进驻元氏（今河北元氏县），仍派赵延寿为先锋，晋军屯邢州（今河北邢台县）。当时桑维翰代景延广执政，他畏惧辽军，令诸军撤退，退到相州城（今河南安阳市）。后晋朝廷下令几路军队还屯澶、魏、邢等州。晋军数万在相州安阳水南岸列好阵势，将军皇甫遇、慕容彦超率数千骑去侦察，被辽兵数万围困，将军安审琦率骑兵往救。辽军望见尘起，即解围退去。毛泽东读《新五代史》卷四十七《皇甫遇传》，在这一段记载下写了提示性批语：晋时事。

辽军退去的当晚，晋将张从恩认为，辽军兵多，晋军兵少粮缺，不如退就黎阳仓，靠大河拒守。张从恩不待诸将议决，即引本部兵先行撤退，只留下500人守安阳河桥。知州何彦伦与军校商议说，人无固志，500疲惫之兵怎能守桥，就带500兵人守相州城。天亮后，赵延寿与辽将率兵数万前来攻城，在安阳河北布阵。相州守军在城上摇旗呐喊，辽军不知城中虚实，只好退走。

相州被围，辽军本来占有绝对优势，却莫名其妙撤走。这类难以理解之事，在此次辽兵入侵中屡有发生。如前述皇甫遇脱围的当晚，辽军中自相惊扰，说晋大军来了，辽主在邯郸，听到这个消息，立即退走，两天走了300里。毛泽东读《旧五代史》卷八十三《晋少帝本纪》，注意到了晋、辽之间交战中出现的这种现象，批道：事有如此之怪。

946年，晋出帝任杜威为元帅，李守贞为副帅，率诸军击辽，并下诏宣告讨伐路线及对作战有功者的赏赐办法。结果，辽主率兵至恒州（今河北正定县），包围了杜威所部，杜威投降。接着，辽主引兵南下，长驱直入开封城。晋出帝上降表，晋亡。

第十五章

毛泽东品读《后汉纪》

石敬瑭的大将刘知远趁机夺取了政权，建立了后汉政权。刘知远一方面想安定人心、笼络势力；另一方面冯道也因保护别人而得赞誉，刘知远就拜冯道为太师。五代时期的政权更迭，真如走马灯一般，令人眼花缭乱。刘知远的后汉政权刚刚建立4年，郭威就扯旗造反，带兵攻入汴京。这时候的冯道，又故技重施，准备率百官迎接郭威。他做了后唐明宗的7年宰相，尚且不念旧恩，何况只做了不到4年的后汉太师，更是不足挂齿……

130.冯道是五代“风俗之坏极”的代表

【原文】“五代纲维横决，风俗之坏极矣，冯道其代表也。宋兴稍一振，然犹未也。”

——摘自《毛泽东早期文稿》，湖南出版社1995年版，第591~592页。

【品读解析】毛泽东非常重视人的道德品质，在他执政期间，从来都极为重视思想道德建设。在评价历史人物的时候，也是这样。他曾经说过：“五代纲维横决。风俗之坏极矣，冯道其代表也。宋兴稍一振。然犹未也。逮范文正出，砥砺廉节，民黎始守纲常戒于不轨。其至也，朱程礼义之士兴，天下风俗，骎骎比隆东汉焉。”

那么，毛泽东为什么说冯道是五代“风俗之坏极”的代表呢？

其实，国学大师钱穆先生在研究了中国历史后也指出，中国古代最无耻的时代是五代！的确，这是一个乱哄哄的时期，各色人等都容易显示其本色。五代时期，就出了一个臭名昭著的儿皇帝石敬瑭，然而，这还不是最无耻的，最无耻的应该算是虽然没有当儿皇帝但却历时五代而不倒的官场不倒翁冯道。

仔细读一读《五代史·冯道传》和《新五代史》及《资治通鉴》中的有关篇章，冯道这个官场不倒翁的形象就会栩栩如生地展现在我们的面前。

冯道，字可道，瀛洲景城（今河北省交河县东北）人，生于唐僖宗中和二年（882）。他的家庭，可能是一个能够自给自足的小康之家。据记载，“（冯道）早先一边耕种土地，一边读书学习，并不忙于操持生活家业。冯道自幼性格纯厚。爱好学习。善于写文章，不以穿破衣服、吃粗劣的饭食为耻”。他的祖先也不是名门士族，据查，连一个县令以上的先人也找不出来。可见，冯道在这样的家庭出身条件下，想跻身官场，其难度是可想而知的。

唐朝末年，军阀割据，战乱四起，李克用割据晋阳，独霸一方。从欧阳修的《五代史伶官传序》里可以看出，李克用是一个有着雄才大略的人，其子李存勗在灭梁初期,也还是颇有作为的。大约是因为冯道看到了这一点，才投奔了李存勗，以图求得前程。在这以前，冯道先在离家乡较近的幽州做小吏。当时，幽州军阀刘守光十分凶残，杀人成性，对于属下,也是一言不合，即加诛戮，甚至杀了之后，还叫人“割其肉而生啖之”，冯道与这样的人相处，自然是很危险的。

一次，刘守光要攻打易、定二州。冯道却敢劝阻，结果惹怒了刘守光，几被杀死，经人说情，被押在狱中。由此可见，当时的冯道还是较为正直的。冯道经人帮助，逃出牢狱，投奔了太原，投在晋大将张承业的门下，经张承业的推荐，冯道成为李存勗的亲信。

冯道起初担任晋王府中的书记，负责起草收发各种政令文告、军事信函。不久，李存勗看到朱温建立的后梁政权十分腐败，就准备灭掉后梁。晋王和后梁的军队在黄河两岸对峙，战斗打得十分激烈残酷，冯道身为李存勗的亲信，却能以身作则，率先过简朴的生活。据历史记载，他“在军中，盖了一个小小的茅草屋，连床席都没有，只睡在一束干草之上”。应当说，这种精神还是值得赞赏的。

冯道也还善于处理君臣之间的纠纷。在消灭后梁的军队时，晋王的军饷十分匮乏。因为陪李存勗吃饭的将领太多，主管人员弄不来那么多军粮，十分为难。大将郭崇韬对李存勗说：“供应紧张，能不能少几个陪着吃饭的人?”李存勗发火说：“我想为那些替我卖命的人弄顿吃食都不成，哪里还能当主帅呢?”郭崇韬吓得不敢作声。冯道在一边说：“粮饷供应确实困难。郭崇韬这么说，也是对大王的一片忠心啊!”这场风波就此消弭。

但李存勗灭掉后梁建立后唐以后，只重视那些名门贵族出身的人，对冯道这样的没有“来历”的人并不重用。冯道这时当了个什么官，并不重要，重要的是他听到父亲死后只能徒步奔丧，其困窘的程度是可想而知的。直到庄宗李存勗被杀，明宗即位，他才被召回。明宗鉴于前朝教训，重用有文才的人，想以文治国，冯道这才被任命为宰相，真正发迹。

在冯道当宰相的七年间，应该说做了一些好事。一天，明宗问臣下年景如何，臣下们大都说了些粉饰太平的话，但冯道却给明宗讲了一个故事，冯道说："我当年在晋王府的时候，奉命到河北中山一带公干，途中要路过井陉。我早就听说过井陉是个很难走的地方，人马到了那里，多发生被绊倒摔伤的事。我就十分小心平安地走过了井陉，没想到过了井陉，到了平地，却被从马上摔了下来，差点摔死。我这才明白要处处小心，时时提防。我的这件事虽小，却可以用来比喻大的事情，望陛下不要以为五谷丰登，河清海晏就可以高枕无忧了。要兢兢业业，不要放纵享乐，这是我们臣下所希望的呀！"

又有一次，明宗问冯道："天下百姓的日子怎么样？"冯道趁机进言说："谷贵饿农，谷贱伤农。此常理也！唐朝有位叫聂夷中的诗人，写了一首《伤田家》：'二月卖新丝，五月粜新谷，医得眼前疮，剜却心头肉。我愿君王心，化作光明烛，不照绮罗筵，偏照逃亡屋。'"明宗听后，连说好诗，并命人抄录，经常诵习。

但冯道虽为宰相，还是为时人瞧不起，残留在人们意识中的门阀士族观念还未肃清。冯道出身低微，因此经常受到人们的奚落。一天，冯道下朝回家，一个出身于世宦门第的工部侍郎跟在他的后面起哄道："宰相走得太快了，必定要从腰里掉下一本《兔园策》来！"

在当时，《兔园策》是一本乡校里用来教农夫和放牛的孩子的读本，这么说冯道，明摆着是讥刺他出身低。一个小小的工部侍郎竟敢在大庭广众之下奚落宰相，在等级森严的封建社会里，一般是不可能发生的。从这件事里，可以看到冯道当时所处的环境。

后唐明宗去世以后，他的儿子李从厚即位。从此以后，冯道就丧尽了正直向上之气，一味地为做官而做官了。闵帝即位不到 4 个月，同宗李从珂即兴兵来伐，要夺取帝位，李从厚得到消息后，连臣下也来不及告诉，就慌忙跑到自己的姨父石敬瑭的军中。第二天早上，冯道及诸大臣来到朝堂，找不到皇帝，才知道李从珂兵变，并率兵往京城赶来。冯道这时的做法真是一反常态，极其出人意料，他本是明宗一手提拔，从寒微之族被任命为宰相。按常理说，此时正是他报答明宗大恩的时候，况且李从珂起兵实属大逆不道。但冯道没有考虑这些，他所想的，是李从珂拥有大军，且性格刚愎，而李从厚不过是个小孩子，即位以来尚未掌握实权，为人又过于宽和优柔，在权衡了利弊之后，他决定带领百官迎接李从珂。

冯道身为宰相，权位为诸臣之首，又兼一些官吏为他所亲手提拔，他一倡议坚持，多数人也不好说什么。但个别正直官吏还是出言诘问，中书舍人卢导首先抗议说："哪有天子在外，大臣反去劝别人当皇帝呢？我们是不是该去投奔天子？"丞相李愚等人也随声附和。但冯道却要大家认清当前的形势，不要固执己见，大多数人无奈，只得跟冯道一起到洛阳郊外去列队迎接李从珂，并献上了请李从珂当皇帝的劝进文书。就这样，冯道由前朝的元老重臣摇身一变，又成了新朝的开国功臣。只是李从珂对他实在不放心，不敢委以重任，把他放到外地任宫。后来又觉得过意不去，把他调回京中，给了他一个没有多大实权的司空之职。

不久，石敬瑭同李从珂发生了冲突。石敬瑭想借恢复闵帝的旗号打倒李从珂，但石敬瑭兵力很单薄，不能同李从珂抗衡。为了夺取帝位，石敬瑭也不顾一切，竟派使者赴契丹向契丹主耶律德光求援，并许下 3 个条件，事成之后，一是向契丹称臣，二是石敬瑭向耶律德光称儿子，三是割让雁门关以北诸州给契丹。耶律德光正想插手中原，石敬瑭主动去求，正中下怀，便约定等中秋以后倾国赴援。在契丹人的支持下，石敬瑭打败了李从珂，做了中国历史上臭名昭著的"儿皇帝"。

石敬瑭以恢复闵帝为号召，在当皇帝后，就把原闵帝朝的官吏大多复了职。冯道也被任命为宰相。不知石敬瑭对冯道侍奉李从珂这段历史怎么考虑，也许是冯道未受李从珂重用的缘故吧，反正石敬瑭来了个既往不咎，冯道更是乐得当官。

石敬瑭当皇帝后的第一件大事，就是实现对耶律德光许下的诺言，否则，王朝就有倾覆的危险。尤其是自称"儿皇帝"，上尊号于契丹皇帝与皇后，实在是一个说不出口的事。据载，写这道诏书的官吏当时是"色变手颤"，乃至于"泣下"。可见这是一种奇耻大辱！至于派人去契丹当册礼使，更是一个既要忍辱负重，又要冒生命危险的事，石敬瑭想派宰相冯道去，一是显得郑重，二是冯道较为老练。但石敬瑭很为难，恐怕冯道拒绝。谁知他一开口，冯道居然毫不推辞地答应了，这真让石敬瑭喜出望外。

其实，石敬瑭哪里知道冯道的“苦衷”。冯道十分清楚，只有结交好耶律德光，他在石敬瑭那里的位置才能保得稳，把“爸爸皇帝”笼络好了，这“儿皇帝”也就好对付了。从这一点看，冯道对于长保富贵，的确算得上有胆有识。

冯道可以说极其圆满地完成了这次外交任务。他在契丹被阻留了两个多月，经多次考验，耶律德光觉得这个老头实在忠诚可靠，就决定放他回去。谁知冯道还不愿回去，他多次上表，表示对耶律德光的忠诚，想留在契丹，越是这样，耶律德光就越觉得应当让他回去，好让他在石敬瑭那里为自己办事。经过多次反复，耶律德光一定要让他回去，冯道这才显出一副依依不舍的样子，准备启程。一个月以后，他才上路，在路上又走走停停。走了两个多月，才出契丹的国境。他的随从不解地问他：“能活着回来，恨不得插翅而飞，您为什么要走得这么慢呢?”冯道说：“一旦走快，就显出逃跑的样子，即使走得再快，契丹的快马也能追上，那有什么用呢？反不如慢慢而行。”随从人员这才佩服冯道的深谋远虑。

这趟出差回来，冯道可真的风光了，甚至连石敬瑭都得巴结他。石敬瑭让冯道手掌兵权，“事无巨细，悉以归之”，不久又加冯道为“鲁国公”，终石敬瑭一朝，石敬瑭对冯道是“宠无与为比”。

石敬瑭的后晋政权只维持了十年多一点就结束了。后晋出帝开运三年，耶律德光率 30 万军队南下，占领了汴京。冯道大概觉得契丹人可以稳坐中原江山吧，就从襄阳主动来投靠耶律德光，冯道满以为耶律德光会热烈欢迎，没想到北方夷狄不懂中原的人情世故，耶律德光一见冯道，就指责他辅佐后晋的策略不对。这可把冯道吓坏了，连忙换上一副卑躬屈膝的笑脸，小心服侍。耶律德光问：“你为什么要来朝见我呢?”冯道说：“我既无兵又无城，怎敢不来呢?”又问：“你这老头是个什么样的人?”答曰：“是个又憨又傻无德无才的糟老头!”冯道以老朋友的姿态装憨卖傻、卑词以对，弄得耶律德光哭笑不得，就没有难为他。

不久，耶律德光觉得中原百姓生灵涂炭，便问冯道说：“怎样才能救天下百姓呢?”冯道见机会来了，就装出一副真诚的样子说：“这时候就是如来佛出世，也救不了此地的灾难，只有陛下才能救得!”大概爱听谄谀之词是人的本性之一，耶律德光慢慢地相信并喜欢上了冯道，让他当了辽王朝的“太傅”。后来曾有人检举揭发他曾参与过抵抗契丹的活动，耶律德光反为冯道辩护说：“这人我信得过，他不爱多事，不会有逆谋，请不要妄加攀引。”

契丹人十分残暴，“纵胡骑四出。以牧马为名，分番剩掠，谓之‘打草谷’。丁壮毙于锋刃，老弱委于沟壑，自京西两畿及郑、滑、曹、濮，数百里间，财畜殆尽”。契丹的30万大军，无正常的军需渠道，只靠抢掠为生，因而激起了广大人民的强烈反抗。大概连冯道也看出契丹人如此下去长久不了，就开始为自己的后路着想。他想方设法地保护了一批投降契丹的汉族地主，为自己日后的仕途留下了退路。他这种做法，以至连欧阳修都认为“契丹不夷灭中国之人者，赖（冯）道一言之善也”。

在人民的反抗之下，契丹人被迫撤回。冯道随契丹兵撤到恒州，趁契丹败退之际，逃了回来。

这时，石敬瑭的大将刘知远趁机夺取了政权，建立了后汉政权。刘知远一方面想安定人心，笼络势力；另一方面冯道也因保护别人而得赞誉，刘知远就拜冯道为太师。

五代时期的政权更迭，真如走马灯一般，令人眼花缭乱。刘知远的后汉政权刚刚建立4年，郭威就扯旗造反，带兵攻入汴京。这时候的冯道，又故技重施，准备率百官迎接郭威。他做了后唐明宗的7年宰相，尚且不念旧恩，何况只做了不到4年的后汉太师，更是不足挂齿。

于是，他率百官迎郭威进汴京，当上了郭威所建的后周政权的宰相，并主动请缨，去收服刘知远的宗族刘崇、刘赟等手握重兵的将领。刘赟果然相信了冯道，认为这位30年的故旧世交，总不会欺骗他，没想到一走到宗州，刘赟就被郭威的军队解除了武装。冯道又为后周的稳固立了一大功。

但没过几年，郭威病死，郭威的义子柴荣继位为周世宗。割据一方的后汉宗族刘崇勾结契丹，企图一举推翻后周政权。根据冯道半个世纪的经验，此次后周是保不住了，肯定又得改朝换代，自己虽已近苟延残喘之年，还是要保住官位爵禄。

柴荣当时只有34岁，年纪不大，却很有胆识气魄。当刘崇、契丹联军袭来时，一般大臣都认为皇帝新丧，人心易摇，不可轻动，但柴荣却一定要亲征。别人见柴荣意志坚定，便愿随出征，不再多说，只有冯道在一边冷嘲热讽地“固争”，下面的对话很能刻画出冯道的心态：柴荣说：“过去唐太宗征战，都是亲自出征，难道我就不能学学他吗？”冯道说：“不知陛下是不是唐太宗？”柴荣又说：“以我兵力之强，出击刘崇、契丹联军，犹如以山压卵，如何不胜？”冯道说；“陛下能为山吗？”

这些莫名其妙的话说得柴荣大怒，他私下里对人说：“冯道太看不起我了！”

其实，冯道倒不是看不起柴荣，而是在为自己在下一个什么朝代做官留下一条后路，弄一点投靠新主子的资本。

谁知柴荣还真不信邪，亲率军队，于高平之战中大败刘崇、契丹联军，以事实给了冯道一个响亮的耳光，就在柴荣凯旋之时，冯道也油尽灯枯。对在下一个王朝做官失去了信心，也许他因自己的判断失误而伤心吧。柴荣高平之战的胜利终于送了他的老命。

冯道死在自己的家里，死后无哀荣，身后境况凄凉。

冯道死于954年，一生度过了73个年头。

冯道是封建官场的不倒翁，也是一个“长乐老”。

在任后汉宰相时，冯道作一篇《长乐老自叙》，这是中国封建官场上的无耻直言。在这一宣言里，冯道把自己的履历表填得一清二楚，扬扬得意地罗列自己的历任官职及封号，甚至还包括契丹政权授予他的“伪官”，可谓有实事求是的精神了！

冯道的确是一位“长乐老”。中国人说“知足者常乐”，冯道是有官就长乐。中国人说“无官一身轻，有子万事足”，冯道是无官不能活，有官万事足。

冯道的一生，就是一部“做官学”，他本人就是一位官场常胜将军，是一部活的教材，他一生的意义也许就是教人怎样做官，用他一生的实践在向人们宣告着官场不倒的秘密：良心丧尽+善于投机。

毛泽东一生反对机会主义者。什么是机会主义呢？机会主义就是没有原则，没有理想，就是见风使舵，就是有奶便是娘。因而，从一定意义上说，机会主义者是最无耻的，例如，今天有些商人没有原则和理想，什么赚钱就做什么，结果是好则树不起什么品牌，成不了什么气候，坏则一败涂地，甚至锒铛入狱，这就是商业上的机会主义者。冯道是政治上的机会主义者，用今天的话说就是旧政客，毛泽东一生坚持革命理想，最不能容忍的就是政客。因此，他将冯道称为五代“风俗之坏极”的代表，也就可以理解了。

跟毛泽东读资治通鉴

第十六章

毛泽东品读《后周纪》

后周（951—960 年）是中国历史上五代十国时期的最后一个朝代，从 951 年正月后周太祖郭威灭后汉开国，到 960 年宋太祖赵匡胤陈桥兵变取代，共 10 年时间，历经三个皇帝。郭威、柴荣都是在五代时期难得的好皇帝，后周时期的政治、经济实力的增强，为北宋统一中国奠定了基础。

131.后周郭威称帝

【原文】 旧史无此。

所谓允明反弑，明是诬词。

——摘自《毛泽东读文史古籍批语集》，中央文献出版社 1993 年 11 月版，第 267~273 页。

【品读解析】 后汉隐帝刘承祐虽然名义上是皇帝，却处处受制于权臣，不掌实权。950 年底，他密谋诛杀了几位主政主军的大臣后，又派人去魏州杀统军大将郭威。郭威得讯后，让养子郭荣留守，命郭崇威率骑兵为先头部队，随后自率大军，朝京城进发。

郭威的大军一路畅通无阻，基本没有遇到像样的抵抗，7 天后，便到了开封城外。后汉朝廷慌作一团，意见纷纭，莫衷一是。刘承祐派军队出城作战，自己也到了城外。郭威军打败刘承祐派来的军队。刘承祐行至赵村，被追兵赶上，下马躲入老百姓家里，最后为乱兵杀死。郭威军顺利进入京城。

郭威进京时，后汉高祖刘知远的弟弟河东节度使刘崇在太原，忠武节度使刘信在许州，刘崇之子刘赟为武宁节度使，在徐州。此三镇如果联合起来，号召复汉，对郭威十分不利。于是，郭威定计，要点是：先声称迎刘赟为帝，稳住刘崇，待刘赟远离徐州，距京城较近时，连同刘信一起除掉，刘崇一伙也就无能为力了。定计之后，便以太后名义下令立刘赟为帝，派大臣冯道等去徐州奉迎。这一计策果然蒙住了刘崇和刘赟。刘崇听说是自己的儿子当皇帝，不再发兵。刘赟前来即位，至宋州，被拘。郭威以太后名义将刘赟废为湘阴公，不久将其杀死，刘信自杀。等到刘崇知道上当，为时已晚，只能于郭威称帝后，自己也据晋阳称帝，国号汉（北汉）。

951 年，辽兵入寇。郭威率大军击辽，行至澶州，将士数千人忽大噪，对郭威说，将士抢掠京城，与刘家人结了仇，不能再让刘家人做皇帝，皇帝该你自己做。于是不由分说，将黄旗披在郭威身上，拥立为皇帝。郭威称帝，国号周，史称后周。

以上这段历史，史书记载不尽相同，在一些看似是细节而实际上关系重大之处，某些官修史书明显有曲笔和遗漏。毛泽东在读这段历史时，注意到了其中两点：

1.郭威是怎样动员手下将士起兵反汉的？《新五代史》卷十一《周太祖本纪》中的说法是，郭威仿造了一份诏书，内容是汉隐帝密令诛杀将士。将士们因此被激怒了，站到了他这边。

毛泽东读《新五代史》卷十一《周太祖本纪》，在这段内容下批道：旧史无此。

“旧史”指《旧五代史》。其中记载：郭威见到诏书后，同魏仁浦商量办法。魏仁浦说，你是立过大功、手握强兵的大臣，现在遭到小人陷害，怕是分辨不清了。事情到了这个地步，不可坐以待毙。于是，郭威召集郭崇威、曹威和诸将，“告以杨邢等冤死及有密诏之状”，要他们执行密诏，“庶不相累”。郭崇威说，天子年幼，这件事一定是天子左右的小人干的，如果这些小人得了志，国家便没有安定的时候了。他提出同郭威一道“人朝自诉，荡涤鼠辈以清朝廷”。这里，郭威不仅没有伪造诏书，反而还将诏书内容如实向诸将作了传达。

《旧五代史》之所以不载伪造诏书事，并非因为此事不重要，而是考虑到仿造诏书毕竟是一种不够光明正大的办法，有损郭威形象。《旧五代史》这一段是根据后周的记录所写。后周官员自然不愿，也不敢将这种内容记录下来。

2.汉隐帝承祐是被谁杀死的？《新五代史》、《旧五代史》都称，杀死汉隐帝的是翰林茶酒使郭允明。其中《新五代史》卷十一《周太祖本纪》的记载是："十一月……甲辰……郭允明反，弑隐帝于赵村。"然而，毛泽东不相信这一记载，他在读到这里时批道：所谓允明反弑，明是诬词。

毛泽东的判断是有道理的。《资治通鉴》卷二八九载："帝策马将还宫，至玄化门……帝回辔，西北至赵村，追兵已至，帝下马入民家，为乱兵所弑。"同书《考异》记："刘恕曰：'允明，帝所亲信，何由弑逆！盖郭威兵弑帝，事成之后讳之，因允明自杀，归罪耳。按：弑帝者未必是郭允明，但莫知为谁，故止云乱兵。"

132.五代十国的死节之士

【原文】 食谁人之禄？

何谓伪国？

——摘自《毛泽东读文史古籍批语集》，中央文献出版社 1993 年 11 月版，第 267~273 页。

【品读解析】 史书上所说的死节之士，系指那些忠于已灭亡的旧政权，至死不变节的人。同历史上其他朝代相比，这种人在五代十国时期非常少。当时的官吏，很多都曾历仕两朝、三朝乃至四朝。后梁灭亡了，后梁的官吏摇身一变，又成了后唐的官吏；后唐灭亡了，后唐的官吏接着又在后晋政权中做官。后汉代晋，后周代汉，仕人也都是同样的。大概正由于这一原因，欧阳修撰《新五代史》卷三十二《死节传》，一方面承认死节之士在"五代之际，不可以为无人"，而所列出的所谓"全节之士"，只有三个人，即后梁的王彦章、后唐的裴约和南唐的刘仁赡。

王彦章在梁太祖朱温部下担任过多种职务，梁末帝时，迁濮州刺史，又徙澶州刺史。王彦章骁勇绝伦，每战持二铁枪，皆重百斤，一把放在马鞍上，一把持在手中，骑而驰突，奋疾如飞，所向无敌，时人称之为“王铁枪”。后梁末年，晋军已尽有河北，梁、晋两军在黄河沿岸展开争夺。晋军在德胜沿河筑南北两城，号“夹寨”，又攻取了郓州。形势对后梁军不利。经宰相敬翔力荐，梁末帝任王彦章为北面招讨使，以段凝为副。临行前，梁末帝问他何时可破敌，王彦章回答说三天，梁末帝左右之人皆失笑。王彦章赶赴前线后，命甲士六百，带巨斧斩断连接德胜南北两城的浮桥，自引精兵数千，攻下了德胜南城，前后所用时间果然是三天。此后，王彦章率兵与晋军日夜苦战，互有胜负。王彦章憎恶当朝的赵岩、张汉杰等人，曾对人说，等我得胜回朝，杀尽这些奸臣以谢天下。赵岩等人恐惧，与段凝合力诋毁王彦章。梁末帝罢免王彦章，任段凝为招讨使。后梁末帝又使王彦章率军攻郓州。路上与袭取开封的后唐军队相遇，王彦章受伤被俘。王彦章经常对人说“豹死留皮，人死留名”。他被俘后，唐庄宗爱其骁勇，劝其投降。王彦章认为自己是梁将，只有以死报国，如果朝事梁暮事晋，没有面目见天下人。唐庄宗又派大将李嗣源去劝降，王彦章伤重不能起，仰视李嗣源，称呼李嗣源的小名说，我岂是苟且求活的人。最后，李存勖将其杀死。

裴约为后唐潞州牙将。唐庄宗时，以李嗣昭为昭义军节度使，裴约作为副将守泽州。李嗣昭死后，其子李继韬降梁。裴约宁死不降。梁派兵攻泽州，裴约一边守城，一边向唐庄宗求援。唐庄宗派的援兵未到，泽州被梁军攻破，裴约被杀。

刘仁赡为南唐将领。后周军队攻南唐，南唐用刘彦贞为将，对抗周军。刘仁赡为清淮军节度使，镇寿州。在后周军队的打击下，南唐将领很多都逃跑或投降了，唐元宗李景吓坏了，奉表称臣，愿割土地，输贡赋。而刘仁赡独坚守。刘仁赡的儿子趁他得病之时，谋与诸将投降，刘仁赡立斩其子。后刘仁赡病重，已经认不出人，他的副使孙羽冒充他的名义下达命令，献城投降。周世宗任刘仁赡为检校大尉兼中书令、天平军节度使。刘仁赡未受命而病死。

欧阳修《新五代史》卷三十二《死节传》在记载上述三人的主要事迹后，感慨说："呜呼，天下恶梁久矣！然士之不幸而生其时者，不为之臣可也，其食人之禄者，必死人之事，如彦章者，可谓得其死哉！仁赡既杀其子以自明矣，岂有垂死而变节者乎？今《周世宗实录》载仁赡降书，盖其副使孙羽等所为也。当世宗时，王环为蜀守秦州，攻之久不下，其力屈而降，世宗颇嗟其忠，然止于为大将军。视世宗待二人之薄厚而考其制书，乃知仁赡非降者也。自古忠臣义士之难得也！五代之乱，三人者，或出于军卒，或出于伪国之臣，可胜叹哉！可胜叹哉！"

毛泽东读《新五代史》，在批语中对这段话提出两个疑问。其一是对欧阳修所说的"食人之禄者，必死人之事"，毛泽东批道：食谁人之禄？

其二是针对欧阳修所说的"或出于伪国之臣"，毛泽东批道：何谓伪国？

毛泽东的这两条批语，用的是提问句式。仔细思考，其中表达了相当深刻的思想。中国封建社会正统观念，要求臣下食人之禄，死人之事。也就是说，拿了国君的俸禄，就应当为国君效命，生死不渝。然而问题在于，官吏所食的俸禄到底是谁的？如果说是皇帝的，皇帝本人也是个寄生虫，又何尝从事过任何真正的生产活动。官吏所食的俸禄，归根到底是由劳动人民创造的，皇帝不过是利用掌握的暴力工具，以税收等方式将劳动人民创造的财富夺来，然后以俸禄的形式分给官吏而已。从这一意义上讲，官吏所食的俸禄根本就不是皇帝的，而是劳动人民的。官吏要"死人之事"，也应当是为人民效力，而不应仅仅对某个皇帝保持忠诚。

"伪国"一词，无论从概念上还是从道理上，都是含混不清的。欧阳修这里所说的"伪国"，是指南唐。欧阳修站在梁、唐、晋、汉、周立场上立论，将北方相继建立的五个王朝视为正统，而将南唐视作非正统，是"伪国"。可是，北方朝廷可以视南唐为伪国，南唐为什么不可以视北方朝廷为伪国？梁、唐、晋、汉、周与南唐同样起源于割据，同样基于武力劫夺而建立政权，如果北方政权可以称南唐为伪国，南唐自然也可以如此称呼北方政权。从本质上讲，它们之间并无区别。可见，所谓“伪国”，根本就没有一个客观标准。欧阳修使用“伪国”一词称南唐，除了反映他以北方政权为正统的立场外，没有任何意义。